새벽 4시,
연봉 2억 프리랜서가 되는 시간

'생계형 기술사, 그 두 번째 이야기'

새벽 4시, 연봉 2억 프리랜서가 되는 시간

'생계형 기술사, 그 두 번째 이야기'

발행일	2020년 6월 30일

지은이	박춘성		
펴낸이	손형국		
펴낸곳	(주)북랩		
편집인	선일영	편집	강대건, 최예은, 최승헌, 김경무, 이예지
디자인	이현수, 한수희, 김민하, 김윤주, 허지혜	제작	박기성, 황동현, 구성우, 권태련
마케팅	김회란, 박진관, 장은별		
출판등록	2004. 12. 1(제2012-000051호)		
주소	서울특별시 금천구 가산디지털 1로 168, 우림라이온스밸리 B동 B113~114호, C동 B101호		
홈페이지	www.book.co.kr		
전화번호	(02)2026-5777	팩스	(02)2026-5747

ISBN	979-11-6539-273-4 03320 (종이책)		979-11-6539-274-1 05320 (전자책)

이 도서의 국립중앙도서관 출판예정도서목록(CIP)은 서지정보유통지원시스템 홈페이지(http://seoji.nl.go.kr)와
국가자료공동목록시스템(http://www.nl.go.kr/kolisnet)에서 이용하실 수 있습니다.
(CIP제어번호: 2020025238)

기술사 자격증 4개를 가진 남자,
박춘성 교수의 고효율 시간관리법

새벽 4시,
연봉 2억
프리랜서가
되는 시간

박춘성 지음

'생계형 기술사, 그 두 번째 이야기'

높은 연봉에 마음껏 자기 시간을 쓰고 노후 대비까지
할 수 있는 직업 없을까?

기술직 프리랜서가 답이다!

4개의 기술사 자격증을 무기로 프리랜서로 독립, 여유로운 제2의 인생을 개척하고 있는
박춘성 교수가 새벽 시간을 활용해 꿈을 이루는 비법을 알려준다!

북랩 book Lab

안내 말씀

- 이 책은 순수히 저자 본인의 경험과 주관적 의견을 바탕으로 저술하였습니다.

- 주요 독자 대상은 기술직에 종사하는 직장인, 그중에서도 특히 건설업 분야를 중점으로 하여 내용을 구성했습니다.

- 삽입된 자료 중 일부는 대외 보안 유지 서약 준수와 관련자의 의향을 반영해 부득이 가림 및 익명 처리하였으니, 이 점 양해 바랍니다.

Prologue

현재 기술직 프리랜서로서 저의 연봉은 약 2억 원입니다. 비유가 적정할지 모르겠습니다만, 요즘 시중은행의 금리가 정말 높아 봐야 2%도 채 안 되는 것을 감안한다면 2억 원을 이자 소득으로 받으려면 최소 100억 원 이상의 자본금이 있어야 합니다. 이를 근거로 저는 저 자신을 단순한 일개 프리랜서가 아닌 100억 원 이상의 가치를 지닌 하나의 사업체, 즉 가치 100억 원 이상의 1인 기업이라 생각합니다.

제가 처음 이 프리랜서 업계로 진출을 고려하던 때는 전혀 이 기술직 프리랜서 업계에 대해 정리된 정보가 하나도 없었습니다. 그나마 프리랜서에 대한 정보를 얻을 수 있는 유일한 방법은 먼저 프리랜서 활동을 하고 계시는 업계 선배님들을 쫓아다니며 간신히 조언 몇 마디를 얻어듣는 게 전부였습니다.

어쨌든 저는 그런 방식으로 하나하나 몸으로 때우며 경험을 쌓았고 그러한 노력과 고생 덕분에 다행스럽게도 현재는 연봉 2억 원 이상의 안정적인 고소득 프리랜서로서 자리 잡을 수 있게 되었습니다. 그래서 저는 비록 정리된 정보가 없어서 많은 어려움을 겪으면서 프리랜서로서의 삶을 이뤄나갔지만, 저와 같은 기술직 프리랜서를 희망하시는 직장인분들께는 좀 더 수월한 꽃길을 깔아드리고자 이 책을 집필하게 되었습니다. 이제 기술직 프리랜서 희망자분들은 이 책을 통해 좀 더 수월하게 이 업계의 특성을 파악하고, 미리 준비하여 안정적으로 진입하실 것을 기대합니다.

앞서 2019년에 출간한 제 첫 번째 책인 『새벽 4시, 꿈이 현실이 되는 시간 - 생계형 기술사 이야기』는 제가 공고 토목과를 졸업하고 스무 살이라는 새파랗게 어린 나이에 건설현장에서 실습생으로 직장 생활을 시작하여 하도급 용역회사의 말단 고졸사원에서부터 대기업의 계약직을 거쳐 정규직으로까지 전환된 후 건설현장을 총괄 책임지는 현장대리인까지 역임하다가 평생 정년 걱정 없이 돈 벌 수 있는 프리랜서가 되기 위하여 대기업 건설회사를 퇴직하고 나오기까지의 삶의 과정을 기술한 책입니다.

반면에 '생계형 기술사, 그 두 번째 이야기'인 이 책 『새벽 4시, 연봉 2억 프리랜서가 되는 시간』은 대기업 건설회사 퇴직 이후 현재와 같이 고소득의 안정적인 기술직 프리랜서로 자리 잡기까지의 과정과 경험을 총망라하여, 현재 제가 소득을 올리는 프리랜서 업무유형들, 그 프리랜서가 되기 위해 준비해야 할 사항들, 또한 향후 지속해서 안정적으로 프리랜서로서 삶을 살기 위한 저만의 미래 구상 등을 저술한 책입니다.

따라서 기술직으로서 프리랜서를 희망하시는 모든 분에게 이 책은 컴컴한 밤바다 망망대해에 비치는 한 줄기 등대 불빛과 같은 역할을 해 줄 것을 기대하고, 이분들의 성공적인 미래를 응원하며 이 책을 시작하겠습니다.

저자 박술성 드림

contents

PART 1 과거,
프리랜서 준비과정

UNDER CONSTRUCTION　　UNDER CONSTRUCTION　　UNDER CONSTRUCTION

PART 2 현재,
연봉 2억 프리랜서

3. 기술직 프리랜서 소득현황

4. 기술직 프리랜서 업무유형(고정소득)

5. 기술직 프리랜서 업무유형(비고정소득)

UNDER CONSTRUCTION   UNDER CONSTRUCTION   UNDER CONSTRUCTION

6. 성공적인 프리랜서를 위한 자세와 태도

7. 프리랜서 활동의 어두운 면

PART 3

미래,
자유로운 삶을 위해

8. 시간적·경제적 자유를 찾아서

UNDER CONSTRUCTION

UNDER CONSTRUCTION   UNDER CONSTRUCTION

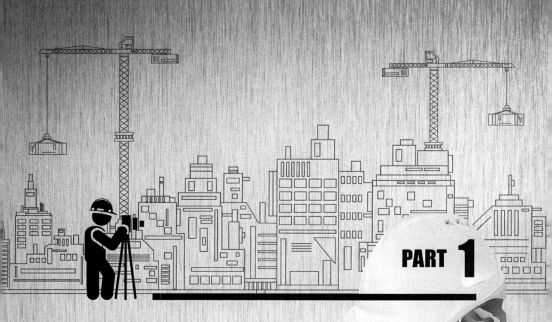

PART **1**

과거,
프리랜서 준비과정

7 직장인,
프리랜서에 눈을 뜨다

○ **불안한 미래**

저는 실업계 공업고등학교 토목과를 졸업 후 바로 취업문에 들어섰습니다. 지역 3류 업체인 단종(상하수도) 건설회사를 시작으로 직장인의 삶을 시작하게 되었습니다. 영세한 지역 업체라 그런지 첫 달 외에는 월급이 나오지 않았습니다. 그렇게 몇 개월 동안 월급이 밀리다 보니 먹고살기 힘들어, 밀린 월급을 받아내자마자 부득이하게 다른 회사로 이직하였습니다.

이직한 회사도 영세한 토목측량 업체였는데 대기업 건설회사로부터 공사현장 시공측량의 외주용역을 받아 수행하는 업체였습니다. 이 측량회사에서 군대에 가기 전까지 근 2년을 일하면서 토목시공과 측량이라는 전문기술 분야에 대해 실전 감각을 익히고 공인경력도 쌓을 수 있었습니다.

그렇게 2년을 일하다 남들보다 조금 늦은 22살의 나이에 군 복무를 하게 되었고, 부친의 중병, 궁핍한 집안 경제 여건 등 복잡한 사유로 일반 병사로 약 1년 반 정도 복무하던 상병 5개월 차에 직업군인인 부사관(하사)으로 지원하게 되었습니다. 그렇게 군 간부로 임관 후 4년을 더 복무하고 중사 계급으로 의무기간을 채워서 만기 전역하였습니다.

황금 같은 20대의 시절 중 근 6년이라는 절반 이상의 시간을 파주-문산 지역 최전방 민통선(GOP) 내에서 보내고, 27살에 다시 사회로 나왔습니다. 다행히 군 경력이 공병 병과였기에 군에서 시공 또는 감독했던 많은 군사시설 건설 경력을 건설기술인협회에서 공식 기술경력으로 인정받을 수 있었습니다.

또한, 최전방 민통선이라 외부와 단절되어 있다 보니 부대 밖으로 놀러 나가기 어려운 여건상 국가기술자격증을 열심히 공부하게 되었고, 그 결과 측량및지형공간정보기사, 건축기사, 건설안전기사 등 다수의 기사 자격증을 취득하게 되었습니다.

군 전역 후에는 배운 게 도둑질이라고 입대 전에 했던 것처럼 어느 대기업 건설현장의 측량 하도급 용역업체에서 시공측량 업무를 다시 하다가, 운이 좋게도 원청사인 그 대기업 건설회사에 현채직(현장채용 계약직)으로 입사하게 되어 27살부터 38살까지 근 12년을 그 건설회사에서 근무했습니다.

측량 용역회사에서 근무하던 중에 원청 대기업 건설회사의 공사팀장님이 감사하게도 저를 좋게 봐주셔서 그 대기업에 현채직으로 입사할 수 있었으며, 이후에도 저에게 이토록 좋은 기회를 주신 분들께 실망시켜드리지 않기 위해 최선을 다해 열정적으로 업무에 임했습니다.

또한 건설현장 근무 중에도 부단한 자기계발을 병행하여 운 좋게도 기술사 자격을 취득하였고, 그 기술사 취득을 계기로 현채직에서 PJT직(본사채용 프로젝트 계약직)을 거쳐 정규직까지 전환될 수 있었습니다.

그 이후에도 열과 성을 다해 회사에 충성하였으며 그 결과 건설현장의 안전관리자 및 공사팀장, 현장대리인 등의 중책까지도 담당하게 되었습니다.

그러던 중 제가 오랫동안 모셔왔던 존경하는 부장(현장소장)님께서 55살이라는 한창나이에 갑작스레 명퇴를 당하시는 것을 경험하게 되었습니다. 명예퇴직으로 나가실 때 조그마한 A4용지 박스에 다이어리 몇 권만 챙겨 들고 사무실을 떠나가시는 그 뒷모습이 전혀 명예로워 보이지 않았는데, 회사에서는 그걸 명예퇴직이라고 부르더군요. 아마도 '명예롭지 않은 퇴직'이라서 '명예퇴직'이라 부르는 것 같습니다.

그 부장님은 수천억 원 규모의 큰 건설공사를 총괄하시던 현장소장이셨습니다. 그분의 말 한마디면 수십 명의 직원은 물론이고 하도급사 직원들과 수많은 근로자까지 한번에 수천 명이 일사불란하게 움직였습니다. 그런데 명퇴 명단을 통보받은 후 불과 2주일 만에 초라하게 회사를 떠나야만 했습니다. 근 28년을 회사에 충성하였던 분이었습니다. 회사 업무를 위해서라면 지방은 물론이고 해외 오지 건설현장까지 누비시며 회사에 충성하셨던 분이셨습니다.

그 부장님은 인품도 훌륭하신 분이었습니다. 저 또한 그분께서 인사고과도 좋게 주시고 잘 이끌어주신 덕분에 계약직에서 정규직도 되었던 것이고 남들보다 빠른 승진도 할 수 있었습니다. 어찌 보면 일찍 아버지를 여읜 저에게는 마치 아버지 같으신 분이었습니다.

그런 분이 그렇게 단칼에 명퇴당하는 것을 보면서 참으로 많은 생각을 하게 되었습니다. 근 12년 동안 제가 그토록 자랑스럽게 여기고 자긍심이 넘쳤던 대기업 건설회사의 심볼 마크가 굉장히 잔인하게 보이기 시작했습니다. 솔직히 그때의 감정을 한마디로 표현하자면, 회사에 대한 정나미가 뚝 떨어졌습니다. 28년을 회사를 위해 충성하신 분을 어떻게 불과 2주 만에 그리 냉정하게 내보낼 수 있는지 의문이 들었습니다.

'아, 여기가 내 평생직장이 아니었구나. 나도 머지않아 잘리겠네….'

그때부터 이런 현실을 직시하게 되었고, 그 사건 이후로 주변을 되돌아보니 여태껏 회사를 떠나신 수많은 선배님 중에서 단 한 명도 정년퇴직하신 분을 찾지 못했습니다. 정말 눈을 씻고 봐도 단 한 분도 정년퇴직하신 분이 없었습니다. 대부분 빠르면 40대 중반부터 잘리기 시작해서 정말 오래 버티신 분들도 50대 중반에는 다들 나가시더라고요. 그렇게 회사를 위해 충성하다 아무 준비 없이 퇴직하신 분들 중에서 퇴직 후 더 좋게 되신 분은 보지 못했습니다.

대기업 건설회사에서 퇴직하신 분들의 대부분의 경로는 비슷했습니다. 부장 직급도 못 달고 나가신 분들은 대다수가 마땅히 옮길 회사가 없어 치킨 가게 등의 자영업자가 되셨고, 그나마 부장 직급으로 나가신 분들은 그 대기업보다는 급이 낮은 2~3군 하청업체로 이직을 많이 하십니다.

그러면 그 하청업체에서 전관예우를 활용해 얼굴마담으로 영업활동을 좀 하시며 2~3년 정도 머무르시다가, 소위 약발 떨어지는 시기가 되면 또다시 한 급 더 낮은 4~5군 하청업체로 이직하시어 또 1~2년 버티시다 결국에는 받아주는 곳이 없어 60살 언저리에서는 더 이상 돈벌이를 하지 못하시고 평일에도 등산이나 다니며 집에서 쉬고 계셨습니다.

30대 말미에 이런 냉정한 현실을 경험하면서 저는 아무리 대기업이라 할지라도 직장인으로서는 안정된 미래 확보가 어렵다고 판단하게 되었습니다. 그래서 안정적인 미래, 즉 잘리지 않고 평생 돈을 벌 방법을 고심하기에 이르렀습니다. 많은 고심 끝에 제가 내린 결론은 현재의 기술직군에서 안전직군으로의 전환이었습니다.

당시 저의 생각으로는 우리나라가 선진국화가 되면 될수록 안전관련 법령이 더 강화되면 강화되지, 절대 법령이 약화될 리는 없다고 생각했습니다. 즉 법령이 강화되는 만큼 더 많은 일자리와 돈 벌 기회가 생길 것이기에, 혹여 현 직장에서 잘리더라도 다른 회사로 이직이 더 수월하리라 생각했던 것입니다.

마침 그즈음에 회사에서도 본사 안전 조직을 강화한다며 기술안전팀을 신설했었고 기술직 중에서 안전직으로 전환 희망자를 공개모집하였습니다. 저는 고민 끝에 토목직군에서 건설안전직군으로 과감히 전환하게 되었습니다.

〈대기업 건설공사 현장근무 당시〉

〈고교 졸업 후 대기업 퇴사 이전까지의 기술경력〉

한국건설기술인협회 기술인용 홈페이지   박춘성 회원님!   로그아웃

🏠 경력조회   ☰ 기술경력   ▾

기술경력

업체명	참여기간	인정일	사업명	발주자	공사종류	공법	직무분야	전문분야	담당업무	직위
			공사(용역)개요					책임정도		공사(용역 금액(백만
건설 (주)		일	건설 공사		항만		토목	항만및해 안	시공	과장
								현장대리인		
(주) 테 크		일	공 사		간척·매 립		토목	측량및지 형공간정 보	측량	사원
육군(공 병)		일	시설 공사	육군본부	하수도		토목	측량및지 형공간정 보	감독	부사관
								*공사감독		
(주) 엔지니어 링		일	확장공사 현장		철도,측 량		토목	측량및지 형공간정 보	측량	사원

○ 직장인의 한계

안전직으로 전환 후의 직장 생활은 제 기대와는 다르게 하루하루가 매우 실망스러운 나날들이었습니다. 아무리 법적으로 안전기준이 강화되면 뭐합니까? 건설현장의 책임자들이 제대로 이행을 안 하는데… 안전관리자로 근무하며 어떤 위험요소에 대해 개선 건의를 드리면 그 순간부터 그 일은 저에게 떠넘겨지는 경우가 대다수였습니다.

실상이 이러다 보니 안전관리를 담당하시는 경험 많은 선배님들 대부분이 그저 쓸데없이 현장이나 왔다 갔다 하며 관망만 할 뿐이지, 체계적이고 제대로 된 안전관리를 하지 않았습니다. 게다가 안전조직은 인사부서에서 판단하기에 핵심부서가 아니라고 생각하는지 현장에 배치된 안전관리자의 거의 대다수는 현채직으로 채용합니다.

정규직은 몇 명 되지도 않지마는 대부분 본사에 모여 있고 일부 규모 큰 현장의 안전팀장 몇몇만이 정규직이었습니다. 실상이 그러다 보니 인사부서에서는 안전직을 법령 때문에 어쩔 수 없이 고용하는 천덕꾸러기처럼 취급하는 경향이 많습니다.

왜냐하면, 안전직들은 기술직이나 사무직들보다 현저히 학벌이 불량했기 때문입니다. 기술직이나 사무직은 대부분 최상위 명문대 출신들인 데 반해 안전직은 대부분이 지방대 출신이거나 심지어 학사학위도 없는 분들이 많았기 때문이지요.

매년 연말이면 인사부서에서는 기술직 및 사무직 저성과자를 일정 비율 명퇴시켜야 하는데 명퇴자가 너무 많으면 기업 이미지가 안 좋아지고 대외적으로 비판을 받을 수도 있기에, 꼼수를 부려 명퇴 대상인 직원들을 안전직으로 강제 전환해 각 현장에 안전관리자로 배치하고는 했습니다. 그리고는 대외적으로 명퇴자를 줄였고 안전직 정규직 비율은 높였다는 식으로 홍보를 하는 것이지요.

하지만 그렇게 강제적으로 안전직으로 넘어온 직원들이 일 처리를 성심껏 잘할까요? 안전에 관한 업무도 잘 모르지만, 명퇴의 수순이라는 것을 본인들도 잘 알기에 안전직으로 넘어와도 일을 잘 안 하고 밑의 계약직들에게 떠넘기는 경우가 태반이었습니다. 그런 식으로 일하니 당연히 안전직으로 배치받았어도 인사고과가 안 좋게 나올 것이고, 그러면 인사부서에서는 한 1~2년 정도 묵힌 다음 알아서 그만두지 않으면 인사고과 불량을 사유로 정말로 해고(명퇴)시켜버리는 것이지요. 인사부서에서는 이제 당당히 해고할 수 있는 명분이 생긴 것입니다.

"비록 기존 부서에서 저성과자였지만, 이렇게 안전직으로 전환까지 해주면서 만회 기회를 주었음에도 불구하고, 계속 인사고과가 좋지 않으니 부득이하게 해고할 수밖에 없다."

실제로 제가 근무했던 회사도 5가지 등급(S, A, B, C, D)으로 인사고과를 구분하며, 이 중에서 한 번이라도 D등급을 받거나 C등급을 연이어 2번 받으면 그해 연말에 저성과자로 분류하여 권고사직 형식으로 퇴사시켜버렸습니다.

저는 안전관리 업무에 대해 체계적으로 일을 배워보고자 안전직군으로 자진하여 전환했었지만, 결과적으로는 이와 같은 상황이 만연하여 뭘 제대로 배울 만한 게 없었습니다. 결국 전망 있어 보이는 안전직군이라 할지라도 그래봤자 똑같은 월급쟁이일 뿐입니다. 직장인의 한계인 것이지요.

그래서 또 한 번의 고심 끝에 다른 사람의 결정에 의해 저의 경제수명이 결정되는 직장인이 아닌, 제가 저 자신을 고용하고 통제하는 프리랜서로서의 전향을 결심하게 되었고 심사숙고 끝에 38살 8월 한여름에 사직서를 내던지게 되었습니다.

　제가 사직서 제출 후 인사부서에서 퇴직자 면담할 때 들었던 말이 떠오릅니다. 대기업 인사부서의 기준으로 볼 때 기술직 및 사무직들은 대부분 국내 상위 명문대학 출신인 데 비해 안전부서는 정규직 비율도 몇 명 안 되지만 그 정규직들조차도 상위 명문대 출신은 한 명도 없기에 안전직원들을 굉장히 하찮게 본다는 것이었습니다.
　듣고 보니 인사실의 의견도 어느 정도 이해는 갔던 게 대부분의 상위 명문대에서는 안전관련 학과가 전혀 없거든요. 그렇기에 당연히 명문대 출신 직원이 안전직군에 있을 수가 없고, 그런 학벌의 차이가 인사부서에서 안전부서를 볼 때 한참 밑으로 내리깔고 보는 이유인 것입니다. 쓸쓸한 현실이지요.

○ 철밥통 공무원도 60살이 한계

　제가 기술직에서 안전직으로 전환하려던 그 시기에 공기업으로의 이직도 진지하게 고민했던 적이 있었습니다. 고심 끝에 경력직으로 지원했었는데 결과적으로는 불합격하여 이직하지 못했습니다. 요즘은 공공기관 채용비리에 매우 민감한 시기라 혹여 제 경험이 그 기관의 이미지에 먹칠을 하는 등의 분란의 소지가 될 수 있기에 소상히 쓰지는 않겠지만, 결과적으로 저는 그 경력직 채용시험에서 들러리였습니다.

최종 면접자 중에서 학위, 자격, 경력 등 객관적인 스펙으로는 제가 단연 최고로 우수했으며, 집단토론 면접도 명백히 제가 가장 조리 있게 분위기를 주도하며 토론을 잘 이끌어 나갔습니다. 왜 이렇게 자신 있게 말씀드릴 수가 있냐 하면 저는 경력직 면접 시작 2시간 전부터 미리 도착하여 앞서 진행 중인 신입직 면접할 때의 분위기와 질문들을 먼저 파악하고 있었거든요.

당연히 합격이라 예상했었는데 1주일 후 발표된 결과는 어이없게도 불합격이었습니다. 나중에 그 기관을 잘 아시는 지인을 통해 불합격 이유를 알아봤더니, 저는 무조건 불합격할 수밖에 없었다고 합니다.

왜냐하면 이미 내정자가 있었다고 하네요. 그 내정자는 그 기관에서 근무하고 있던 계약직인데 이번에 정규직으로 올려주기 위해서 형식적으로 만든 채용공고였다고 합니다. 지금은 그때의 불합격을 오히려 감사하고 있습니다. 만약 그때 제가 합격했더라면 지금쯤 그 공기업에서 차장 혹은 부장급 중견 간부 직급으로 열심히 윗분들의 비위를 맞춰가며 쥐꼬리만 한 연봉에 허리띠를 졸라 가며 살고 있었겠지요.

당시 제가 대기업에서 받던 연봉이 세전으로 1억 원이 조금 안 되었습니다. 그때 만약 덜컥 합격하여 공공기관으로 이직했다면 그 연봉이 반 토막 났겠지요. 아마도 이직한 것을 엄청나게 후회하고 있었을 것입니다.

프리랜서인 지금의 제 연봉은 2억 원이 넘습니다. 대기업에서 받던 연봉의 2배 이상이지요. 중요한 사실이 하나 더 있는데, 그 연봉을 벌기 위해 제가 근로하는 시간은 대기업에서 근무할 당시보다 1/3로 줄었다는 것입니다. 돈은 2배 이상 더 벌고, 일은 3배 이하로 덜 하고….

요즘은 아주 행복한 프리랜서의 삶에 매료되어 있답니다.

비단 돈뿐인가요? 대기업에 있으면 공공기관보다는 돈은 더 벌 수는 있어도 50살 전후로 퇴직을 걱정해야 했을 것이고, 공공기관에 있으면 60살까지 정년은 보장될 것이나 소득은 반 토막 나서 경제적으로 궁핍했을 것입니다. 궁극적으로 민간 기업이든 공공기관이든 정말 오래 버텨봐야 60살에는 회사를 떠나야만 한다는 것이 가장 큰 문제인 것입니다.

우리나라에 있는 여러 직장인 중 제가 알기로 가장 정년이 긴 직업은 대학교수 및 학교 교사일 것입니다. 만 65살까지가 정년으로 알고 있습니다. 이런 경우를 제외하고는 아무리 좋은 공공기관이라 할지라도 만 60살이면 옷 벗고 나가야지요.

그런데 정년퇴직을 하고 나면 삶이 끝나나요? 요즘 시대는 의학기술이 빠르게 발전하다 보니 사고만 안 당하면 80살 넘어서까지는 충분히 살게 됩니다. 이제 마흔 초반인 제 또래는 아마도 90살~100살까지도 예상해야 할 것입니다.

즉, 회사를 퇴직하고 나서도 근 30년을 더 살아야 한다는 것입니다. 부유하고 건강하게 오래 사는 것이 행복한 것이지, 가난하고 궁핍하게 오래 사는 것은 큰 불행이라고 생각합니다.

결론을 정리하자면, 아무리 직장이 좋아도 결국에 정년퇴직을 할 수밖에 없는 것이고, 퇴직 이후의 돈벌이를 위해서는 본인의 역량을 살려 저와 같은 프리랜서 또는 사업체를 운영하시거나 아니면 치킨집 같은 자영업을 할 수밖에 없는 것입니다.

그러므로 본인이 어느 분야에 대해 최소한의 역량이 갖춰져 있다면 아예 일찌감치 해당 분야의 프리랜서로 활동하여 미리 입지를 다져두는 것도 노후를 대비하는 좋은 선제적 대안이라 할 수 있겠습니다.

○ 현직 프리랜서에게 자문을 구하다

건설회사에서 안전직군으로의 전환 후 대단지 아파트 건설현장에 안전관리자로 선임되면서 35시간의 법정직무교육을 받아야만 했습니다. 「산업안전보건법」에 의거하여 안전관리자는 주기적으로 고용노동부에서 승인받은 법정교육기관에서 관련 교육을 이수해야만 합니다.

그래서 여러 교육기관 중 그나마 집에서 가장 가까운 기관에 교육을 신청하고 강의를 들으러 갔습니다. 항상 늘 이런 법정교육을 받으러 갈 때마다 느끼는 것이지만, 교수자분들 대다수가 정말 건설현장 실무와는 동떨어진 원론적인 이야기만 하는 게 매우 짜증 났습니다.

그 안전관리자 교육을 받으면서도 마찬가지로 대부분의 교수분에게서 전혀 듣고 배울 게 하나도 없었습니다. 차라리 그냥 책을 읽는 게 나을 정도로 판서만 하는 고리타분한 분들도 수두룩했고요. 그런데 딱 어느 한 교수님만 나름대로 실무에 가까운 강의를 해주셨고 그분의 강의 하나만은 정말 관심 있게 들었습니다.

그 교수님과 쉬는 시간에 짧게 이야기할 기회가 있었는데, 그분은 보건 전문가로서 개인사업체를 운영하면서 보건 컨설팅 및 직무교육 강의 등 몇몇 프리랜서 활동을 하고 계신다고 하셨습니다. 당시 제가 바라던 삶의 이상향이었습니다. 남들에게 의지하지 않고 혼자서 본인 스스로를 고용하는 삶. 그런데 중요한 것은 돈벌이이겠지요. 최소한 먹고사는 데 지장이 없어야 프리랜서든 사업이든 하는 것이니까요.

그래서 염치 불고하고 소득을 여쭤봤습니다. 그분께서는 2017년 당시에 월 소득이 최소 700만 원 이상이라고 답변해 주셨습니다. 그런데 그 700만 원을 벌기 위해 본인이 일하는 시간, 즉 근로시간은 불과일주일 중 2~3일뿐이라는 것이었습니다. 정말 눈이 번쩍 뜨이는 이야기였습니다.

저는 당시 굴지의 대기업 건설회사에서 정규직으로 근무하고 있었기에 나름 동종업계 최상위 수준으로 급여를 받고 있었는데, 그게 세후 월 570만 원 정도였습니다. 그런데 그 돈을 벌기 위해서는 일주일에 단 하루만 쉬고 6일을 근무해야 했습니다. 당연히 야근도 밥 먹듯이 해야 했고요. 총액을 떠나서 근로시간으로 나누어보면 시간당 인건비 단가 자체가 비교가 안 되었습니다.

마음 같아서는 당장이라도 회사를 때려치우고 프리랜서 업계로 진출하고 싶었으나, 일단 제가 종사하는 건설안전 분야는 그 교수님의 전문 분야와는 달랐기에, 건설안전 분야는 과연 얼마나 수익이 가능할지 알아볼 필요가 있었습니다. 그래서 그 교수님께 한 번 더 물어봤습니다.

"건설안전 분야에 종사하시는 프리랜서들의 소득은 얼마나 될지요?"

그분의 답변은 기대 이상이었습니다. 건설안전 관련 프리랜서로 활동하시는 주변 지인을 예로 들면서, 건설안전 분야는 보건 분야보다도 활동 가능한 범위가 훨씬 더 넓기에 기본적으로 월 1,000만 원 이상은 벌더라는 것입니다.

'헐~ 월 1,000만 원…'

당시의 저에게는 꿈만 같은 숫자였습니다. 아니, 현재가치로 보더라도 대부분의 직장인은 평생 받기 힘든 꿈의 월급일 것입니다. 제가 속해 있던 대기업 건설회사의 정규직을 대상으로 직급별 월급 수준(세후)을 본다면 당시 대략 사원 400만 원, 대리 500만 원, 과장 600만 원, 차장 700만 원, 부장대우 800만 원, 부장 900만 원 정도로, 세후 월 1,000만 원을 초과하려면 상무 이상의 임원이 되어야만 했습니다.

그때까지는 프리랜서에 대한 막연한 동경심만 가지고 있던 수준이었는데, 그날 이후부터는 진심으로 간절히 프리랜서로서의 변신을 꿈꿨습니다. 하지만 아직 실행에 옮길 용기는 부족했습니다. 사실 용기보다는 준비가 부족했는데, 도대체 무엇을 준비해야 하고 어떻게 준비해야 할지를 알 수가 없었습니다. 그 당시의 이러한 고민이 바로 지금 이 책을 집필하게 된 결정적 계기가 된 것이지요. 제가 했던 고민을 똑같이 하고 계시는 분들이 꽤나 많으실 것이기에…

월급이 꼬박꼬박 잘 나오는 멀쩡한 직장을 때려치우고 나간다는 것은 결코 쉬운 일이 아닙니다. 엄청난 용기가 필요합니다. 모든 직장인 분과 동일하게 저 역시도 그런 용기가 부족했습니다. 딸린 식구 없이 저 혼자였다면 아마도 과감히 그만둘 수 있었겠지요. 하지만 저에게는 꼭 지켜내야 할 식구가 있었습니다. 처자식이 눈에 밟혔습니다.

저 혼자만 희생해서 꾹 참고 직장 생활을 하면 되는데, 괜히 프리랜서를 한다고 객기 부리다가 가족의 생계를 위태롭게 하는 것은 아닐지? 고민의 시간들이었습니다. 그러다 생각해본 게 이토록 중차대한 결정을 단 한 사람의 의견만 듣고 결정하기에는 아무래도 무리가 있다고 판단했습니다. 추가적인 검증이 필요했습니다. 프리랜서 활동의 유형이나 소득에 관해 신뢰할 수 있는 더 많은 정보를 얻어야만 했습니다.

초등학생끼리 백날 토론해 봐야 초등학생 수준의 답 밖에 안 나오듯이, 회사 동료 등 주변 지인들에게 의견을 구해보려 해도 대체 누구 한 명 도움이 될 만한 사람이 없었습니다. 평범한 월급쟁이들이 이러한 프리랜서에 대한 정보나 경험을 가지고 있을 리가 만무했지요. 그래서 고심 끝에 회사에서 매년 주관하는 법정직무교육 때마다 건설안전 과목으로 자주 출강을 나오시던 어느 프리랜서 교수님의 연락처를 어렵게 수소문하여 그분께 장문의 이메일을 보냈습니다.

우선 제 소개로 시작하여 구구절절한 저의 상황과 생각을 설명해 드리고, 교수님과 같은 건설안전 업계 프리랜서 활동을 하고 싶은데, 그럴 경우 과연 얼마의 소득을 벌 수 있을지도 물어봤습니다. 며칠 후 그 교수님께 답장이 왔습니다. 그런데 그 교수님도 앞서 문의했던 건설보건 교수님과 유사하게 통상 월 1,000만 원 정도의 소득이 가능할 것이라는 답변을 주셨습니다.

〈당시 건설안전 분야 프리랜서 교수님의 답변 메일 - 부분 발췌〉

(중략) 글쎄요. 제가 동종업계 평균치를 정확히 알 수는 없습니다만, 월 천만 원은 되지 않을까 싶네요. 처음에는 일을 해야 하니, 지인들을 통한 수주(컨설팅, 강의) 영업이 중요하지만, 이후로는 실력과 열정, 인성 등이 중요합니다. 실력이 없으면 사업 유지가 어려우니까요. 충분한 답변이 되었는지 모르겠습니다. 아무튼 건승을 빕니다.

또 월 1,000만 원. 눈이 똥그래졌습니다. 앞으로 제가 살아갈 방향을 찾은 듯했습니다. 그때부터는 프리랜서로 전향하기로 마음을 굳히고, 본격적으로 프리랜서가 되기 위한 준비사항과 프리랜서로 활동 가능한 업역 등을 알아보기 위해 백방으로 노력했습니다. 하지만 아무리 인터넷을 검색해보고 주변 지인들에게 물어봐도 제대로 된 정보를 얻을 수 없었습니다.

그럴 수밖에 없는 게, 주변의 지인이라고 해봤자 죄다 저와 같은 월급쟁이뿐이었으니까요. 또한 당시에는 지금 이 책과 같이 기술직 프리랜서에 관해서 소상히 알려주는 정리된 정보도 전혀 없었습니다. 도저히 저 혼자 아무리 알아봐도 프리랜서 활동에 대한 정보나 방법을 알 길이 없어서, 부득이 그 건설안전 교수님께 연락하여 한 번만 만나달라고 간곡히 부탁을 드렸습니다. 처음에는 바쁘다며 좋은 말로 거절하셨는데 제가 수차례 메일과 문자 메시지로 계속 부탁을 드리니, 이제는 귀찮은 것인지 아예 회신도 주지 않았습니다.

정말 더럽고 치사하다는 생각이 들었습니다. 도대체 얼마나 잘났다고 이토록 사람을 무시하는 것인지? 하지만 달리 방법이 없었습니다. 칼자루를 쥐고 있는 사람은 바로 그 교수님이지 제가 아니었으니까요. 답장은 없었지만 저는 진심을 담아 간곡히 만나주실 것을 부탁드리는 메일을 허공에 뿌리듯이 며칠 간격으로 계속 보냈습니다.

〈프리랜서 상담을 위해 보냈던 메일 전문〉

원장님, 안녕하세요. 제 진로(건설안전)와 관련하여 정말 진지하게 고민 중인 부분이 있어, 저와 비슷한 경로를 먼저 경험하신 원장님께 감히(?) 고견을 듣고자 용기를 내어 연락드립니다.

우선 뜬금없이 송구합니다만, 제 소개를 먼저 드리겠습니다. 저는 현재 대기업 건설사에서 10년 차 근무 중이며, 당초 전공은 토목(특히 항만시공)이었다가, 작년부터 사내에서 기술직 중 지원자에 한하여 본사 심사를 거쳐 안전직군으로 전환하는 제도를 이용하여 현재 안전관리자로 근무하고 있습니다.

원장님을 알게 된 계기는 매년 관리감독자 법정교육 시 원장님을 강사로 뵈었었고, 이렇게 메일을 드린 경위는, 여러 강사님 중 원장님이 강의가 가장 특출하였었으며, 원장님께서 지나온 과거가 저의 현재와 많이 유사한 부분이 있기에 공감을 느껴서 실례를 무릅쓰고 연락드리게 되었습니다.

저는 현재 30대 후반이며, 건설안전기술사, 토목시공기술사, 토목품질시험기술사, 항만및해안기술사를 보유하고 있고, 공학박사(지반공학) 학위를 가지고 있습니다. 다름이 아니라, 작년까지는 토목 중에서도 항만 분야에서 공사팀장(현장대리인 선임)으로 업무를 봤었는데, 이제 40대를 바라보는 나이가 되다 보니 향후 은퇴 이후의 장래까지도 고려하게 되었고, 그 결과 시공보다는 안전 분야가 향후 정년 없이 일할 수 있고, 또한 전망이 더 있다고 판단되어 안전 분야로 전향하게 되었습니다. 안전관리자를 하기 전에도 항상 관리감독자 업무를 수행했기에, 현장 안전관리의 기본적인 사항들에 평소에도 많은 관심을 가지고 있었습니다.

그래서 제가 상의드리고 싶은 부분은… 향후 제 진로에 대한 부분입니다. 현재는 안전관리자로 있지만, 저도 몇 년 후에는 원장님과 같이 컨설팅과 지도점검, 안전교육 등을 주

업무로 하는 프리랜서로 활동하고자 고민 중입니다.

따라서 지금부터 차근차근 준비를 하였으면 하는데, 주변에 마땅히 이러한 과정을 거쳐 간 분을 알지를 못하여, 도대체 무엇을 준비해야 하고, 어떤 것을 해야 할지 도통 알 수가 없어서 실례를 무릅쓰고 원장님께 조언을 좀 받아 보고자 합니다. 많이 바쁘실 텐데 당혹스럽게 해드려 죄송하오며, 후진양성의 마음으로 후배를 어여삐 봐주시어 조언해 주시면 정말 감사하겠습니다. 제 문의사항을 확인하시기 편하게 다음과 같이 정리하였습니다.

① 현재와 같이 시공사에서 쭉 있다가 프리랜서를 준비하는 것이 좋을지, 아니면 협회(대한산업안전협회등)나 공단 등 관련된 전문기관으로 우선 이직하여 더 전문적인 경험을 쌓고 프리랜서 활동하는 것이 좋을지?

② 혹시, 원장님처럼 기 활동 중인 민간 컨설팅 업체로 이직하여 경험을 쌓는 것은 어떨지? 또한, 이 경우 급여수준이 어떻게 되는지?

③ 끝으로, 혼자서 프리랜서 활동(사업)을 하게 되면, 대략 연·월 소득이 얼마나 될는지(물론 본인의 영업능력에 따라 차이가 나겠지만, 동종업계 평균치가 궁금합니다)?

원장님. 다시 한번 뜬금없이 죄송하오며, 원장님이 대기업 본사 안전직원들과도 인맥이 많은 것으로 알고 있는데, 송구스럽지만 이번 메일에 대해 절대 비밀로 해 주시기를 간곡히 부탁드립니다. 제 이력이 상당히 특이(?)하여 얼핏 지나가는 식으로 말씀하셔도 저희회사 직원분들은 저를 알아챌 것 같은데, 아직 무언가 확정되지도 않았는데 퇴사를 준비한다는 등의 소문이 퍼지면 심히 난처한 입장이 될 것 같아서, 송구하게도 간곡히 부탁 좀 드리겠습니다.

장문의 글을 읽어 주시어 정말 감사하며, 다음번 안전교육 시 강사님으로 뵙게 되면, 꼭 식사라도 한번 모시고 싶습니다.

끝으로, 다시 한번 비밀유지 좀 간곡히 부탁드리겠습니다.

그렇게 한 달 정도 지났던 것 같습니다. 8월 초 뜨거운 여름날 금요일 오후에 현장에서 땀을 뻘뻘 흘리며 열심히 일하고 있는데 뜬금없이 그 교수님께 연락이 왔습니다. 본인이 매우 바쁜데 딱 오늘 저녁만 잠시 시간을 낼 수 있다고 그토록 간절히 자기를 만나고 싶으면 저녁 7시까지 본인 자택이 있는 경기도 남부 지역으로 오라는 것이었습니다.

앞뒤 가릴 게 없었습니다. 만나주신다는 것만으로도 영광이었으니 회사에는 몸이 안 좋다는 고전적인 꾀병을 둘러대고 5시에 먼저 조퇴하여 경기도 남부 방향으로 달려갔습니다. 당시 제가 근무하던 건설현장은 경기도 파주였습니다. 파주에서 그곳으로 가는 것은 경기도 북서쪽 끝에서 남동쪽 끝으로 가는 것이라 길도 멀었지만, 불타는 금요일 저녁이었기에 도로가 엄청나게 밀렸습니다. 그래도 조금 일찍 출발한 덕분에 간신히 약속 시각에 맞춰서 도착할 수 있었습니다.

그 교수님을 뵙고 감사 인사를 드리며 한적한 인근 술집으로 들어갔습니다. 형식적인 인사말로 대화를 시작해 몇 순배 술잔이 돈 후 어렵사리 본론으로 들어갔는데, 그 교수님의 답변은 매우 실망스러운 말들이었습니다.

"왜 멀쩡한 회사를 나오려고 하나? 나오지 말아라. 그냥 회사 열심히 다녀라." 등의 말씀만 하시는 것이었습니다. 기대했던 만남치고는 매우 실망스러운 결과만 얻고 그렇게 한 시간 정도의 짧은 만남은 끝이 났습니다. 별로 소득도 없었고, 도움이 된 것도 하나 없었고, 애꿎은 시간만 들인 것 같았습니다. 결국 정답은 모르겠고, 그저 맨땅에 헤딩하듯 저 스스로 헤쳐나가는 수밖에 없었습니다.

나름대로 성공한 프리랜서로 안착한 지금에서야 다시 돌이켜 생각해보면, 당시 그 교수님이 왜 그리 시큰둥했었는지 이해가 됩니다. 우선 첫 번째로, 저희 같은 프리랜서들은 시간이 돈입니다. 저희는 지식 근로자이기 때문에 원자재 재료비는 별도로 없지요. 그렇기에 뭐든지 시간당 인건비 개념으로 비용을 산정합니다. 그런 소중한 시간을 저에게 내어 주었는데 제가 땡전 한 푼 준다는 말이 없었으니 그다지 기분이 좋지 않았겠지요. 그렇다고 먼저 돈 달라고 대놓고 말하기도 좀 그러셨을 것이고요.

그리고 두 번째로, 제가 프리랜서로 진출하려는 건설안전 분야는 그분의 업역과 정확히 일치합니다. 즉, 제가 프리랜서로 잘나간다면 이를 달리 해석하자면 경쟁자가 늘어나 그분의 일자리가 줄어드는 결과가 되는 것이지요. 게다가 결정적으로, 제가 추구하는 기술론에 입각한 건설안전은 그 교수님과 같은 정통 산업안전공학을 전공하신 분들이 가장 경계하는 분야입니다. 왜냐하면 본인들의 가장 취약한 부분이 바로 그 기술적인 부분이라 상대적으로 산업안전공학 전공자분들은 경쟁력이 뒤떨어지기 때문이지요.

제 경험상 흔히 건설안전 업역에서 활동하시는 전문가분들 중에서 건설기술에 대해 제대로 된 현장실무 경험과 지식이 있으신 분들은 별로 없었습니다. 거의 대다수가 정통 산업안전공학 전공이시지, 건설공학을 전공하신 게 아니지요. 이는 마치 전기공학을 모르는 사람이 전기안전을 하는 것과 비슷한 경우라 할 수 있겠습니다. 기계공학을 모르는 사람이 기계안전을 하는 것이라 할 수도 있고, 화학공학을 전공하지 않은 사람들이 화공안전을 하는 것이라 할 수도 있습니다.

이런 말이 안 되는 상황이 저희 건설업계에는 비일비재하게 일어나고 있습니다. 왜 그러냐 하면 건설 분야는 워낙 시장의 규모가 크다 보니 건설공학 전공자는 기술직군으로 취직하지, 구태여 안전직군으로 취직하지는 않습니다. 그렇기에 안전공학을 전공한 사람들 대부분이 바로 이 건설 분야의 안전직군으로 유입되는 것입니다. 일자리가 가장 많으니까요.

그러한 안전공학 전공자분들 중에도 일부는 건설현장에서 근무하면서 부단히 노력하여 기술직과 동등한 수준 이상으로 건설공학 실무 지식을 습득하신 분도 계시겠지만, 반대로 수십 년을 건설현장에서 근무했으면서도 설계도면조차 제대로 볼 줄 모르는 분들도 허다합니다.

즉, 많은 분이 건설공학을 모른 채 건설안전 업무를 하는 것이지요. 그렇기에 순수 안전공학을 전공하시고 평생을 안전 업무만 해 오신 분들은 저와 같은 기술직 출신이 안전 업역에 진입하는 것을 극도로 경계합니다.

저 같은 기술직 출신은 단순 안전 업무뿐만 아니라, 설계도면 검토, 시방기준 해석 등의 기술적 업무까지도 수행 가능하기 때문에 저 같은 사람이 동종업계 프리랜서로 나온다면 경쟁력 측면에서 많은 위협이 될 수 있다고 생각하신 부분도 일부 있으셨으리라 추측합니다.

어쨌든 저도 그 당시에는 많이 어리숙했습니다. 지금이라면 만남을 요청할 때부터 진심으로 부탁을 하되, 내놓고 비용을 여쭙고 시간당 자문료를 드리며 당당히 상담을 받았을 텐데…. 그랬다면 물어보는 사람도 당당하고 답변해주는 사람도 상세히 알려줬을 것입니다.

이런 경험이 제가 저에게 자문을 구하시는 분들께는 시간당 인건비를 받고 자문해 드리는 이유입니다. 짤막한 메일이나 전화 통화 정도는 그냥 답변해 드리지만 제 시간을 많이 빼앗기는 대면 상담에는 반드시 시간당 비용을 말씀드리고 적정한 대가를 지불받고 자문해 드립니다. 저 역시 이런 소소한 경험들에서 하나씩 배우고 개선해 나가는 것이지요.

○ 기술직 프리랜서를 하기 위한 최소한의 역량

사람들은 끼리끼리 논다고 합니다. 저의 경우에는 어느덧 기술직 프리랜서로서 확고한 입지를 구축하다 보니 현재는 주변에서 매일 마주치고 교류하는 사람들이 모두 저와 같은 프리랜서 교수님들입니다. 제가 봐왔던 그 프리랜서 지인분들을 기준으로 기술직 프리랜서를 하기 위한 최소한의 역량기준에 대해 말씀드려 보겠습니다.

그분들의 개개인 역량이 모두 다르므로 명확한 평균치로 말씀드리기에는 어려움이 있습니다. 그렇기에 정량적으로 판단할 수 없는 실무 능력 등 정성적인 항목은 고려하지 않고, 흔히들 스펙(Qualification)이라고 표현하는 학위나 자격증 등의 정량적인 요소로만 분석하여 말씀드리겠습니다.

저와 같이 전업으로 기술직 프리랜서로서 활동하시는 분들의 가장 보편적인 정량적 역량(스펙)을 요약하자면 다음과 같습니다.

- 자격: 기술사(1~2개 종목 보유)
- 학위: 학사~석사
- 실무 경력: 최소 15년 이상

물론 기술사를 단 한 가지 종목만 보유하고 있으시거나 또는 기사 자격만 가지고도 프리랜서로 활동하시는 분들도 많이 계십니다. 그러나 제가 주로 교류하는 소위 잘나가는 프리랜서분들의 평균이 이렇다는 것입니다. 그러므로 일단 앞에 나열한 조건 이상이시라면 더욱더 수월하게 프리랜서로서 안착하실 수 있으실 것입니다.

프리랜서를 하기에 상대적으로 더 유리한 고스펙을 말씀드리자면, 기술사 자격증을 3개 이상 보유하고 계시거나, 기술사 자격에 박사학위까지 보유하고 계시거나, 아니면 관련 대기업에서 임원까지 수행한 실무경력이 있으실 경우에는 좀 더 쉽게 프리랜서로서 안착하고 더 많은 일거리가 들어온다고 할 수 있겠습니다.

그렇다고 꼭 반드시 이와 같은 정량적 역량을 갖춰야만 프리랜서 활동이 가능하다는 것은 절대 아닙니다. 앞에서 말씀드린 것 같은 조건을 갖추신 분들이 제 주변 프리랜서분들 중에 가장 많으시다는 것이지, 이보다 낮은 조건은 프리랜서 활동이 불가능하다는 것이 아닙니다.

실제로 저와 매우 친밀하게 교류하시는 존경하는 프리랜서 선배님 중에서도 토목시공기술사 단 하나만 보유하시고도 매우 활발히 프리랜서 활동을 하고 계시는 김○○ 교수님이라는 분도 계십니다. 제가 프리랜서를 시작하게 된 계기도 어찌 보면 그분의 폭넓은 활동을 곁눈질로 보고 배우면서 시작하게 된 것이라 할 수 있을 정도로 건설 분야에서는 매우 저명하신 프리랜서이십니다.

그 교수님은 명문대를 나오신 것도 아니고, 유명한 대기업에서 정규직으로 근무하셨던 것도 아닙니다. 명문대는커녕 실업계 공고를 졸업하여 직장 생활을 하며 40대 넘어서 주경야독으로 한양대에서 석사학위를 받으셨고, 근무경력도 중소기업 정규직 및 대기업의 계약직으로 약 15년 정도의 실무경력이 있으십니다. 그런데도 현재 저와 같은 건설 분야에서는 잘나가는 프리랜서로서 최고의 주가를 올리고 계십니다.

또한, 꼭 기술사 자격을 보유해야만 프리랜서 활동이 가능한 것만도 아닙니다. 몇몇 분은 기술사 없이 기사 자격증만 가지고도 관련 분야 경력과 본인의 노력을 인정받아 안정적인 프리랜서 업역을 구축하신 분들도 계십니다. 기사 등급 자격만 가지고도 잘 알아보시면 프리랜서로서 활동이 가능한 업역이 꽤나 많습니다. 자격증 학원 강사나 실업계 마이스터고 교사 등 직업훈련 분야에서는 기사 자격만 있어도 충분히 프리랜서 활동이 가능한 기관이 많이 있습니다.

다만, 제 경험에 의하면 기사 등급보다는 기술사나 박사 보유 여부에 따라 확실히 시간당 인건비 단가에서 차등이 발생하기는 합니다. 통상 기술사를 보유하신 분은 해당 분야의 박사학위와 동급으로 예우해 줍니다. 오히려 산업계에서는 박사학위보다는 기술사 자격을 더 우선으로 쳐주기도 하지요(물론, 학계에서는 기술사 자격보다는 박사학위를 더 높게 쳐주지만 말입니다).

이렇듯 같은 등급으로 인정해 주는 기술사나 박사는 프리랜서 업계 평균 인건비가 시간당 최소 10만 원 정도인 반면에 기사 등급은 시간당 평균 5만 원 정도로서, 기술사 등급의 약 50% 수준이라고 이해하시면 될 것입니다. 이해하기 쉽게 교육업계의 기술직 프리랜서 활동을 예로 들어 부연 설명을 드려보겠습니다. 기술사 등급은 고경력(중급, 고급, 특급)의 현업 실무자를 대상으로 교육할 수 있다고 판단하여 통상 시간당 10~15만 원 정도의 강의료가 책정된다면, 기사 등급은 고교생이나 대학생, 사회 초년생 등의 저경력(초급) 인원을 대상으로 강의하는 것이기에 시간당 평균 5만 원 정도로 강의료가 책정되는 것입니다.

저는 이러한 지식들을 미리 알고 철저한 계획하에 기술사나 박사학위를 취득했던 것은 전혀 아니었습니다. 고졸 학력으로 시작한 직장생활 중에 가방끈 짧은 것에 한이 맺혀서⋯. 자존감 하락과 열등감을 만회해 보고자, 자기만족을 위해 가방끈을 좀 더 늘려보려고 노력했던 것이 어쩌다 보니 기술사 4개 종목 취득에 학사, 석사를 넘어 박사학위까지 취득하게 되었던 것이었습니다.

어찌 보면 저는 참 운이 좋았습니다. 어떤 책에서는 본인이 최근 자주 어울리는 사람들의 평균치가 딱 본인의 현재 수준이라고 합니다. 제가 건설회사에서 근무할 당시 비록 말단 계약직 신분이었지만, 주로 어울리는 정규직 동료분들이 모두 내로라하는 우리나라 최고의 명문대를 졸업하신 분들이다 보니 저도 모르게 열등감을 느끼며 항상 이를 따라잡고자 노력했던 것 같습니다. 만약, 대기업이 아니라 조그마한 중소기업에 근무했었더라면 아마도 대부분의 동료가 저와 비슷한 고졸 또는 전문대졸이었을 테니 저 또한 그 정도 수준에 만족하고 발전 없는 삶을 살지 않았을까 싶습니다.

무엇이든 시작이 있으면 끝이 있다고, 이러한 가방끈 짧음에 대한 열등감이 바탕이 되어 시작한 박사학위 과정을 마치던 날. 그 어려운 논문 심사를 최종적으로 통과하고 학위를 수여받던 날. 그날의 감동은 이루 말할 수가 없습니다. 그 귀한 박사학위는 기술직으로서 프리랜서 활동을 시작하려는 저에게 마치 날개를 달아준 것과 같은 아주 큰 도움이 되었습니다.

기술직 프리랜서를 하기 위한 최소한의 조건을 다시 요약 정리해 보자면, 본인이 열심히만 한다면 기사 자격과 학사 학위만으로도 가능하나, 기술사나 박사학위 등 스펙이 더 좋으면 좋을수록 인건비 단가를 높게 적용받을 수 있고, 향후 프리랜서로 활동 가능한 기관들도 더 다양하게 많이 늘어나, 기관에게 선택받지 않고 내가 기관을 선택할 수 있습니다.

2 세미 프리랜서

○ 시작은 세미 프리랜서부터

　어떤 사업이든 시작하기 전에 많은 준비가 필요하듯이, 프리랜서 역시 하나의 사업이기에 사전에 준비해야 할 사항들이 많습니다. 우선 국세청에 개인사업자 또는 법인사업자 등록도 해야 할 것이고, 사업자 등록을 하지 않을 것이라면 대신 4대 보험 처리가 가능한 소속업체를 구해야 할 것입니다.

　이 둘 중에서 한 가지 조건이라도 해당하지 않으면 각종 금융업무(특히 대출) 시 여러모로 번거로워지고 부당 대우를 받게 되며 특히 국민건강보험조차도 직장가입자가 아닌 지역가입자로 분류되어 상당히 비싼 건강보험료를 납부해야 하는 등 곤혹스러운 경우가 생길 수 있습니다. 건강보험 지역가입자는 소득이 아니라 재산을 기준으로 보험료를 산정하기 때문이지요.

　이렇게 4대 보험 문제가 처리되었으면 다음으로는 본인이 프리랜서 활동을 하고자 하는 업역에 대한 꼼꼼한 연구 분석과 그 분야의 인맥을 형성하는 것이 매우 중요한 사항입니다. 이러한 사전준비 작업들 하나하나가 많은 시간을 들여야만 합니다. 세상에 공짜는 없으니까요.

저의 경우 가장 먼저 프리랜서 활동하기로 결정했던 분야가 건설안전 중 컨설팅 및 재해예방 기술지도 사업이었습니다. 그러나 저는 건설회사에서만 근무해 봤던 온실 속의 화초였던지라, 대체 뭘 준비해야 하고 어떤 지식이 필요한지는 물론이고 이 건설안전 컨설팅 분야의 업무흐름과 소득체계에 대해서도 기본 지식이 부족했습니다. 막연히 이쪽 분야로 프리랜서를 하겠다는 정도만 생각하고 있었습니다.

당시 저도 여러 건설현장에서 근무하면서 외부 업체에 건설안전 컨설팅을 많이 받아봤기에 아예 하나도 모르는 것은 아니었지만, 그렇다고 제가 직접 사업을 수행할 정도의 지식과 경험은 없었습니다. 제가 알고 있는 컨설팅에 대한 지식이라고는 사업장(건설현장)에 매달 하루씩 방문하여 현장직원들이 놓치고 있는 안전관리 미흡사항이나 보완요소를 권고해 주면서 회당 100만 원 정도씩 받아 간다는 것 정도였습니다.

호랑이를 잡으려면 호랑이 굴에 들어가야 하겠지요. 궁극적으로는 프리랜서로 사업을 하는 게 목표였지만, 우선은 그 업계가 돌아가는 흐름을 배우기 위해 건설안전 컨설팅 업체로의 이직을 알아봤습니다.

프리랜서로 전향을 결심한 후 '잡코리아', '사람인' 등의 채용사이트를 검색하여 건설안전 컨설팅 업체의 채용공고를 훑어봤습니다. 역시 안전관리 분야가 각광받는 업종이라 그런지 꽤나 많은 채용공고가 올라와 있었습니다.

안전관리 업종은 최근 지속해서 법령이 강화되면서 일거리가 계속 늘어나는 분야이다 보니 신규사업체가 계속 진입하는 것 같습니다. 짧은 검색 끝에 그나마 근무 지역이 제 거주지에 근접한 회사를 몇 개 선택해서 담당자에게 지원서 메일을 보내 봤습니다.

〈세미 프리랜서 취업을 위해 보냈던 메일〉

안녕하세요. 금일 잡코리아를 통해 채용공고를 확인하고 지원한 박춘성입니다. 잡코리아 지원서 양식으로 지원신청은 했으나, 잘 전송되었는지 확인하고자 이렇게 다시 메일을 드리며, 혹여 이력서가 잘 전달되지 않았을 경우를 대비하여 다음과 같이 개략적인 저의 이력사항을 요약 설명해 드리겠습니다. 만약, 귀사에서 채용(면접) 진행 의사가 있으시다면 회신해 주시면 세부 경력증명서 및 자격사본 등 증빙서류를 제출토록 하겠습니다.

나이는 38세이며, 도급순위 국내 최상위 건설사에서 12년째 재직 중입니다. 주 경력은 토목-항만 분야이며, 건축(아파트)은 약 1년 정도 경험이 있습니다. 담당업무는 기본적으로 현장대리인으로 선임되어 「산안법(산업안전보건법)」에 의한 안전보건총괄책임자 및 관리책임자 역할을 수행하였으며, 또한 공사팀장 및 공사담당자로서 「산안법」에 의한 관리감독자 역할도 장기간 수행하였습니다.

현장 착공 초기와 준공 말미에 일시적으로 안전관리자로 선임되어 근무한 경험이 약 1년 정도 있으며, 작년 말부터는 현 소속회사 내에서 토목직군에서 안전직군으로 완전히 전환(부서이동)하여 현재는 파주시에 소재한 대규모(약 3,000세대) 공동주택 신축현장에서 안전관리자로 근무 중입니다.

자격사항으로는 건설안전기술사, 항만및해안기술사, 토목시공기술사, 토목품질시험기술사, 국제기술사(건설공학 APEC) 등 총 14개 국가기술자격을 보유하고 있으며, 학위로는 금년에 건설환경공학 전공으로 공학박사학위를 취득하였습니다.

현 근무지에서 솔직히 말씀드리면 연봉을 세후 8천만 원 이상을 받고 있으나, 귀사에 이직 시 희망하는 연봉은 업계의 동향과 수준을 반영하여 세후 6천만 원 정도를 고려하고 있으며, 다소 무리가 되신다면 일부 범위 내에서 협의 및 조정 의사가 있습니다.

현재의 대기업에서 건설안전 컨설팅 분야로 이직하려는 사유는, 정년 없이 근무할 수 있는 장점과 개인시간을 많이 활용할 수 있는 장점을 이용하여 추가적인 자기계발을 이루고자 하는 것이며, 저를 채용하여 같이 근무할 기회를 주신다면 현재 건축 분야에 치중해 있는 귀사의 업무영역을 토목 분야로까지 확장할 수 있는 많은 유리한 조건을 제가 제공해드릴 수 있다고 사료되오며, 특히 저는 항만 기술사까지 보유한 항만경력 10년 이상의 전문가로서, 항만 분야에 대한 매우 큰 경쟁력을 얻으실 수 있으리라 생각됩니다.

긴 글 읽어주시어 감사드리며, 부디 귀사와 저의 장점이 부합하여 상호 시너지 효과를 볼 수 있는 결론이 도출될 수 있기를 희망합니다.

제 스펙이 나쁘지 않았는지 이와 같이 메일을 보낸 후 하루도 안 되어 몇 개의 컨설팅 업체에서 바로 연락이 왔습니다. 그 중 어느 한 회사는 대표이사가 직접 전화를 주었고, 당장 면접을 보고 싶다 하여 다음날 바로 만나기로 했습니다. 그리고 재직 중이던 회사에 이런저런 핑계를 대고 연차를 사용하여 면접을 보러 갔습니다.

영세한 중소기업인지라 구도심의 열악한 상가건물 내에 사무실이 있었습니다. 번쩍번쩍한 대기업 사옥만 봐 오다가 허름한 건물 외관을 보니 다소 실망스럽기도 했고 제 선택이 과연 옳은 것일지 조금 고민이 되기도 했습니다. 그래도 막상 들어가 보니 사무실 내부는 인테리어를 최신식으로 잘해두었습니다.

대표이사가 직접 마중 나와 사무실을 보여 주며 안내해 주었고, 대표이사 집무실에 앉아 분위기 좋게 차를 마시며 면접이라기보다는 자연스럽게 바로 실질적인 근무조건 협상을 시작했습니다.

지금 와서 생각해보면 저의 스펙은 그 업계에서 쉽게 볼 수 없는 최상위 스펙이었습니다. 건설안전기술사를 비롯한 관련 분야의 4개 종목 기술사를 보유하고 있었고, 또한 대기업 건설사 근무경력이 십수 년이었으며, 안전관리자 근무경험도 있는 데다가 나이도 젊은 편이었습니다.

어찌 보면 컨설팅 업체도 기술용역업체인데, 보유한 기술자의 스펙이 곧 회사의 스펙이 되는 것이지요. 그래서 회사의 스펙을 높이고자 저를 붙잡고 싶어 할 수밖에 없는 것이었습니다. 예를 들어 설명해 드리면 대기업 건설현장에 컨설팅을 나갈 때 담당 컨설턴트가 중소기업에서만 근무해 본 사람이라면 그 대기업의 실무자들이 대놓고 무시하기도 하고 컨설팅 회사 자체를 굉장히 하찮게 보는 경향도 있기 때문입니다.

이토록 그 회사에서는 저를 좋게 평가하고 채용을 희망했었는데, 그런데 문제는 제가 이러한 이직 경험이 한 번도 없었기에 저 스스로 자신감이 많이 부족했었다는 것입니다. 지금 생각하면 전혀 쫄(?) 필요가 없었는데 말입니다.

강단 있게 제 요구사항을 모두 이야기하고 안 들어준다고 하면 과감히 출입문을 박차고 나가면 되는 것이었는데⋯. 당시의 저는 자의에 의한 회사 퇴직도 처음이었지만, 경력직 입사 면접, 연봉 등 근무조건 협상도 처음이었기에 매우 긴장하면서 그 대표이사의 눈치를 살피며 조심스레 협의를 진행했습니다.

프리랜서로서 나의 주인은 바로 '나' 본인입니다. 현재의 회사를 퇴직할 때나 프리랜서 준비를 위해 경험을 쌓을 목적으로 관련 회사에 일시적으로 들어갈 때는 전혀 주눅 들거나 어려워할 이유가 없습니다.

당당한 자신감이 오히려 본인의 가치를 제대로 인정받게 해 주는 도구가 될 것입니다. 저는 그 당시 상당히 긴장해 있어서 그렇게 자신감 있게 행동하지 못했지만, 그런 과정을 거쳐 봤기에 이제는 이 책을 읽으시는 분들께 알려드릴 수 있는 것입니다.

그렇게 약 30분가량의 짧은 협상을 거쳐 면접이 끝났습니다. 우선 제가 요구한 대로 이사 직급을 부여받고, 4개의 컨설팅 팀 중 한 개 팀의 팀장 업무를 수행하기로 했고, 최대 월 17일까지만 근무하되, 급여는 세전 460만 원으로 협상하였습니다.

당초 목표했던 연봉 6,000만 원에서 5,520만 원으로 연봉은 좀 줄어들었는데, 대신 일이 없을 때는 출근할 필요도 없고 자유롭게 제가 하고 싶은 것을 하면 되며, 또한 대학교 강의 등의 별도의 프리랜서 활동에 대해서도 전혀 문제 삼지 않기로 협의했습니다.

저에게는 무엇보다도 자유로운 평일 여유 시간 확보가 가장 중요했습니다. 시간이 있어야만 시간강사, 자문위원, 심의위원 등의 다른 돈벌이도 하고 개인사업 등 다른 프리랜서 활동도 준비할 수 있었기 때문입니다. 그래서 가족의 생계유지를 위한 최소한의 비용만 확보된다면 그리 나쁘지 않은 조건이라 생각했기에 이와 같이 협상하였습니다.

⟨건설안전 컨설팅 업체 세미 프리랜서 취업조건 협의메일⟩

어제 말씀드렸던 근로계약서와 관련하여 한 가지 여쭙고자 합니다. 연봉이나 퇴직금 등은 이전에 받았던 근로계약서 초안 그대로 하면 되나, 제가 면접 당시에 ○○○ 대표이사님께 설명을 들은 근무조건이 다음과 같은데, 이를 근로계약서 특약조건에 기술하는 게 좋을지, 아니면 그냥 상호 구두상으로만 인지(동의)하고 있으면 되는지에 관해서 의견을 좀 여쭙고자 합니다.

다음의 근무조건에 대해 상호 확인(동의)만 된다면 구태여 계약서에 기술할 필요까지는 없지 않을까 싶은데, 제가 잘 몰라서 관리팀에 문의드리는 바입니다.

8/16(수) 면접 시 ○○○ 대표이사님과 협의된 주요 근무조건.

– 제가 대학 강사 및 겸임교수 등을 겸업하고자 함을 사전에 말씀드리고 양해받음. 이에, ○○○ 대표님께 이와 관련하여 다음과 같이 근무조건에 관한 설명을 들음.

① 기본 17개 현장/월. 이후 추가현장 1개소당 수당 20만 원(추가현장 배정은 선택 가능).

② 안전진단 위주 업무배정 예정. 보고서 직접 작성 시 1건당 수당 40만 원(보고서 작성여부는 선택 가능).

③ 위 업무 외 일정이 없을 경우에는 출근 불필요(개인업무 가능, 단 매주 목요일 17시경 전체회의에는 참석 필요).

④ 회사 업무에 지장을 주지 않는 한 개인 영리활동(시간강사 등 개인사업자) 겸업 가능.

돌이켜 생각해봐도 그리 나쁜 근무조건은 아니었습니다. 대기업 건설회사에서 당시에 근무하던 여건이 월 6일 휴무에 월급(세후) 570만 원이었는데, 컨설팅 업체의 근무조건은 월 13~14일 휴무에 월급(세후)은 400만 원 정도였으니, 실질적인 소득은 170만 원 정도 줄어들었지만 대신 7~8일의 휴무일이 더 확보된 것입니다.

가난한 사람은 본인의 시간을 팔아서 간신히 생계를 유지할 정도의 돈만 벌어 온다고 합니다. 반대로 부자는 그 가난한 사람들의 시간을 저렴한 돈으로 사서 본인이 해야 할 일들을 대신시키고, 그 시간에 본인은 더 큰돈을 벌어들이며 가족과 행복한 시간을 보낸다고 합니다.

저는 이제야 저의 시간을 조금 더 여유 있게 확보할 수 있었습니다. 이제 그 시간을 어떻게 활용하느냐에 따라 앞으로 남은 인생의 결과가 달라질 것입니다.

〈대기업 건설회사 급여 명세표〉

<건설안전 컨설팅 회사 급여 명세표>

2017년 9월분 급상여명세서

사원코드:13   사 원 명:박춘성   입 사 일:2017-09-01
부   서: 직   급: 호   봉:

지 급 내 역	지 급 액	공 제 내 역	공 제 액
기본급	4,300,000	국민연금	202,050
상여		건강보험	140,760
식대	100,000	고용보험	27,950
차량보조금	200,000	장기요양보험료	9,210
인센티브		소득세	253,230
연차수당		지방소득세	25,320
		공 제 액 계	658,520
지 급 액 계	4,600,000	차 인 지 급 액	3,941,480

※ 귀하의 노고에 감사드립니다   ▨▨▨안전주식회사

○ 사장 마인드, 퇴직을 두려워 말라

멀쩡하게 잘 다니던 대기업 건설회사에 과감히 사직서를 내던지던 날을 한 번 떠올려봤습니다. 항상 늘 그렇듯 새벽 5시에 아파트 건설공사 현장사무실로 정상 출근을 했습니다. 저는 기술사 공부를 시작하던 20대 중반 때부터 항상 새벽 4시에 일어나 바로 사무실로 출근하여 새벽 시간대에 공부하는 게 습관이라 출근 시간이 남들보다 아주 빠른 편이었습니다.

사무실 내의 제 자리에 앉아서 그날도 묵묵히 새벽 공부를 하고, 남들 출근하는 시간이 되어 아침인사를 주고받다가, 저의 직속상관인 팀장이 출근하는 것을 보고 바로 팀장 책상으로 찾아가 아침 문안인사와 함께 "긴히 드릴 말이 있다."라며 사직서를 내밀었습니다. 팀장은 "아침부터 뭔 일이냐?"라며 당황스러운 표정을 보이고, 왜 이러는지 물어 왔습니다.

이에 저는 제가 알아봤던 건설안전 컨설팅 업체로의 이직조건을 설명해 드리며, 이직을 통해 만들어진 여유시간을 활용해 장기적으로 추진하려는 프리랜서 사업 구상까지도 요약하여 설명해 드렸습니다. 예의상 말은 공손히 했지만 짧고 굵게 요약하자면 "여기 대기업을 그만두고 나가지만, 앞으로 정년 없이 일할 수 있는 일터에서 더욱 여유 있고 돈도 많이 벌 수 있는 삶을 살 것!"이라는 것이 주요 내용이었습니다.

제 설명을 들으신 팀장은 별말씀이 없으셨습니다. 한참 있다가 "이토록 철저하게 준비를 했다고 하니 더 이상 붙잡을 수 없겠네."라고 하시며, 본인이 현장소장에게 분위기 좋을 때 보고할 수 있도록 하루만 시간을 달라고 하였고, 본사에는 저보고 직접 안전부서 인사담당자와 연락하여 사직서 양식을 받아서 제출하라고 말씀하셨습니다.

그리하여 본사 안전부서의 인사를 담당하는 직원에게 또 용기를 내 전화를 걸었고 퇴사하겠다는 의사를 전했습니다. 본사 인사담당 직원은 이런 경우가 종종 있었던지 별로 놀라워하지도 않았습니다. 지극히 사무적으로 어투로 사직에 필요한 각종 서류양식 등을 메일로 보내주며 작성 후 현장 안전팀장, 관리팀장, 현장소장의 결재를 받아서 본사로 가지고 들어오라고 하였습니다.

메일로 받은 사직서 양식들을 쭉 훑어보니 별의별 쓸데없는 서류들이 매우 많았습니다. 각종 보안 동의서, 문서에 대한 저작권 이전 서류, 회사에서 지급받은 기기들을 정상 상태로 완납했다는 관리부장의 확인서 등…

번거로웠지만, 당연히 해야 하는 일인 줄 알고 그런 서류를 하나하나 작성하여 현장 안전팀장, 관리팀장, 현장소장 등 주요 직위자들에게 결재받는다고 온종일 움직였던 기억이 납니다.

그 당시 현장 관리부서의 고참 여직원께서 컴퓨터 등 회사물품 반납 확인서에 도장을 찍어줄 때, 엄청 까탈스럽게 이것저것 따지고 묻고는 했었는데, 그만두는 상황에서 이렇게까지 까탈스럽게 해야 하나 싶었습니다만 그 서류를 꼭 확인받아야지만 퇴직금을 문제없이 지급받을 수 있다고 하니 기분이 나빠도 꾹 참고 확인 도장들을 받았습니다.

그러나 그때는 잘 몰랐지만, 지금 생각해보면 다 쓸데없는 짓이었습니다. 그깟 확인 서류를 제출하지 않았다고 퇴직금을 안 준다면 고용노동부에 확 신고해버리면 그만입니다. 무식하면 몸이 고생하는 것이지요.

퇴직 의사를 밝힌 다음 날부터는 아예 출근을 안 했습니다. 왜냐하면 퇴사를 앞두고 퇴직 절차 및 규정을 알아보기 위해 회사 내규를 찾아봤는데, 인사규정을 보니 매월 16일 이후로 퇴직하는 사람은 그냥 1개월 치 임금을 모두 주는 것으로 규정되어 있었습니다. 그래서 일부러 사직서도 16일에 맞춰서 제출했던 것이고요.

어차피 1개월 치 임금은 전량 지급될 터이니, 실제로 출근하지는 않더라도 서류상 퇴직날짜는 그달 말일까지로 하는 것으로 조율하였습니다. 저 또한 회사 동료 선후배들에게 퇴직인사를 드릴 시간들이 필요했고, 그 현장에서도 저를 대신하여 고용노동부에 안전관리자로 선임 신고할 대체인력을 수급하는 데 시간이 필요했기 때문입니다.

그렇게 준비한 퇴직서류들을 들고 며칠 후 본사로 향했습니다. 본사에 가서도 퇴직 절차가 매우 까다로웠는데, 맨 처음에는 본사 안전부서 인사담당자(과장)와 면담하며 또 각종 서류를 만들었고, 이것을 들고 본사 안전부서 기획팀장(부장)을 거쳐, 안전부서장(상무)과 면담 및 결재를 받고, 또 그 서류들을 모두 들고 다른 층에 있는 인사부서로 넘어가서 퇴직 담당자(차장)와 면담을 하고, 다시 또 인사부서 팀장(부장)과 면담을 하고 나서야 퇴직 절차가 마무리되었습니다. 아침 일찍 본사에 들어갔는데, 점심시간이 다 되어서야 퇴직 절차가 마무리되었습니다.

이 과정에서 담당자마다 퇴직자 면담이라며 까탈스럽게 이것저것 따지기도 하고, 각종 서류를 추가로 작성하는 등 엄청나게 복잡한 절차를 거쳤습니다. 퇴직 절차가 까다롭고 복잡하여 진이 빠졌었는데 대기업이니까 이런가 보다 하고 넘겼었습니다. 추후에 「근로기준법」을 확인해보니 회사 내규로 정해져 있는 그런 퇴직 절차들은 아무짝에도 쓸모없는 것이었습니다.

구태여 제가 그 절차에 응하지 않더라도 사직 의사만 명확히 전달했으면 그 자체만으로도 퇴직처리가 되는 것이었습니다. 「근로기준법」은 근로자를 위한 법이기에 근로자를 많이 배려하는 내용으로 법이 구성되어 있습니다. 무식하면 몸이 고생한다고, 자의에 의한 정식 퇴직 절차는 생전 처음 해 보는 것이다 보니 혹여 퇴직금을 제대로 못받을까 싶어서 엄청나게 긴장해 있었던 것 같습니다. 지금 생각하면 참 한심합니다.

그때의 경험과 그 이후로 알게 된 「근로기준법」에 대한 지식, 그리고 몇 번에 걸친 세미 프리랜서로서의 근무회사 이직 경험들이 쌓이다 보니 이제는 깨우치게 되었습니다. '나'라는 사람의 주인은 바로 '나' 본인입니다. 그렇게 회사의 규정들에 끌려다니고 굽실거릴 필요는 전혀 없습니다.

'회사'와 '나'는 상호 동등한 관계로 근로계약을 체결했던 것이지, 회사에 종속된 상하관계가 아닙니다. 즉, 내 인생의 주인은 바로 '나'이지, '회사'가 아니라는 뜻이지요. 본인 스스로 사장 마인드를 가져야 할 것입니다.

프리랜서를 꿈꾸시는 많은 직장인분께 고합니다. 사직서 내는 것을 절대 두려워하지 마십시오. 회사가 정한 절차를 하나하나 수행하며 질질 끌려다닐 필요가 전혀 없습니다. 언제든 명확하게 사직의사만 미리 통보하시면 퇴직금 수령 등에는 전혀 문제없습니다.

하지만 좋은 게 좋은 거라고, 가급적이면 회사를 떠나더라도 서로 감정이 상하지 않고 좋은 모습으로 마무리하는 게 더 좋겠지요.

〈사직서 제출 후 건설회사 동료들에게 보낸 퇴직인사 메일〉

그간 안녕하셨는지요? 직접 찾아뵙고 퇴직인사를 드려야 함이 마땅하나, 죄송하고 송구한 나머지 차마 직접 뵙고 인사드릴 용기가 부족하여 이렇게 서신으로 안부 여쭙고 퇴직 인사를 올립니다.

결론부터 먼저 말씀드리면, 저는 제 개인적인 사유로 금월 말일부로 ○○건설을 퇴직하고자 합니다. 2006년부터 ○○건설과 첫 인연을 맺고 2007년 봄, 현채직원으로 처음 근무를 시작하여 여러모로 존경스러운 당사 선배님들께서 잘 지도편달해 주시고 많은 가르침을 주신 덕분에 PJT계약직을 거쳐 정규직 전환까지도 할 수 있었기에 그동안의 은혜에 정말 감사드릴 따름입니다.

퇴직사유를 먼저 말씀드리겠습니다. 퇴직을 고려하게 된 최초의 발단은 SPA 제도였습니다.[1] 그 제도로 인한 오랜 시간 고민 끝에 마치 나비효과처럼 큰 파장을 일으켜 결국 퇴직까지 결정하게 되었습니다.

작년(16‘) 하반기까지만 해도 저는 진심으로 ○○건설 내 토목-항만 분야에서 정말 최고의 전문가가 되고 싶었습니다. 그때까지만 해도 여기저기 지인들에게 저는 장차 ○○건설의 항만 분야를 이끄는 기둥이 되고 싶다고 말씀드리고 다닐 정도로 열정이 컸습니다.

그즈음 SPA 제도가 시행되었고, 저는 실업계 공고 출신으로서 인문계 출신인 대부분의 공채직원과 다르게 영어의 기본이 부족하였습니다. 또한 대학 학부과정 역시도 교양과목이 중요시되는 정규대학이 아닌, 국가가 운영하는 자격증 취득이 기반인 학점은행 제도를 이용한 독학으로 토목공학사 학위를 취득하였기에 영어가 매우 취약하였습니다.

하지만, 영어실력도 열심히 노력하면 되리라 생각하고, 2015년도 연말부터 2016년도 하반기까지 근 1년간 전화 영어 및 동영상 강의 청취 등 열심히 학습하였습니다. 그 결과, 제 개인적으로는 매우 비약적으로 발전하였다고 생각했습니다. 전화 영어 학습을 할 때, 초기에는 한 마디도 못 알아듣고 말도 못 했었는데, 1년간 꾸준히 학습하니 어느새 문법과

---

1)　차마 직장을 못 그만두는 동료들에게 명퇴의 두려움이 퇴직이유라고 사실대로 말하기 난처하여, SPA 영어회화 시험을 핑계로 둘러대었습니다.

억양은 엉성하지만 그래도 원어민과 일상적인 농담과 대화가 가능해진 것입니다.

　나름대로 영어학습 효과에 만족하며, 이 정도 수준이면 최소한 Level 3 등급은 가능하리라 생각하고 작년 10월에 SPA에 응시하였습니다. 그러나 제 기대와는 다르게 한참 낮은 Leve 2 등급을 받게 되었습니다. 정말 난처하고, 곤혹스러웠습니다. 1년여 동안 그렇게 열심히 영어공부를 했는데, 겨우 Level 2 등급이라니… 아무리 의사소통이 되어도, 결국 문법/억양/어휘/발음이라는 모든 기준을 만족시킬 수는 없었던 것입니다.

　2016년 10월, SPA 등급을 확인한 후로는 매우 많은 생각을 하게 되었습니다. 당장 1~2년 내에는 안 되겠지만, 꾸준히 학습을 계속하면 4~5년 정도 이후에는 Level 4 달성이 가능하지 않을까도 생각했었고, 그러다 보니 저도 내일모레(?)면 마흔인데, 40대 중반에 진급된다고 한들, 언제 부장 직급을 달지가 걱정되었습니다. 또한, 송구한 말씀이지만, ○○건설에서 12년째 근무하면서 저를 이끌어주셨던 여러 선배님 중에서 정년을 채우고 퇴직하신 분을 단 한 분도 보지 못했습니다.[2] 특히 저를 아끼고 이끌어주신, 제게는 은인 같은 존재이신 서○○ 소장님과 박○○ 상무님 역시 정년을 못 채우시고 그해에 퇴직하셨던 것이 제게는 적잖이 충격이었습니다.

　그러한 계기로 저의 장래 삶에 많은 관심을 가지게 되었고, 저의 자격조건 및 경력 등을 고려하여 여러 가지 진출 가

---

2)　사직 핵심이유.

능한 분야를 놓고 많이 고민하던 중에, 작년 12월 기술직의 안전직 전환 사내공고를 보게 되었습니다.

이에 안전 분야를 접하게 되었으며, 다방면으로 검토 및 관련 현직 지인분들의 조언을 들어보고서 건설안전 분야가 지금도 수요가 많지만, 향후 법규 강화로 더욱 많은 수요가 예상되어 확실한 전망이 있고, 또한 제가 보유한 건설안전 기술사가 매우 큰 효용가치가 있다고 판단하게 되었습니다.

특히나 저는 항만 분야 기술사 자격 및 전문경력이 있으니 이를 잘 활용하면 소규모 항만현장의 안전컨설팅에 매우 큰 경쟁력이 있으리라 생각하게 되었습니다.

그래서 안전직으로의 전환을 지원하였으며, 안전 분야에 대한 전문성과 경력을 키워서 향후 5년 정도 지난 후에, 어차피 진급이 안 되면 직급정년으로 퇴직을 준비해야 하니, 그때는 안전 컨설팅 전문기관 또는 프리랜서 활동을 해 보고자 생각하고 올 년 초부터 차근차근 준비하고 있었습니다.

그런데, "관심을 가지고 보면 보인다!"라는 말이 있듯이 건설안전 컨설팅 분야에 관심을 가지고 눈과 귀를 열어두다 보니, 현업 프리랜서 활동을 하시는 안전 분야의 몇몇 선배님께서 많은 추천을 해 주시어, 마침 제가 원하는 조건에 맞는 컨설팅 업체에서 프리랜서 개념으로 스카우트 제의를 받게 되었습니다.

비록 규모는 ○○건설과 비교할 수준이 안되지만, 제가 원하는 장래 계획에 맞춰 경험을 쌓을 수 있고 또한 업계 특성상 여유시간을 많이 낼 수 있어, 향후 제가 생각하는 또 다른 분야인 대학 강단에 서는 준비(강의, 강연 등)를 추가로 할 수 있다는 장점이 있었습니다. 그리고 무엇보다도 한 집안의 가장으로서 자녀를 포함한 4인 가족의 생계를 책임져야 하는 막중한 의무를 다해야 하는데, 다행히도 현재 받는 급여 수준 이상으로 소득이 보장되기까지 합니다.

이에, 많은 선배님께 조언도 듣고 여러 가지를 검토하여, 장고 끝에 퇴직(이직)을 최종적으로 결정하게 되었습니다.

혹여, 저를 아껴 주시는 선배님들께서 "순간적인 감정으로 쉽게 결정한 것은 아니냐?"라는 걱정을 하실 수 있어서 제가 생각하고 있는 퇴직 후 저의 계획을 간략히 말씀드리겠습니다.

우선 경기도 권역에서 주로 활동하는 건설안전 컨설팅 업체에 임원(이사)으로 이직 예정입니다. 비록 컨설팅 업체에 소속은 되어 있지만, 주어진 기본업무(월 17개 현장=약 17일/월 근무) 외에는 개인 영리활동이 가능한 세미 프리랜서 개념으로 근무조건을 협의하였으며, 이 기본업무만 수행하여도 기본 소득은 확보되어 가정의 생계는 보장할 수 있습니다.

컨설팅 업체에서는 주로 「산업안전보건법」에 의거한 '안전진단' 및 '재해예방지도점검' 등의 활동을 하게 되며, 근무시간 역시 일평균 6시간으로 많은 여유시간이 발생합니다. 그래서 이러한 여유시간을 활용해 추가로 자기계발에 재투자하여 관련업무의 전문성을 더욱 높이고자 하며, 또한 동시에 세무서에 개인사업자로 등록하여 다음과 같은 사업을 병행하려 합니다.

① 토목/안전 분야 전문강사(대학 및 전문대학의 시간강사, 공단 및 교육원 등 교육기관의 강사)

② 법정 계획서 대리 작성(「산안법」 '유해위험방지계획서', 「건진법」 '안전관리계획서' 등)

현재 생각으로는 이처럼 약 1~2년 정도 실무경험을 쌓고 해당 분야의 인맥을 형성한 후 어느 정도 조건이 되면 컨설팅 업체 소속의 프리랜서 활동은 축소하고 반대로 개인사업자는 법인으로 전환하여 전문적인 컨설팅 업무까지 업역을 넓혀서, 저의 또 다른 강점인 '항만 및 해안 기술사'를 적극적으로 활용하여 '소규모 항만현장 전문 건설안전 컨설턴트'로서 입지를 굳히고자 합니다.

인생이라는 것이 모든 게 계획대로 되는 것은 아니지만, 최소한 계획이 있고 추구하는 분명한 목표가 있다면, 100%는 아니어도 노력을 통해 80%는 달성할 수 있다고 생각합니다. 저에게는 자랑스러운 ○○건설 선배님들께서 전수해주신 '기술력'과 '실행력' 그리고 '도전정신'이 있습니다. 또한 ○○건설에서 저에게 주신 4개의 '기술사' 자격증과 '박사학위'도 가지고 있습니다. 이러한 저의 강점을 적극적으로 활용하여 영어를 잘하지 못한다는 약점을 보완하도록 노력하겠습니다.

그동안 저를 믿어주시고 응원해 주신 ○○건설의 여러 선배님께 정말 송구스럽고 죄송한 마음뿐이지만, 이러한 사유를 바탕으로 저의 향후 인생 2막을 위한 퇴직을 결심하게 되었으며, '아끼는 후배가 조숙(?)해서 선배들보다 인생 2막을 조금 일찍 시작하려는구나!'라고 이해해 주시기를 간절히 부탁드립니다.

앞으로도 더욱 열심히 살고 노력하여 계속 발전하는 모습을 보여드릴 것이며, 또한 ○○건설에서 저에게 베풀어주신 은혜와 가르침에 항상 감사함을 느끼고, 제가 ○○건설이라는 건설 명가에 짧다면 짧고 길다면 긴 12년 동안 몸을 담았다는 사실을 항상 무궁한 가문의 영광으로 생각하고 살아가겠습니다.

끝으로 제가 구상한 사업에 대한 명함(시안)을 설명해 드리겠습니다. 제가 생각하는 사명은 '살펴봄'입니다. 제 이름인 '봄 춘'에 '살필 성'을 조합하여, '건설현장에서 위험요소를 살펴본다.'라는 의미로 만들어 봤습니다. 또한 '건설안전기술원'은 건설안전 분야뿐만 아니라 건설기술 분야까지도 아우르는 전문지식을 가지고 있다는 의미로 붙여 봤으며, 원장이라는 직책은 아직 어린(?) 나이에 사장이라는 호칭은 다소 어감이 좋지 않을 것으로 예상되어, 상대방이 좀 더 호칭하기 편한 직함을 찾다 보니 원장이라는 직함을 떠올리게 되었습니다. 여러 가지로 부끄러울 따름입니다.

비 내리는 일요일에 사무실 책상 앞에 앉아서 짐을 정리하며 두서없이 썼는데, 긴 글 읽어주셔서 감사드립니다. 선배님께서 실망하시지 않도록 더욱 최선을 다해서 인생 2막을 살겠습니다. 감사합니다.

– 비 내리는 일요일, 깊은 심사숙고 끝에 박춘성 올림

○ 시장성 판단, 비전문가가 판친다

완전한 프리랜서가 되고자 준비 시간을 얻기 위해 건설회사를 퇴직하고 세미 프리랜서로 우선 이직한 컨설팅 업체에서 현업 실무를 해 보면서 느낀 바가 아주 큽니다. 그 모든 것을 딱 한 줄로 요약해 본다면 다음과 같이 표현할 수 있겠습니다.

"비전문가가 업계에 판친다."

무슨 뜻인가 하면, 제가 봐 왔던 건설안전 컨설팅 및 재해예방 기술지도를 하시는 분 중에 제대로 된 기술자가 별로 없었다는 의미입니다. 어디까지나 저의 개인적인 의견이지만, 저는 전문가로 인정받기 위해서는 관련 분야의 전문 자격증과 관련 업계의 10년 이상 경력, 이 두 가지는 필수로 보유해야지만 어디 가서 자신 있게 전문가라고 공인받을 수 있다고 생각합니다.

자격증은 그 사람의 이론 지식수준을 나타내는 지표라 할 수 있을 것이고, 10년 이상의 경력은 그 사람의 실무처리능력을 나타내는 지표라 할 수 있겠습니다. 그런데 제가 건설안전 전문기관에서 세미 프리랜서로 활동하면서 만난 자칭 전문가들 중에, 이 두 가지 요건을 모두 갖추신 분들은 별로 없었습니다.

경력이 많으신 분들은 전문 지식이 없으셨고, 전문 지식이 있으신 분들은 건설현장에서 근무해 본 실무 경력이 많이 부족했습니다.

가장 많이 봐 왔던 비전문가 사례는 건설현장에서 단 한 차례도 근무해 본 적 없는 사람이 건설안전 전문가라는 감투를 쓰고 활동하는 사례였습니다. 건설업이 아니라 제조업 쪽에서만 경력이 있으신 몇몇 공공기관 퇴직자분들이 자칭 전문가라 하시며 인맥과 소위 빽(?)을 이용해 일을 수주받는 경우가 꽤나 많았습니다.

간단히 예를 들어 보기만 해도 건설안전을 주관하시는 정부기관 또는 관련 공기업의 직원분들 중에서 순수한 건설 전문가는 별로 많지가 않으실 것입니다. 대부분이 일반 행정직 출신 내지는 산업안전공학을 전공하신 분들이지요.

전기공학을 모르시는 분이 전기안전을 할 수 있습니까? 화학공학을 모르시는 분이 화공안전을 할 수 있나요? 가스공학을 모르시는 분이 가스안전을 할 수 있나요? 그런데 왜 대체 건설공학을 전혀 모르시는 분들은 건설안전을 하시는 것일까요?

안전 분야를 크게 구분해 보면 건설업에 적용되는 건설안전과 제조업에 적용되는 산업안전으로 대별할 수 있겠습니다. 상대적으로 건설업 분야가 제조업보다 위험성도 더 크고 시장규모도 더 크기에 많은 산업안전을 전공한 인력들이 건설안전 분야로 유입되어 온 것이라 볼 수 있겠습니다.

이 중에서 제가 지적하고자 하는 문제는, 건설 분야 비전문가분들이 건설안전을 하고 계신다는 것입니다. 그분들이 산업안전 분야에서는 전문가일지는 모르겠으나 건설안전 분야에서는 절대 전문가라 할 수 없습니다. 하나만 예를 들어보자면 일반적인 산업안전 전문가분들은 건설공사에서 가장 기본이 되는 문서라 할 수 있는 설계도와 시방서도 해석할 줄 모르고 심지어 단 한 번도 읽어본 적 없으신 분들이 태반입니다.

이러한 불합리한 건설안전 컨설팅 업계의 현황을 알게 되면서 실망도 컸지만, 반대로 기대감도 높아졌습니다. 어떤 기대감이냐 하면, 제대로 된 건설기술인이 안전관리 전문영역에 도전하면 충분히 성공할 승산이 있다는 것이었습니다.

대부분의 산업안전공학 출신 전문가들은 설계도서 및 구조계산 검토 등 기술적 지식이 매우 부족한 반면에, 저와 같은 실제 건설기술인 출신은 이런 부분이 특히 강점이기에 이러한 기술안전 측면에서의 강점을 강조하면 좋은 성과가 나오리라 판단했습니다.

이를 증명하듯 건설안전 컨설팅이나 기술지도 업무 시 최근 시장에서 요구하는 능력은 설계도서 및 구조안전 검토 등 기술적인 부분에 역점을 둔 기술안전입니다. 제 예측이 적중했던 것이지요.

이런 과정을 거쳐 저는 처음 세미 프리랜서를 시작한 건설안전 컨설팅 업계의 특성을 파악했고, 향후 제가 밀고 나갈 분야를 건설기술에 특화된 기술안전 분야로 결정했으며, 지금까지 이를 수년간 실행해 본 결과 아주 탁월한 선택이었다고 자평합니다.

누구나 약점도 있고 강점도 있습니다. 약점을 보완하기 위해 노력하는 것도 나쁘지는 않지만, 저의 경우에는 약점은 내버려 둔 채 강점을 더욱 강력하게 보강하였습니다. 그 결과로 더 좋은 성과가 있었다고 생각합니다. 즉, 최선의 방어는 공격이었던 것입니다.

TODAY
고품격 경제지 파이낸스 투데이

건설현장 안전관리, 기술안전이 핵심이다.

건설현장 안전관리, 기술안전이 핵심이다.

◯ 승인 2018.07.30 07:58

> 파이낸스투데이의 "인물탐방" : ▨▨▨▨▨▨▨▨▨▨ 기술안전 컨설팅 책임자 박춘성 기술
> 사

기술안전! 현장 기술직(관리감독자)의 역할이 중요

이렇게 기술안전이 강조되는 시기에 기술안전에 선도적인 역할을 하는 눈에 띄는 사람이
있다. ▨▨▨▨▨▨▨▨▨▨▨▨▨의 기술안전 컨설팅 책임자인 박춘성 기술사이
다.

그는 약 6년간의 군복무시절 소대장으로서 작전을 수행 중 안전 시스템의 중요성을 인식
하여 토목공학 전공임에도 불구하고 건설안전기사 자격을 추가 취득하였으며, 전역 후
현대건설(주)에서 약 11년간 공사팀장 및 현장대리인의 기술직 직무를 수행하면서 항시
건설현장의 안전성을 향상시키고자 심혈을 기울였다. 이후 안전직군으로 전향하여 대규
모 건설현장의 안전관리자로 근무 후 현재는 이직하여 기술안전 확산 및 보급을 위해 컨
설팅 업무를 수행하고 있다.

○ 건설안전 컨설팅 수익 구조

제가 청운의 꿈을 품고 건설회사 퇴사 후 수행했던 첫 업무는 세미 프리랜서로서 건설안전 컨설팅을 수행하는 것이었습니다. 아직 완전한 프리랜서로 활동하기에는 모르는 것도 많고 준비도 덜 되어 있어, 비록 급여는 줄어들었지만 개인 시간을 자유롭게 확보할 수 있는 임시 직장인을 선택했던 것입니다.

그 컨설팅 회사는 고용노동부에 건설안전 전문기관으로 등록된 업체로서 앞서 설명해 드린 근무조건과 같이 월 최대 17일만 근무하며 건설현장 안전컨설팅 업무를 담당했습니다.

최대 월 17일만 출근하면 나머지 일정은 자유롭게 활용이 가능했기에, 컨설팅 업체에서 최소한의 기본 생계비는 확보가 되면서도, 프리랜서로서 외래출강이나 기술자문 등의 개인 활동을 병행할 수 있었습니다. 그 당시 제가 컨설팅으로 받던 급여를 일당으로 분석하면 교통비나 식비 등을 모두 포함해 세전 33만 원 정도로서, 과다하지도 않고 과소하지도 않은 통상적인 건설안전기술사의 인건비 시세였습니다.

경우에 따라서 조금씩 다르겠지만 일반적으로 건설안전 컨설팅을 수행하면 2인 1조로 다니며 한 달에 하루씩 해당 건설현장에 방문하여 안전상태 점검 및 개선방안을 컨설팅해 주는 데 회당 100만 원의 비용을 받습니다.

그 100만 원에 대한 수익 구조를 분석하자면 이 중 약 30%가 기술사(팀장) 인건비이고 15% 정도가 기사(팀원) 인건비, 5%가 교통비 및 식비, 그리고 나머지 50%는 본사 운영비 및 영업비, 수익으로 구성됩니다.

제가 컨설팅 회사에서 세미 프리랜서로 활동하던 2017년도에는 건설안전기술사만 보유하고 있어도 이런 재해예방 기술지도나 안전 컨설팅 업무를 수행하면 통상 세전 6,000만 원의 연봉은 받을 수 있었습니다.

그런데 2018~2019년에 정부에서 정책적으로 건설공사 안전관리를 획기적으로 강화한다며 그 일환으로 건설안전기술사 합격률을 대폭 상향시키면서 건설안전기술사 보유자가 급증하게 되었습니다.

2017년까지만 해도 연평균 합격자가 50명 내외였는데, 2018~2019년의 두 해 동안은 4~5배 이상 더 많은 합격자를 배출하였습니다. 뭐든지 수요와 공급의 원리로 가격이 책정되는 것입니다. 건설안전기술사를 필요로 하는 일자리 수요는 별반 늘지 않았는데, 신규 합격자 공급이 대거 늘어나니 결국 건설안전기술사의 인건비 하락이 발생하고 말았습니다. 그래서 지금은 건설안전기술사의 평균 연봉이 5,000~5,500만 원대로 하향되었습니다.

최근(2019년 말) 대기업 건설사에서 부장으로 근무하시던 지인이 명예퇴직으로 회사를 나오셨습니다. 회사에 남아있고 싶은 본인 의사와는 다르게 강제로 쫓겨나듯이 퇴직당하시는 모습이 전혀 명예로운 모습은 아니었지만…. 어쨌든 그분은 올해 54살로 대기업 건설현장에서 공사팀장 및 현장소장 등의 중책을 오랫동안 수행해 오신 최고의 건설 기술자입니다.

최고의 건설 기술자. 그래봤자 결국 50대 중반을 못 넘기고 잘립니다. 민간 기업, 특히 대기업의 한계이지요. 정말 최고의 학벌 및 자격 등 무시무시한 스펙을 지니고 회사에서 정치적 라인을 잘 타서 윗분들에게 아무리 잘 보였어도 그래봤자 99.9%는 50대 중반이면 잘립니다.

저 역시 대기업 건설사에서 12년을 있으면서 단 한 분도 무탈하게 정년퇴직하신 분을 못 봤습니다. 그 회사도 당시 만 57살부터는 임금피크제가 적용되는데, 정년은커녕 임금피크제 때까지 버티는 분도 단한 분도 못 봤습니다. 그나마 잘 버티신 분이 이 사례처럼 50대 중반에 나오시는 것이고, 정치를 잘못해서 썩은 동아줄 라인을 붙잡았거나 윗분에게 찍힌 분들은 40대 중반부터 옷 벗을 준비를 해야지요.

그 지인께서는 다행히도 현직에 계실 때 토목시공기술사와 건설안전기술사를 취득해 두었습니다. 그렇기에 그분은 오히려 이제는 즐거운 마음으로 차근히 제2의 인생을 준비하시면 되리라 생각합니다. 저처럼 기술사 프리랜서 활동을 하시면 될 테니까요.

전화위복이라 생각합니다. 다행히도 그나마 약 1억 원 정도의 위로금이 지급되는 명퇴이니 그 돈을 가지고 일단 몇 개월 버티시며 프리랜서로서 새로운 활로를 개척하면 되는 것이지요. 오히려 60세 정년을 다 채우고 나오셨다면 다른 회사로 이직하거나 프리랜서 활동을 하기는 더욱 어려울 것입니다. 차라리 한 살이라도 젊을 때 일찌감치나와서 자리 잡는 게 더 나은 것 같습니다.

그분이 저를 따라 하신다며 최근에는 건설안전기술사로서 컨설팅업체에 세미 프리랜서로 이직을 알아보셨는데, 요즘은 건설안전기술사 인건비는 연봉 기준으로 5,000~5,500만 원이라고 합니다. 불과 3년 사이에 연봉이 대폭 줄었습니다.

최저임금 상승으로 물가는 매년 오르고, 부동산값도 매년 폭등하는데, 건설안전기술사 평균 연봉은 오히려 하락하다니…. 뭐든지 수요와 공급의 원리입니다. 최근 건설안전기술사를 엄청 많이 합격시키더니 결국 건설안전기술사의 평균 연봉이 하락했네요. 안타까운 생각이좀 듭니다.

사람 심리가 다 그런 것 같습니다. 저도 제가 기술사에 합격하기 전이라면 이처럼 연봉이 좀 줄어들더라도 합격률 높은 것을 좋아했겠지만, 이미 합격한 사람 입장에서는 제발 좀 그만 뽑기를 바라게 됩니다. 마치 유주택자는 집값 폭등으로 즐거워하지만, 무주택자는 정부가 집값 좀 잡아 주기를 간절히 바라는 것처럼 말입니다.

그래도 은퇴 후 노후에 연봉 5,500만 원이면 그리 나쁜 조건은 아니라고 생각됩니다. 사부작사부작 건설현장 안전 컨설팅을 하면서 여유 있고, 유유자적하게 노후를 보내는 것도 괜찮은 것 같습니다.

그런데 이 모든 것이 최소한 건설안전기술사 자격을 보유하고 있어야 가능한 것이겠지요. 이런 사례들을 봤을 때 우리 같은 기술직들에게 가장 쉽고, 빠르고, 완벽한 노후대비는 바로 기술사 취득이라고 생각합니다.

○ 외래교수, 기술자 교육업계 진입

건설안전 컨설팅 업체에서 이사 직급으로 세미 프리랜서 활동을 해 보니, 급여는 이전에 대기업에 다닐 때보다 좀 줄었지만 많은 여유시간을 확보할 수 있었습니다. 그렇게 만들어진 시간을 활용해 프리랜서로서 할 수 있는 일거리를 찾아 여기저기 여러 곳을 기웃거렸습니다.

제 전공인 토목공학 및 지반공학과 관련된 각종 학회 세미나 또는 학술 발표회 등에도 기웃거렸고, 한국기술사회나 건설기술인협회 등에도 평생회원으로 가입한 후 각종 세미나, 특강, 현장견학 등의 활동도 기웃거렸습니다. 이렇게 많은 대외활동에 참여하다 보니 자연스레 명함을 돌리고 인사를 나눈 사람들이 많아지게 되었습니다.

이런 학회, 협회에서 주로 활동하시는 분들은 어떤 분들일까요? 상식적으로 다들 짐작하셨겠지만, 대부분 대학교수님이나 그 밑에서 배우는 석·박사 과정의 연구원분들이고 또한 이미 박사학위를 받았거나 기술사를 보유하여 공공 또는 민간 기업에서 근무하시되 시간적인 여유가 되는 고위직분들도 많이 참여하십니다. 이를 바꿔 말하면, 학회나 협회의 활동은 연회비 등의 매우 저렴한 비용으로 엄청난 인맥을 만들 수 있다는 큰 장점이 있습니다.

이렇게 만들어진 인맥 중에 어느 한 분께서는 저에게 색다른 제안을 하나 해 주셨습니다. 본인이 아는 지인이 건설기술인 직무교육기관의 교수인데, 급하게 항만 건설기술 관련 강의가 가능한 전문가를 찾고 있다는 제안이었습니다. 아! 이거는 완전히 딱 저를 위한 자리였습니다. 저는 항만 및 해안 기술사로서 건설회사 근무 시 항만 건설현장에서 주로 경력을 쌓아왔기에, 저 스스로 말하기는 부끄럽지만 항만 시공 분야에서는 정말 최고의 기술자라고 감히 자부합니다. 그렇기에 그 출강 요청에 바로 응했습니다.

처음에는 현직 기술자분들을 대상으로 하는 강의에 대해서 저도 두려움이 생기고 걱정도 많이 되었습니다. '내 주제에 남들 앞에서 강의를 한다는 게 가능할까?' 하지만 그래 봤자 밑져야 본전이라 생각했고 죽이 되든, 밥이 되든 일단 한번 부딪혀 보자는 심정으로 강의를 준비하게 되었습니다.

〈대기업 퇴사 후 연락받은 첫 강의 요청〉

수신 : 박춘성 교수님
발신 : ███ 대리 / ███████교육원

안녕하십니까, 교수님.
조금 전 ███ 교수님 소개로 연락 드렸던, ███████교육원 ███ 대리입니다.

표제 **정기안전점검과정** 관련 아래와 같이 교육과정에 대한 안내 드리오니 확인 부탁 드립니다.

   1. 최근 국토교통부에서는 **3종 시설물 편입 및 성능평가제도를 도입**하는 내용이 포함된 **[시설물 안전관리에 관한 특별법]을 전부 개정**
(시행'18.01.18)하고자 합니다.
      [첨부1 시설물의 안전 및 유지관리에 관한 특별법]

   2. **[시설물의 안전 및 유지관리에 관한 특별법(약칭 : 시설물안전법)]** 에 새롭게 도입되는 3종 시설물 안전점검 및 성능평가제도가 시행일에
   맞추어 원활하게 운영될 수 있도록
   관련 기술자의 역량을 강화하기 위해 **교육과정을 금년도 11월부터 운영**하고자 합니다.

   3. 교수님께 강의 요청 드리는 과목은 아래와 같습니다.

종류	교과목	교과목 내용	세부 내용	
토목과정	8. 대가산정요령	수리 및 항만	시설물별 대가산정의 요령 설명	
	9. 시설물별 현장조사 및 상태평가	항만시설물	시설물별 점검현장 조사요령 및 상태평가 등 설명	
	10. 시설물별 유지관리	항만시설물	시설물별 유지관리 및 보수·보강사례 등 설명	

'강연'과 '강의'는 사전적인 의미부터가 다릅니다. 강연은 대중 앞에서 일반적인 주제를 가지고 이야기하는 것을 의미합니다. 그렇기에 어떤 한 분야의 전문가가 아니어도 누구든 강연은 할 수 있습니다. 그렇기에 강연을 하는 사람을 강사라고 호칭하는 것이지요.

반면에 강의는 본인이 알고 있는 전문지식을 체계적으로 다른 사람들에게 가르치는 것을 의미합니다. 당연히 해당 분야의 전문경력과 지식이 있는 사람만이 할 수 있는 업무이지요. 그렇기에 강의를 하는 사람은 교수라고 호칭하는 것입니다.

지금은 벌써 경력 3년 차의 능숙한 건설기술 전문 교수가 되었지만, 지나고 나서 돌이켜 생각해 보니 처음 강의 요청을 받았을 때 괜히 두려워했던 것 같습니다. '강의'란 원맨쇼입니다. 면접시험이 아닙니다. 즉, 교수로서 본인이 주체가 되어서 알고 있는 지식을 서론-본론-결론으로 맥락을 구분하여 순차적으로 이끌어 나가는 과정입니다. 그렇기

에 본인이 자신 있는 내용만으로 교안을 준비하면 되는 것입니다.

잘 모르는 분야에 대해서는 아예 교안에 그 내용을 넣지 않고 안 다루면 그만인 것입니다. 누구나 본인만의 강점이 있고 약점도 있을 것입니다. 즉, 강의 교안을 준비할 때 본인이 자신 없는 약점은 아예 넣지 말고, 본인이 가장 자신 있는 강점 분야로만 내용을 강화하여 구성하면 되는 것입니다.

저는 세미 프리랜서 활동방식으로 저만의 여유시간을 만들어냈고, 그 시간에 저보다 더 앞서 있는 훌륭한 사람들과 어울리려 노력했으며, 그 결과 저에게도 현업 실무자분들 앞에서 강의할 기회가 처음으로 주어졌습니다. 저는 다행히도 그 기회를 놓치지 않고 잘 포착했고 성공적으로 잘 마쳤습니다.

이렇게 시작한 첫 강의가 기폭제가 되어 전문 교육업계에서의 프리랜서 교수 활동에 본격적으로 눈을 뜨게 되었으며, 이 경험을 바탕으로 수많은 건설기술 교육기관 강의활동을 추가로 알아보게 되었습니다. 그 결과, 현재는 오히려 주객이 전도되어 건설기술 교육 분야가 저의 가장 큰 프리랜서 소득 유형으로 자리매김하게 되었으며, 이 전문 분야 강의활동만으로도 어지간한 대기업의 임원급 소득을 올릴 수 있게 되었습니다.

어째 진땀을 흘리며 첫 강의를 마친 후부터는 자신감을 얻게 되어 스스로 인터넷을 검색하며 수많은 건설기술 교육기관에 외래교수로서 지원해 보게 되었는데, 그러던 중에 어느 한 교육기관의 홈페이지에서 전임교수를 채용한다는 공고 글을 보게 되었습니다. 그 기관은 건설기술 교육 분야에서는 가장 명성이 높고 규모가 큰 교육기관이었습니다. 채용공고의 내용은 건설안전 교육업무를 전담할 전임교수(내부강사)를 채용한다는 것이었습니다.

저는 건설안전기술사를 보유하고 있었고 또한 건설회사에서의 실무 경험도 많으니 지원 자격은 충분하였기에 별 기대 없이 그냥 한 번 지원서를 제출해 봤습니다. 솔직히 지원서를 제출하면서도 제가 합격하리라고는 전혀 예상하지 못했습니다. 그래도 명색의 국토교통부 소관의 국내 최대 규모의 건설기술인 교육기관인데 설마 저 같은 사람이 뽑히겠나 싶어서 별로 깊게 생각은 하지 않았습니다.

〈당시 건설기술인 직무교육기관 내부강사(전임교수) 채용공고〉

모집분야 및 자격요건

모집분야	자격요건
안전교육 총괄 담당자 (0명)	■ 군필 또는 면제자 ■ 아래 자격 중 1개 이상 소지자로서 「산업안전보건법 시행령」 별표 6의5에 정한 안전직무교육기관 총괄책임자 자격기준을 충족하는 자 - 산업안전지도사 자격증 소지자 - 건설안전기술자 자격증 소지자 - 건설안전 관련 박사학위 소지자

그저 '못 먹는 감, 찔러나 보자.'라는 마음으로 가벼이 툭 지원서를 던졌는데 어쩌다 보니 서류전형 합격에 이어서 최종 면접까지도 덜컥 합격해 버렸습니다. 그리하여 얼떨결에 전혀 예상치도 못하게 건설안전 컨설팅 회사는 근 3개월 만에 사직하고 건설기술인 전문 교육기관에 전임교수로 이직하게 되었습니다.

컨설팅 업체와 퇴사협의를 할 때는 매우 쉽고 간단히 협의했습니다. 대기업의 복잡한 퇴사절차를 한 번 경험해보니 컨설팅 회사를 퇴사할 때는 모든 절차가 매우 쉽게 느껴졌습니다. 뭐든지 경험이 가장 중요한 것 같습니다.

저나 회사나 상호 필요에 의해 근로계약을 맺은 것이고, 제가 회사에서 업무 보면서 횡령, 절도 등의 고의적 피해를 입힌 것만 아니라면 언제든 상호 대등한 입장에서 계약을 해지할 수도 있는 것입니다.

왜냐하면 「근로기준법」은 근로자를 보호하기 위한 법이기 때문이지요. 다시 한번 강조해 드리는데, 프리랜서를 희망하시는 분들은 절대 회사에 사직서를 던지는 것을 두려워하실 필요가 없습니다.

〈교육기관 전임직으로서 관련 기관 선임 신고〉

교육원

수신자　　　　　고용노동청장
(경유)　산재예방지도과장
제목　**시정지시에 따른 조치결과 보고**

　　1. 산재예방지도과-　　　　　) 관련입니다.
　　2. 시정지시내용에 따라 아래와 같이 <u>전임교원</u> 배치하여 결과보고
합니다.

- 아 래 -

가. 직무교육위탁기관 인력변경

구 분	변경전	변경후	비고
총괄책임자	박춘성	박춘성	
강사			전임교원
강사			
강사			

나. 안전보건교육위탁기관 인력변경

구 분	변경전	변경후	비고
총괄책임자	박춘성	박춘성	
강사			전임교원
강사			

붙임 1. 직무교육위탁기관·안전보건교육위탁기관 변경등록 신청서 각 1부.
　　　2. 강사인력 증빙자료 1부. 끝.

○ 기술자 교육기관의 속성

건설기술인 교육기관의 전임교수로 소속을 옮길 때, 교육기관의 인사부서에서는 3개월은 수습기간으로서 교육행정 흐름에 대한 전반적 이해를 위해 사무행정업무 경험을 쌓아야 한다며 강의를 배정해 주지 않고 일반 사무부서로 발령 내었습니다. 그 부서에서 안전교육팀장의 직책을 부여받고 우선 건설안전교육과 관련된 각종 사무업무를 담당했습니다.

교육기획안 작성에서부터 교육예산계획 수립 및 집행, 교수진 수배와 시간표 편성, 교육종료 후 설문평가 취합분석, 결과보고서 작성 등 전반적인 교육진행의 흐름을 이때의 경험으로 꿰뚫을 수 있었으며, 이는 향후 제가 완연한 프리랜서 교수로 활동하는 데 있어서 다른 어떤 교수님들보다도 더 큰 경쟁력을 가질 수 있는 바탕이 되었습니다.

교육행정업무를 보면서 「건설기술진흥법」, 「시설물안전법」, 「산업안전보건법」, 「지하안전법」 등 각종 법령에 근거한 건설기술인 교육훈련과정이 셀 수 없을 정도로 매우 많다는 것을 알게 되었고, 그러한 법령에 근거하여 교육과정을 계획하고, 강의를 담당할 외래교수 분들을 섭외하고, 강의실을 세팅하며, 교재를 제작하는 등 사무행정에 대한 전반적인 과정을 하나하나 몸소 경험하게 되었던 것입니다.

특히나 인상 깊었던 기억은 대기업 건설회사들을 상대로 교육사업 수주를 위해 영업활동을 했던 기억입니다. 대부분의 건설현장은 기온이 영하권으로 떨어지는 동절기가 되면 콘크리트의 동해현상 등 심각한 품질저하 문제가 발생할 수 있기에 겨울에는 정상적으로 공사를 수행하기 힘듭니다. 그러다 보니 소속 직원(기술자)에 대해 법적으로 반드시 이수해야만 하는 법정직무교육들을 대부분 12월부터 3월까지 동절기 중에 주로 받도록 운영합니다.

　직원들이 많지 않은 중소기업들은 각 교육기관에 기술자들이 개별적으로 교육을 신청하여 여러 소속의 직원들이 혼합되어 교육을 받는 데 반해서 대기업들은 교육 대상 직원들이 많다 보니 각 교육기관을 상대로 경쟁입찰 또는 지명입찰 등의 방식으로 공개입찰을 실시하여 선정한 교육기관에 직원들의 교육을 단체로 시킵니다.

　이때 대기업 본사의 교육업무 담당자와 평소 좋은 친분을 유지하면 운 좋게 다른 교육기관과의 경쟁 없이 수의계약으로 교육사업을 수주하여 큰 수익을 올릴 수도 있습니다.

〈건설안전 전문기관 및 건설기술인 교육기관 근무사실 경력확인서〉

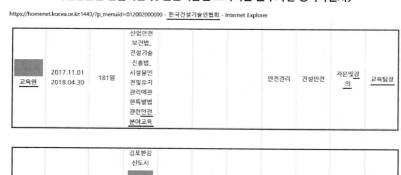

　저희 교육업계에서는 이처럼 대기업 직원들을 대상으로 수주하여 실시하는 교육을 '맞춤교육'이라고 표현하는데, 이 맞춤교육을 수주하기 위해서는 각 건설회사 본사 교육업무 담당자와 자주 미팅도 하고,

필요시에는 프레젠테이션으로 교육 기획안을 발표하기도 합니다. 또한, 꼭 입찰 때가 아니더라도 평상시 관계를 좋게 유지하기 위해 식사나 술자리 접대도 종종 갖고는 합니다.

건설전문 기술자 교육기관의 직원들은 아이러니(Irony)하게도 대부분이 건설과는 무관한 비전문가들입니다. 건설회사에 근무해 본 적이 없는 것은 물론이고 전공도 대부분이 교육학 또는 법학, 행정학, 경영학 등의 인문계열을 전공한 사람들이 대부분입니다.

그러다 보니 건설회사 직원들의 근무여건이나 애로사항 등의 건설업만의 특징을 잘 이해하지 못합니다. 참 희한한 일이지요. 건설기술인을 교육하는 기관인데 직원 중에 건설기술인이 거의 없다니…. 참 아이러니합니다.

마치 앞서 언급했던 건설공학을 모르는 사람들이 건설안전 업무를 수행하는 것과 매한가지인 경우인 것 같습니다. 그러다 보니 교육기관 직원들의 요청으로 건설 실무자 출신인 제가 이러한 맞춤교육 수주를 위해 영업 최전선에 뛰어들기도 했는데, 저는 주로 대기업을 상대로 영업하다 보니 어지간한 국내 대기업 건설회사는 거의 다 다녀 본 것 같습니다.

건설회사마다 회사 특유의 분위기와 성향이 다 다른데 그런 것들을 몸소 느껴 볼 수 있었던 아주 독특한 기억들이었습니다.

이렇게 교육과정을 기획, 수주하면 교과목별 교수진을 선정하여 시간표를 미리 확정해야 합니다. 통상 교수진은 대부분 본업이 따로 있으시고 겸업으로 강의를 하시는 외래교수 형식인데, 당시의 업무경험을 바탕으로 저는 교수진을 S등급부터 시작하여 A, B, C급으로 구분하여 관리하였습니다.

S등급은 그분이 특출하게 강의를 아주 잘한다는 뜻은 아니고 그냥 유명인이라 몸값이 비싼 분들을 의미합니다. 예를 들어본다면 유명 스포츠 스타 또는 유명 작가, 연예인, 저명한 명문대 전임교수님들이 이에 해당한다 할 수 있습니다.

A급은 저와 같은 전업 프리랜서 중 교육생분들의 설문조사 강의평가 결과 만족도가 약 90% 이상인의 매우 우수한 교수진을 의미합니다. 대부분의 교육과정에 이런 A급 교수진을 50% 이상 비율로 배치합니다. 강의평가가 좋은 편이기에 마치 약방의 감초처럼 다양한 여러 교육과정에 모두 출강 요청을 하는 편입니다.

B급은 저와 같은 전업 프리랜서가 아닌 현업 실무자분들인데, 간혹 1~2개월에 한 번 정도씩 출강 나오시는 분들을 의미합니다. 이분들은 현업 실무자이시기에 강의내용은 참 좋은데 다만 강의를 어쩌다 한 번씩만 하다 보니 교안 구성이나 강의스킬이 다소 떨어지시는 경우가 많습니다.

설문조사 강의평가에서는 그래도 교육생 중 80% 이상의 만족도는 받는 분들이십니다. 이분들은 아무래도 그분들이 현업에 종사 중인 해당 전문 분야와 관련된 교육과정에 대해서만 출강 요청을 드리는 편입니다.

마지막으로 C급 교수진은 정말 강의를 잘 못하시는 분들입니다. 교안 내용이 너무 원론적이고 배울 게 하나도 없는 경우도 많고, 목소리가 아주 작거나, 사투리가 심하시거나 또는 교육생들을 대상으로 반말 등의 갑질을 하시거나 하는 경우도 종종 있으십니다.

그렇기에 설문조사 강의평가는 80% 밑으로 나오시는데, 그나마 관직이나 대기업 고위 임원 등으로 오래 계셔서 교육수주 등의 영업활동에 활용가치가 있으신 분이면 어쩔 수 없이 도움을 받아야 할 필요가 있기에 한두 달에 한 번씩 출강 요청을 드리며, 별로 전관예우 할 만한 인맥도 없으면서 강의마저 못하시는 분들은 이렇게 C급으로 분류되면 다음부터는 아예 출강 요청을 드리지 않습니다.

통상 건설기술인 교육기관에서 S등급까지 출강 요청드릴 일은 별로 없으니 S등급은 제외하고, 잘나가는 A급 교수진을 초빙하려면 이 업계에서는 최소 2주 전에는 일정을 잡아야 합니다.

미리 일정을 받아두지 못하면 부득이하게 B~C급 교수진을 투입하거나 인력풀(Pool)을 뒤져서 신규 교수진을 발굴해야 하는데, B~C급 교수진은 수강생들의 설문평가에서 지적사항이 많이 나오기도 하고, 신규 교수진은 강의 방법이나 주의사항 등을 하나하나 다시 설명해 줘야 하기에 여간 번거로운 게 아닙니다.

교과목은 관련 교육법령에 명시되어 있는 내용들 위주로 구성하면 되고, 통상 한 과목당 2~4시간으로 구성합니다. 이때 과목명에 무언가 차별화된 키워드를 넣어주면 건설사 교육 담당자들의 반응이 매우 좋아집니다.

예를 들자면 과목 내용과 전혀 상관없더라도 요즘 한창 거론되고 있는 '4차 산업혁명'이라든지 '드론', '가상현실(VR/AR)' 등을 키워드로 넣어주면 많은 교육 담당자가 그 과목을 배정해달라고 선택하는 경향이 많습니다.

건설회사 교육 담당자들 역시 실무 기술자 출신이 아닌 단순 사무 직인 경우가 많다 보니, 내용은 어차피 잘 모르겠고 제목이라도 좀 있어 보이는 것으로 선택하여 윗선의 결재를 더 쉽게 받아보고자 하는 경향이 있습니다.

'4차 산업혁명 시대의 드론을 활용한 콘크리트 시공관리 실무'

웃기죠. 어차피 내용은 콘크리트에 대한 '재료-배합-시공-양생관리'가 전부인데, 이런 식으로 요즘 핫(Hot)한 키워드를 넣어서 제목을 잡아 주면 대부분의 교육 담당자가 아주 좋아합니다.

특히 이런 경향은 민간 건설회사보다 공무원 등 공공기관의 교육 담당자일수록 더 크게 나타납니다. 공공기관의 업무 특성상 민간 건설회사 교육 담당자보다도 더 실무 내용을 잘 모르기 때문이지 않나 싶습니다.

교수진 선정은 저처럼 내부 전임교수도 몇 과목을 담당하지만, 워낙 강의 과목들이 다양하다 보니 교육기관에 등록된 외래교수 인력풀에서 과목별로 적정한 전문가를 검색하여 출강 요청을 드립니다. 오히려 전임교수가 강의하는 시수보다 이러한 각계 전문가의 외래출강 시수가 훨씬 더 많습니다.

다음 순서로는 선정된 외래교수에게 출강 가능한 날짜와 시간을 하나하나 확인하여 이를 마치 테트리스 게임을 하듯이 교육 시간표에 교수별로 출강가능 시간대를 끼워 맞추기 식으로 조정하여 시간표를 작성합니다.

그리고 교수별로 강의 교안을 늦어도 교육 개시 1주일 전까지는 제출받아 표지 디자인 등의 편집을 거쳐 교육생 인원수에 맞게 제본하여 교재 책자를 만들어 둡니다.

매번 교육과정을 마칠 때마다 수강생분들에게 각 교수진에 대한 설문평가를 받습니다. 그래서 설문평가가 좋지 않은 분에게는 가급적 추가 출강 요청을 드리지 않고, 설문평가가 좋은 분은 더 자주 출강 요청을 드리게 됩니다.

처음부터 강의를 잘하는 사람은 없는지라 신규 교수진을 지속해서 발굴하고 성장시키기 위해 강의내용은 좋은데 강의경험이 많지 않아 설문평가에서 지적된 분들, 즉 내용은 좋으나 교수기법이 좀 부족한 분들은 다소 설문평가가 낮게 나오더라도 아주 '심각한 지적사항'만 없다면 몇 번의 출강기회를 더 드리고는 합니다.

여기서 교육 설문평가 중에 '심각한 지적사항'이란 사회적·윤리적으로 문제가 될 수 있는 실언을 한 경우를 의미합니다. 몇 가지 예시가 있는데 대표적으로 강의 중에 정치와 종교에 대한 심한 편향성 발언을 하거나, 재미난 이야기를 한답시고 성희롱 수준의 발언을 하여 설문평가에서 지적받은 경우 등이 되겠습니다.

이 경우에는 더 이상 기회를 드리지 않습니다. 소위 '얄짤(어림)' 없습니다. 만약 프리랜서 교수나 강사를 희망하시는 분이 이 글을 읽고 계신다면 정치, 종교, 성희롱 등의 발언은 농담으로라도 절대 하지 않으시도록 항상 머릿속에 각인해두시기 바랍니다.

교육팀장으로 사무행정업무를 하던 당시 저는 이와 같은 설문평가를 바탕으로 제가 기획한 교육과정은 가급적 C급은 배제하고 검증된 A~B급 교수진으로만 편성하려고 노력했습니다. 하지만 항상 언제나 그렇듯이, 어디서나 '낙하산'들이 있기 마련입니다. 이른바 공수부대입니다. 특히 저희 건설업계를 기준으로 말씀드리자면 공공기관에서 고위직으로 은퇴하신 분 중에 이런 유형이 가장 많으십니다. 강의평가를 보면 "지루하다.", "책만 읽는다.", "현장 실무를 전혀 모른다.", "원론적인 말만 한다.", "본인이 아직도 공무원인지 안다.", "갑질이 아주 몸에 배어 있다." 등의 좋지 않은 평가를 많이 받으심에도, 꿋꿋이 다음 번 교육과정 교수진 명단에 다시 포함되고는 합니다. 좀비도 아니고… 아주 무시무시한 생명력입니다.

이런 낙하산 부대의 파워를 절실히 느꼈던 사례들이 많습니다. 교육 기획안 작성 시 설문평가 안 좋은 C급 교수분들을 기획단계에서 명단에서 제외했음에도, 몇 단계 거쳐 상부의 결재를 받아서 다시 내려오면 윗선에서 수정한 기획안에 꼭 그분들의 이름이 교수진 명단에 선명하게 쓰여 있었습니다.

저는 분명히 교수진 명단에서 제외했는데… 마치 불사의 좀비 같은 분들입니다. 그런 분들은 대체로 다음과 같이 공통된 몇 가지 특징을 가지고 있습니다(다시 한번 밝히지만, 이 모든 것은 어디까지나 저의 주관적인 의견일 뿐입니다).

- 현장실무를 모른다.

- 실무경험이 부족하므로 주로 법-제도 과목만 강의한다.

- 현장감 있는 강의를 못 하니 그저 책 읽듯이 판서한다.

- 교육생에게 쓸데없는 질문을 많이 한다.

- 철 지난 B급 유머(성희롱 등)를 많이 구사한다.

- 본인의 연배가 높다고 수강생들에게 반말을 섞어가며 하대한다.

- 관직에 있었을 때 건설회사를 상대로 갑질하던 습관이 몸에 배어 있어서, 건설회사 기술자들을 '업자 놈들' 등의 표현으로 무시한다.

○ 교수 중에 나보다 스펙 좋은 사람이 없더라

건설기술인 교육기관에서 전임교수로 근무하는 동안 수백 명의 저명한 건설 분야 전문 교수님들을 만나 뵈었습니다. 아무래도 교육과정을 기획하고 강의시간을 배정해 드리는 교육팀장 업무를 담당하다 보니 업무 특성상 자연스레 그 기관에 출강 나오시는 모든 교수님의 학력이나 자격 및 강의 설문평가 의견 등의 정보를 파악하고 있어야 했습니다.

교육기관의 입장에서는 특히 교육생의 설문평가 의견이 매우 중요한데 곁가지로 부연 설명해 드리자면, 어쩌다 한 번씩 출강하시는 분들에게는 설문평가 결과를 구태여 잘 알려드리지 않습니다. 어차피 A급이 아니기 때문에 지적이 많이 나오면 다음부터 안 부르면 되기 때문이지요. 하지만 나름대로 A급 교수로서 앞으로도 많이 출강 요청을 드릴 교수님에게는 진심 어린 개선을 위해 설문평가의 지적사항들을 있는 그대로 안내하고 개선을 요청드립니다.

그러니 나중에 프리랜서로서 교육기관에서 강의하실 때 교육기관 담당자가 설문 결과에 대해 별 이야기가 없으면서 띄엄띄엄 불러 주면 '여기서는 내가 A급 교수진이 아니구나.'라고 받아들이시면 되고, 반대로 담당자가 종종 설문평가 결과를 알려주면서 개선을 요청한다면 '앞으로 나를 A급으로 만들어서 자주 불러 주려고 그러는가 보다.'라고 이해하시면 되겠습니다.

어쨌든 그렇게 반년 정도 교육사무 업무를 경험해 보면서 가장 크게 느낀 점이 있었는데, 출강을 나오시는 교수님 중에서 단순히 이력서에 적힌 스펙만 놓고 봤을 때, 저보다 스펙 좋으신 분은 그 수백 분 중에서도 단 한 분도 보지 못했습니다. 공학박사에 기술사 4개 종목 보유.

현직에 계시며 간혹 출강하시는 외래교수님들도 그러했고, 심지어 정규대학교 교수님 및 저와 같은 교육기관의 전임교수분들 중에서도 서류상으로는 저보다 스펙이 좋은 분을 찾아볼 수가 없었습니다.

이 사실을 깨우치면서 교육기관에서 저의 자신감은 급속히 상승하기 시작했습니다. 자신감이 높아지니 매사에 당당해지고 항상 긍정적인 생각을 하게 되었으며, 업무 효율도 더 증가하고 가끔 강단에 섰을 때 강의 실력도 자신감이 뒷받침해 주니 일취월장하듯이 향상되는 좋은 시너지 효과가 도출되었습니다. 역시 모든 게 본인의 마음 먹기에 달린 것입니다.

그전까지의 저는 자신감이 상당히 부족했었습니다. 비록 잘나가던 대기업을 멋지게 박차고 나왔지만, 제가 보유하고 있는 4개 종목의 기술사 자격과 공학박사학위, 십수 년의 실무경력이 이토록 높은 스펙인지를 깨닫지 못하고 있었습니다. 건설회사에서는 아무리 그래 봐야 윗 사람들이 시키는 대로 움직이는 일개 부하직원이었을 뿐이었지요.

하지만 회사라는 울타리를 벗어나서 프리랜서로서 자신을 돌이켜보니 이런 전문 교육기관의 수많은 교수님 중에서도 정말 저 이상의 스펙을 가진 분이 단 한 분도 없으셨습니다. 대부분 박사학위만 있거나, 또는 기술사를 1~2개 보유하신 교수님들이 가장 많은 비율을 차지하셨고, 간혹 박사학위와 기술사 2~3개를 동시에 보유하고 계시는 극소수의 교수님들이 그나마 그중에서 최상위 스펙이었습니다.

물론, 서류상 스펙이 조금 부족할 뿐이지, 모든 교수님은 실무적 측면이든, 학문적 깊이든 저보다 더 대단하신 분들이십니다. 특히 정규대학교수님들의 경우에는 요즘의 추세가 워낙 해외에서 박사학위를 받아오시는 분들이 대부분이신지라 그분들 앞에서 감히 학문적 깊이를 논하기에는 제가 한참 부끄럽고 부족할 따름입니다.

그런데 그분들은 비록 학문적 지식이 매우 뛰어나고 학생들에게 원론적인 이론을 가르치는 것에는 저에게 비할 바 없는 최고의 전문가이시지만, 반대로 건설현장의 실무 경험이 거의 없으시다 보니 흙먼지나는 건설현장에서 잔뼈가 굵은 현장실무 기술자들에게는 아주 지루하고 졸린 원론적인 이야기로 들릴 뿐입니다.

이런 실무자분들을 상대로 강의하기에는 이론적으로 뛰어나신 정규대학 교수님들보다는 저와 같은 현업 실무자 출신이 훨씬 유효할 것입니다.

게다가 최근에는 「부정청탁 및 금품등 수수의 금지에 관한 법률(일명 김영란법)」이 도입된 이후로 몇몇 규정이 강화되어 건설기술인 교육기관에서도 예전만큼 정규대학 교수님께 출강 요청을 드리지 않습니다.

그 교수님들 또한 규정이 강화되어 출강 요청을 받더라도 시간이나 강의료 책정에 제약이 있어서 잘 나오시지 못합니다. 그렇기에 이런 건설기술인 직무교육에는 정규대학 교수님들보다는 기술사 등의 현업 실무 전문가들이 주로 출강하고 있습니다.

또한, 정규대학 교수님들이 출강을 꺼리시는 이유 중에는 앞서 설명해 드렸던 노골적인 설문평가의 영향도 꽤나 큽니다. 교수님들의 강의는 이론에 많이 치중되어 있다 보니 현업 실무자분들이 느끼기에는 업무와 많이 동떨어져 있다고 받아들이시는 경향도 많습니다.

이런 생각들이 설문조사 강의평가에 고스란히 반영됩니다. 요즘의 추세는 교육생의 설문평가 결과를 매우 비중 있게 다루다 보니 이런 분위기에 부담을 느끼시는 대학교수님들은 이런 건설기술인 교육기관의 출강은 더욱더 꺼리시는 것입니다.

그 교육기관 인력풀에 등록된 수많은 외래교수님의 면면을 살펴보면 대부분이 현직 설계회사에 근무하시며 한두 달에 한 번 정도 개인 연차를 사용해 출강하시는 분들이 대부분 이었습니다. 건설회사나 감리회사의 분들은 항시 상주해야 하는 근무여건 특성상 이런 외래 출강을 나오시는 경우가 거의 없었습니다.

건설회사 소속 외래교수님은 정말 단 한 명도 보지 못했고, 감리회사는 그나마 설계업무를 병행하시는 비상주 기술지원 감리 분들이 소수 계셨습니다.

대부분의 외래교수진이 이러하였고, 저와 같은 전업 프리랜서 활동을 하는 교수진은 아주 극소수였습니다. 그분들은 프리랜서다 보니 이것저것 다양한 일을 하며 월 소득도 꽤나 많이 올리고 계셨습니다.

심지어 토목시공기술사 단 1개만 보유하시고도 전업 프리랜서 교수로서 활동하시면서 기본 월 1천만 원 이상을 꾸준히 버는 분도 있으셨습니다.

이런 소득 수준을 어떻게 알고 있냐 하면, 제가 교육사무 업무를 담당하다 보니 교육 종료 후에는 결과보고서를 작성해야 하는데, 결과보고서에는 수강생이 납부한 총교육비 수입과 교수별로 지급한 강의료 집계자료가 첨부되어야 합니다. 그러다 보니 자연스레 교육과정마다 출강하신 교수님들이 받아 가는 강의료를 하나하나 모두 파악할 수 있었던 것입니다.

그 전업 프리랜서 교수님들이 받아 가는 강의료를 대략 계산해보니 일주일에 3일 정도만 출강해도 웬만한 대기업의 임원급의 돈을 벌어 가는 것이었습니다.

이러한 사실들을 깨우치면서 직장인 신분인 현재의 월급쟁이 전임 교수를 벗어나서, 저 역시도 완전한 전업 프리랜서 교수로서의 방향 전환을 심각하게 고민하게 되었습니다. 어떤 책에서 읽은 내용인데, 사람이 더 나은 발전된 삶을 살고자 한다면 다음의 세 가지 중 하나라도 바꿔야만 한다고 합니다.

- 거주하는 동네(거주 환경, 부자가 되려면 부자의 옆에 줄을 서라)
- 만나는 사람(유유상종, 같은 수준끼리 논다)
- 읽고 있는 책(만화책, 잡지? or 자기계발 서적, 경제 서적?)

저는 아마도 이 세 가지 중 두 번째인 만나는 사람들이 바뀌다 보니, 저의 생각과 관점 역시도 크게 변화한 것이라고 생각합니다. 역시 옛 어른들이 "친구를 잘 사귀어야 한다."라고 말씀하신 게 정말 정확한 진리인 것 같습니다.

그리고 결정적으로 6개월의 수습기간이 끝날 즈음에 교육기관의 처우가 저의 이러한 전업 프리랜서 활동 시작을 더욱 앞당기게 만들었습니다.

왜냐하면, 당초에는 3개월 정도만 교육사무 업무를 담당하고 이후에는 전임교수로서 강의업무 위주로 배정해 준다고 하였는데, 막상 수습기간이 지났음에도 계속 교육사무 업무만을 내려주는 것이 못마땅했기 때문입니다. 제 주변의 모든 제반 상황이 저에게 전업 프리랜서로 뛰쳐나가라고 등을 떠미는 듯한 느낌이었습니다.

<건설기술인 교육기관들의 일반적인 외래교수 위촉요건>

1. 「고등교육법」에 따른 전문대학 또는 대학을 졸업하거나, 이와 같은 수준 이상의 학력을 가진 사람으로서 해당 분야의 교육훈련을 담당한 경력이 있는 사람.

2. 「정부출연연구기관 등의 설립·운영 및 육성에 관한 법률」, 「과학기술분야 정부출연연구기관 등의 설립·운영 및 육성에 관한 법률」에 따른 연구기관 및 기업부설연구소 등에서 해당 분야의 연구를 한 경력이 있는 사람.

3. 「국가기술자격법」이나 그 밖의 법률에 따른 해당 분야의 자격증을 취득한 사람.

4. 해당 분야에서 1년 이상의 실무경력이 있는 사람.

5. 그 밖에 해당 분야의 훈련생을 가르칠 수 있는 전문지식이 있는 사람으로서 고용노동부령으로 정하는 사람.

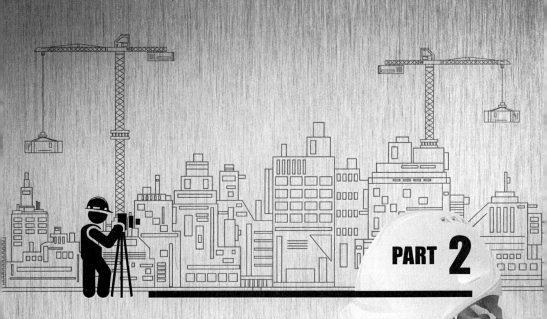

PART **2**

현재,
연봉 2억 프리랜서

3 기술직 프리랜서 소득현황

○ 초심, 시급 5만 원

저는 본격적으로 프리랜서 활동을 시작하면서 저 스스로 최소 인건비 기준을 정했습니다. 시간당 5만 원의 소득을 저의 최소 소득기준으로 본 것이지요. 한국엔지니어링 협회에서는 매년 연말에 각 기술자의 등급별, 분야별 노임단가(일당)를 공표합니다. 이 노임단가가 바로 기술자들의 인건비를 산정할 때 적용되는 기초자료가 되는 것입니다.

예를 들어, 건설공사 감리업무 대가산정 또는 「시설물안전법」에 의한 시설물 안전점검 대가산정 등 기술자의 인건비를 계상할 때, 또는 정부부처 및 공공기관에서 외부 전문가에게 자문 및 심의를 들을 때 그 외부 전문가의 인건비도 모두 이 자료를 근거로 하여 적용합니다.

본 협회에서 실시한 2019년도 엔지니어링업체 임금실태조사(국가승인통계 제372001호) 결과를 통계법 제27조에 따라 아래와 같이 공표합니다.

가. 엔지니어링기술부문*별 기술자 노임단가

(단위 : 원, 1인 1일 기준)

구분	기계/설비	전기	정보통신	건설	환경	원자력	기타**
기술사	380,332	376,782	366,143	369,831	370,148	473,603	345,558
특급기술자	320,865	278,900	264,610	288,036	271,754	422,724	278,662
고급기술자	266,614	240,454	238,021	235,682	247,322	323,208	232,210
중급기술자	218,272	217,583	221,440	219,451	199,510	270,681	192,491
초급기술자	191,435	200,502	175,817	170,615	175,373	231,169	164,798
고급숙련기술자	231,219	229,382	194,235	204,010	189,577	274,760	210,778
중급숙련기술자	190,082	177,851	165,458	174,996	174,180	260,517	163,000
초급숙련기술자	160,022	163,155	144,174	157,750	157,690	160,899	143,934

- 상기 제시된 노임단가는 1일 단가 (만근한 기술자 월 인건비(원) ÷ 22일(평균근무일수))
• 엔지니어링기술부문은 엔지니어링산업진흥법 시행령 엔지니어링기술(제3조 관련) 별표1에 따름
** 기타 : 엔지니어링기술부문 중 선박, 항공우주, 금속, 화학, 광업, 농림, 산업, 해양수산 해당(보고서 참조)

나. 평균근무일수 : 22일   다. 적용일 : 2020년 1월 1일 부터

이 노임단가를 보면 제가 종사하고 있는 건설 분야를 기준으로 기술사 등급의 하루 인건비는 약 37만 원입니다. 이를 8시간으로 나누어 보면 시간당 5만 원 정도가 됩니다. 그렇기에 저는 처음 프리랜서로 활동을 시작할 때 이 노임단가에 근거하여 저 스스로 저의 인건비를 최소 시간당 5만 원 이상으로 결정하였습니다.

그래서 외부에서 자문, 심의, 강의 등의 요청이 들어오면 그 업무의 시간당 인건비를 계산해 보아 5만 원이 안 넘으면 정중히 양해를 구하고 거절하였고 5만 원이 넘으면 물불 안 가리고 어떤 일이든 적극적으로 수행했습니다.

참고로, 지금은 프리랜서로서 안정적으로 자리를 잡았기에 시간당 최소 10만 원 이상인 업무만 수행합니다. 그래야 새롭게 이 분야에 프리랜서로 진입하려는 후배님들에게도 일거리가 돌아갈 수 있겠지요.

모든 사람에게 주어진 시간은 똑같습니다. 같은 시간 동안 일을 하지만 최대한 더 많은 돈을 받아야 더 행복해지고 더 윤택한 삶을 살

수 있는 것입니다. 그런데 그런 많은 돈을 받을 수 있는 일거리가 고정적으로 매일 들어오지는 않겠지요.

이렇게 소득에 기복이 있다 보면 간혹 '단가가 낮은 일이라도 다시 해 볼까?' 하는 생각이 들 때도 있는데, 제 경험상 막상 한 번 단가를 낮춰서 일하기 시작하면 이상하게도 한동안은 계속 그런 종류의 일들만 들어옵니다.

그리고 일을 의뢰하는 발주자도 상대적으로 인건비가 싸다면 다소 하찮게 대하거나 천대하는 등의 경향을 약간 보이기도 합니다. 인건비가 싸다고 제 인격과 실력도 싼 것은 아닌데도 발주자의 이러한 경향을 느낀 사례들이 종종 있었습니다.

구태여 이러한 발주자들의 심리를 이해해 보자면, 도로 위에서 운전할 때 앞에서 얼쩡거리는 차가 싸구려 경차면 경적을 울리거나 확 추월해버리는 반면, 벤츠나 마이바흐와 같은 값비싼 외제 차라면 살짝 속도를 줄여서 안전거리를 더 넓게 확보하는 것과 같은 원리라 이해됩니다. 즉, 몸값을 낮추면 그만큼 사회적 대우도 낮아지기에 본인의 적정 수준 몸값 기준을 잘 판단하여 기준을 잡으셔야 할 것입니다.

이와 같은 배경으로 저는 프리랜서 초창기에 저 자신의 몸값 최소 하한선을 5만 원으로 정하였으며, 이를 다르게 표현하자면 시간당 5만 원 이상만 확보된다면 어지간해서는 무엇이든 다 했습니다. 각종 컨설팅, 자문, 심의, 강의, 문서 작성 대행 등 일의 난이도를 가리지 않고 비용과 시간만 맞으면 물불을 가리지 않고 일을 수주했습니다.

그렇게 일을 하나씩 맡아서 처리하다 보니, 점점 활동 영역도 넓어졌고 업무결과에 대한 평가도 나름대로 나쁘지 않게 받아서 더 많은 기관 및 개인에게서 연계되어 일들이 들어오게 되었습니다.

이즈음에는 저도 자연스레 조금 더 높은 단가로 일을 하기 시작했습니다. 그렇게 한 3개월 정도는 최소 단가 5만 원을 기준으로 일을 했던 것 같습니다. 그랬더니 어느 정도 일거리가 안착되면서 그 기준을 상회하는 일거리 요청이 점점 더 많이 들어오기 시작했습니다.

그러다 보니 프리랜서를 시작한 지 반년도 안 되어, 오히려 제 시간이 부족해서 요청이 들어오는 일들 중에 우선순위를 정하여 선별해서 일을 받아야 할 상황이 되었습니다. 그래서 그때부터는 일을 주면 무조건 주는 대로 다 하는 개념이 아니라, 일의 수익과 가치를 고려해 제가 선별하여 수행하기에 이르렀습니다.

물론 비용이 높은 일을 최우선적으로 수행하기는 했지만, 꼭 돈만 가지고 결정하지는 않았습니다. 비용이 조금 적더라도 장기적인 관점에서 제 커리어에 도움이 될 만한 일이거나, 또는 기존에 한 번도 해본 적 없는 전혀 새로운 분야의 일들도 경험을 넓히기 위해 수행하고 있습니다.

하지만 이미 여러 번 해 본 일이고 저의 경력에 특별한 도움이 되지 않는다고 판단되는 시급 5만 원 이하의 일들은 이제 정중히 양해 말씀을 드리고 저 대신 다른 프리랜서를 추천해드리는 방향으로 관리하고 있습니다.

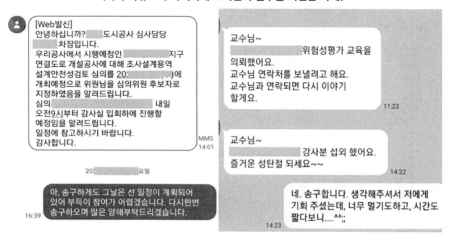

〈여러 사유로 부득이하게 프리랜서 업무를 거절한 사례〉

다음으로, 시급 5만 원에 해당하는 업무의 유형들을 말씀드려 보겠습니다. 여기에 해당하는 프리랜서 업무는 일반 학생들을 대상으로 하는 경우가 대부분입니다. 실업계 고등학생을 대상으로 전문기술 전수 교육을 한다거나, 대학교에서 학부생들을 대상으로 시간강사로 강의하는 것 등이 여기에 해당합니다.

학생들은 아직 실무경험이 없기에 구태여 높은 수준의 교수자가 아직 필요 없습니다. 이를 이해하기 쉽게 구분하여 정리해 보면 기술사나 박사 등급까지는 필요 없고, 기사나 학사 등급 정도면 할 수 있는 일이며, 이러한 일의 평균 인건비는 시간당 5만 원 정도라는 것입니다.

그럼 기술사나 박사 등급의 인건비는 어떻게 되는가 하면, 최소 시간당 10만 원 이상을 적용하는 게 이 기술직 프리랜서 업계에서의 암묵적 '룰'이라 할 수 있겠습니다. 이 등급에 대한 내용은 추후에 별도의 소제목으로 설명해 드리도록 하겠습니다.

〈시급 5만 원 수준의 업무유형 사례 - 실업계 고교 도제식 기술 전수〉

○ 프리랜서와 직장인 소득 구조의 차이점

일반적인 40~50대 직장인은 적게는 월 300만 원 정도에서 많게는 월 1,000만 원 이하의 단 한 가지 소득만을 가지고 있을 것입니다. 바로 회사 월급이지요. 즉, 근로 소득 단 한 가지만을 보유하고 있는 것입니다.

어지간한 규모가 있는 회사들은 모두 회사내규 취업규칙 등에 '겸업 금지' 조항이 들어 있어서, 소속 근로자가 회사가 주는 월급 외에 다른 소득이 있을 경우에는 이를 문제 삼으면 해고사유까지도 될 수 있습니다.

실제로 몇몇 회사에서는 경영상황이 나빠져 많은 인력 구조조정이 필요할 때는 일부러 주택임대사업자로서의 임대소득이나 주식 배당 소득 등을 뒷조사하여 이를 핑계로 '겸업금지' 위반으로 몰아붙여 권고사직시키는 데 이용하기도 한다고 합니다.

하지만 저의 경우에는 적게는 월 20만 원 정도, 많게는 월 500만 원 정도 되는 매우 다양한 여러 가지 소득 유형을 확보하고 있습니다.

직장인과 프리랜서의 소득 유형의 결정적 차이가 무엇일까요? 간단합니다. 직장인은 만약 회사에 무슨 일이 생겨서 월급을 못 받게 되면 가족의 생계가 위험에 처할 수 있겠지요. 그렇기에 모든 사람이 그나마 안정적으로 정년이 보장되는 공무원 또는 공기업 등을 선호하는 것입니다.

하지만 아무리 좋은 회사라도 언젠가는 회사를 떠나야만 합니다. 민간 기업은 40대 중반만 되어도 퇴직에 대한 압박이 시작되기에 고용 안정성에 대해서는 말할 가치조차 없을 것이고, 그 좋은 공무원이나 공기업조차도 오래 버텨야 60세가 정년입니다.

몇몇 기관은 61세가 정년인 곳도 있지만 그래 봐야 정년이 지나면 회사를 떠나야 합니다. 내가 아무리 일을 잘했고 업무 경력이 화려하다 해도 정년이 되면 직장을 떠나야만 합니다.

즉, 가장 많은 비율을 차지하는 민간 기업을 기준으로 본다면 직장인은 빠르면 40대부터, 오래 버텨도 50대에는 그 유일한 소득원이었던 회사 월급이 사라져 버리는 것입니다.

반면에 저와 같은 프리랜서는 다양한 여러 가지 소득 유형을 보유하고 있습니다. 그래서 만약 몇몇 유형의 소득원이 문제가 되어도 다른 소득원들이 남아있기에 버틸 수 있는 여력이 있는 것입니다. 또한, 프리랜서들은 직장인에 비해 항상 현실에 안주하지 않고 변화를 빨리 받아들여 적응하며, 새로운 돈벌이를 발굴하고자 노력하기에 어느 한쪽에서 소득이 줄어들어도 금방 새로운 소득 유형을 구축해두어 상대적으로 안전하다 할 수 있겠습니다.

저 역시 프리랜서 4년 차인 현재, 여러 가지 다양한 수익 구조를 구축해두었습니다. 이해를 돕기 위해 다음의 표와 같이 저의 프리랜서 소득 구조 및 이에 따른 월평균 소득을 개략적으로 나열해 보겠습니다.

〈프리랜서 박춘성의 수익 구조 - 2020년 기준〉

업종	소득 유형	대략 월 소득(만 원)
교육업	대학교 객원교수	40
	건설기술인 법정직무교육 강의	600
	직장인 자기계발 역량강화 강의	100
	기술자격 학습 참고서	200
출판업	출간물 저자 인세	20
기술용역	비상주 기술용역	200
컨설팅	건설현장 안전관리 컨설팅	100
SNS	블로그 광고 수익	10
자문/심의	건설관련 기술자문/설계심의	100
자본소득	부동산 투자(토지/아파트)	대략 추정 어려움

예시와 같이 저는 현재 다양한 소득원을 확보하고 있으며 앞으로도 계속 새로운 소득원을 창출하고자 항상 노력하고 있습니다. 제가 전업 프리랜서를 시작한 이래로 지금까지의 소득 집계자료를 봤을 때, 저의 월 최소 소득은 약 800만 원 정도였으며, 월 최대 소득은 2,000만 원 이상이었습니다. 전년도(2019년) 총소득을 평균치로 계산해 보

니 월평균 세전 1,770만 원의 소득을 올렸습니다.

4년 차 프리랜서로서의 경험으로 말씀드리자면, 저와 같이 순수한 프리랜서, 즉 개인사업자 체제로는 월 최대 소득이 2,000만 원 정도가 한계라고 느껴집니다. 물론 방송인이나 스포츠 스타와 같은 소위 셀럽분들은 이 기준을 훨씬 상회하겠지만, 일반적인 기술사나 박사 등급의 기술직 프리랜서라면 제 경험상 월 2,000만 원이 최대 한계치인 것 같습니다.

제가 실제로 해 보니까 매주 월~금 5일간 오전과 오후로 나누어 일정을 꽉 채워 일했을 때 벌 수 있는 소득이 월 2,000만 원 정도였습니다. 그래서 든 생각은 저희 기술직 업계에서 월 2,000만 원의 한계치를 초과하려면 이제는 개인사업자가 아니라 법인을 세우고 직원들을 채용하여 사업 규모를 대폭 늘려야지만 가능하다고 생각됩니다.

즉, 월 2,000만 원의 한계치를 뛰어넘기 위해서는 프리랜서 영역이 아닌 사업의 영역으로 진입해야 한다는 것이지요. 저도 추후 이러한 법인 설립도 고민해 보고 있으며 머지않은 시일 내로 실행 여부를 결정하리라 예상하고 있습니다.

다만 어쨌든 이 책의 주제는 개인사업자인 기술직 프리랜서에 대한 것이기에 법인에 대한 이야기는 더 이상 다루지 않겠습니다.

앞서 언급했다시피 항상 현실에 안주하고 있으면 안 됩니다. 세상은 빠르게 변화하고 있습니다. 저 역시도 프리랜서로서의 업무유형을 지속해서 다변화하고 시대의 흐름에 맞춰서 발전해 나가려 항시 노력하고 있습니다. 그래서 아직은 수익 창출이 가능한 단계까지는 아니지만 향후 미래 먹거리로 준비하고 있는 신사업 분야가 또 몇 가지 있습니다.

향후 시장 전망에 따라 세상이 또 어떻게 달라질지 모르기에 현시점에서 명확히 공개하기는 어려우나 개략적으로 몇 가지 아이템만 언급해 보자면, 경매-공매를 통한 부동산 투자소득의 비중을 높여 보는 것도 좋은 아이템일 것 같고, 컨설팅 업역을 좀 더 확장한다거나, 유튜브 등 SNS 사업을 시작해 보는 것도 좋은 아이템이라 생각합니다.

○ 직장인은 매월 한 번, 프리랜서는 수시로

일반적인 직장인의 소득은 매월 한 번만 입금됩니다. 그러니까 '월급'이라 부르는 것이지요. 모름지기 정상적인 사람이라면 사랑하는 자녀 목구멍에 맛있는 밥이 넘어가는 소리와 통장에 돈이 입금되었다는 스마트폰 알림 소리가 가장 듣기 좋은 소리일 것입니다.

그 듣기 좋은 경쾌한 통장 입금 알림음을 일반 직장인들은 한 달에 한 번밖에 들을 수 없는 것은 매우 안타까운 현실이지요. 하지만 저는 그 알림음을 한 달에도 수십 번씩 듣습니다. 입금 알림음이 들릴 때마다 마음속 깊은 곳에서 벅찬 행복감이 솟구칩니다.

A대학교에서 강의료 37만 원, B공공기관에서 자문료 35만 원, C기업체에서 컨설팅 비용 50만 원, D지자체에서 건설현장 안전점검위원 활동비 20만 원 등….

프리랜서는 일거리마다 비용을 지급받는 시기가 다 다릅니다. 같은 건설 분야라 할지라도 발주기관마다 천차만별입니다. 제 경험을 말씀드려 보자면 우선 강의료의 경우 대부분의 교육기관은 2주 내로 입금해 줍니다.

간혹 좀 빨리 주는 기관은 매주 금요일마다 입금하는 곳도 있는데, 제 경험상 그런 곳은 흔치 않았습니다. 대다수의 교육기관은 2주 정도 지나야 입금이 됩니다. 간혹 경우에 따라 1개월 이상 지나서 지급하는 곳도 있기는 한데, 최대 2개월을 넘기지는 않았습니다.

반면에 관공서 등 공공기관에서 발주한 자문, 심의 수당 및 민간 기업에서 발주한 컨설팅이나 문서 작성 대행 용역 비용은 통상 1개월 후에 입금되었습니다. 쉽게 생각해서 그 기관에서 몇 단계에 걸쳐 내부 결재를 받은 후 직원들 월급 줄 때 한꺼번에 같이 처리한다고 이해하시면 편하실 것입니다.

여태껏 제 경험상 수당을 가장 늦게 지급하는 분야를 꼽아 보자면 건설공사 설계경제성(VE) 검토위원으로 자문한 사례였습니다. 이 업역은 빠르면 3개월, 늦으면 6개월 정도로 지급되기까지 기간이 꽤나 깁니다. 처음에는 불만도 있었지만 이 업무의 비용처리 절차를 알게 된 지금은 왜 이리 늦게 주는지 이해가 갑니다.

설계경제성 검토 업무는 대부분 해당 건설공사의 발주자가 자문위원을 직접 선정하여 진행하기는 하지만, 자문수당 등 소요비용은 통상 설계회사에서 각 외부자문위원들에게 지급합니다. 설계경제성 검토와 관련된 비용이 설계용역 계약 안에 포함된 경우가 대부분이라 그렇게 진행되는 것입니다.

그러면 그 설계회사에서는 설계경제성 자문이 끝나면 그 비용을 바로 지급하는 게 아니라, 발주자로부터 설계비를 수금받거든 자문수당을 입금해 주는 것입니다. 어찌 보면 원도급사가 발주자에게서 관(官)기성을 무사히 받아내야지만, 원도급사가 하도급사에게도 사(私)기성을 무난히 지급해주는 사회구조와 유사한 것이지요.

어쨌든 이처럼 대부분의 기관이 잊지 않고 때가 되면 알아서 잘 지급해 주는데, 간혹 담당자의 착오로 비용지급이 하염없이 지연될 때가 있습니다. 그럴 때는 반드시 담당자에게 연락하여 확인요청을 해야 합니다. 아무 연락도 안 하고 있다가는 정말 그대로 영영 못 받을 수도 있습니다.

그렇다고 며칠이 채 지나지도 않았는데 "왜 돈 안 주냐?"라고 물어보기에는 실례가 되겠지요. 그래서 저는 이렇게 관리합니다.

우선은 2개월 정도까지는 느긋하게 기다려보고 그래도 입금 또는 별 연락이 없으면 당시 저를 섭외했던 담당자에게 연락하여 문의를 드립니다. 이때 중요한 것은 본인에게 일을 의뢰한 그 담당자의 연락처와 수행한 업무내용, 수행일자 등을 명확히 기억하고 있어야 한다는 것입니다. 모두 기억하고 다닐 자신이 없으면 어딘가에 잘 기록해 놔야 하겠지요.

그리고 다짜고짜 왜 돈 안 주냐고 따지듯이 물으면 상대방이 불쾌함을 느끼며 다시는 일을 안 불러 줄 수도 있으니 상당히 말을 조심하며 물어봐야 할 것입니다. 저는 가급적 담당자에게 다음 사례와 같이 메일로 확인을 요청합니다. 이때의 키포인트는 '내가 속 좁게 이 돈 언제 주나 기다리다가 연락한 것은 아니다. 우연히 세금 내려고 월말 또는 분기별로 정리하다 보니 미입금되었음을 알게 되었고 그래서 확인코자 하는 것뿐이다.'라는 뉘앙스를 풍겨야 한다는 것입니다.

〈기술자문심의 수당 장기간 미입금에 대한 확인요청 메일 사례〉

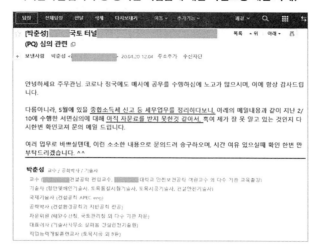

돈이라는 것이 원래 그렇습니다. 받아야 할 사람이 먼저 떼쓰고 징징 거려야 빨리 챙겨 주는 것이지, 돈 줘야 할 사람은 마음이 급할 게 없습니다. 그래서 저는 몇 번의 시행착오 끝에 프리랜서 업무를 다음 엑셀 (XLS) 표와 같이 정리하여 업무경과 및 수금 여부 등을 관리합니다.

스케줄 표에 수행한 날짜와 시간, 장소, 업무내용, 예상소득을 기록 해두고 업무유형별로 음영 색을 다르게 한 다음, 수금까지 완료된 것 은 음영을 없애고 실수령액을 기록해 둡니다. 즉, 음영이 남아있다는 것은 일은 했지만, 아직 돈을 못 받았다는 것이지요.

따라서 일은 했는데 돈을 못 받은 기간이 2개월 이상 된다면 앞에 서 설명해 드린 순서대로 그 담당자에게 연락하여 경과 문의를 하는 것입니다.

〈스케줄관리 사례 - XLS〉

일자	시간	교육장소	대상	과목	시수	예상수익	세후수익
12/27~1/2	틈틈히	자택	원격교육 서면 첨삭의견	622개 첨삭	6	124.4	
1/3~10	틈틈히	자택	원격교육 서면 첨삭의견	787개 첨삭	13.1167	157.4	
1/6 월	11~18	건대	품질관리자	OT + 건진법의 안전	6	72	
1/7 화	오전	양재	건설기술자	해저기초지반 보강공 실무	4	48	
	오후	양재	품질관리자	연약지반신공법 소개 및 주요공	4	48	
1/8 수	9~10	음성	삼우아이엠씨	안전교육	1	40	40
1/9 목	13~17	음성	품질관리자	건설안전 실무	4	40	36.5
1/10 금	13~15	성동구	안전점검		2	28	
1/13 월	11~18	건대	품질관리자	OT+토공사 품질관리	6	72	
1/14 화	오전	송도	현대건설 컨설팅		3	50	
1/14 화	13~15	성동구	안전점검		2	28	
1/15 수	오후	대전	계룡건설 품질,신입	건진법안전	5	60	
1/16 목	전일	강릉	품질관리자	건진법안전+성토다짐공	8	96	
1/17 금	9:30~11:10	교대	보건관리자 신규	위험성평가	2	20	
	12~17	양재	인강촬영		4	160	

여기서 프리랜서 활동에 대한 근로소득세를 잠깐 설명해 드리자면 웬만한 공공기관 및 교육기관에서는 약 8% 정도의 근로소득세를 먼저 원천징수 공제 후 나머지 금액을 통장으로 입금해 줍니다.

그러면 원천징수된 소득세는 다음 해 5월에 국세청에 종합소득세 정산 신고를 통해 정산하는 흐름으로 근로소득세를 처리하는 것입니다. 여기서 언급한 종합소득세와 관련해서는 뒤에 별도의 소제목으로 부연 설명해 드리겠습니다.

그리고 스케줄별 담당자의 이름과 연락처는 제 스마트폰 스케줄 앱에 별도로 입력해 둡니다. 그래야 한참이 지나도 수금이 안 되었을 때 그 담당자에게 바로 연락하여 확인할 수 있기 때문입니다. 어차피 담당자에게 연락할 때는 스마트폰을 사용해 연락할 테니 스마트폰에 입력해 두는 게 바로 전화나 문자를 보낼 수 있어서 더 편리합니다.

엑셀 표를 보고 미수금 내역을 확인한 후 해당 일정의 스마트폰 스케줄 앱을 확인하여 담당자의 이름과 연락처를 확인하는 방식인 것이지요.

〈스마트폰 스케줄 앱 활용 사례 - 발주 담당자 연락처 메모〉

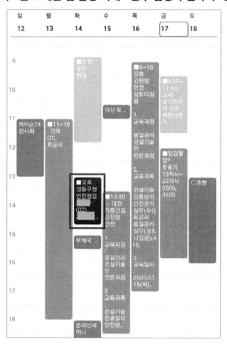

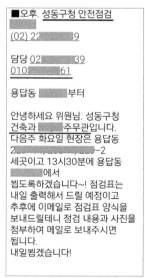

새벽 4시, 연봉 2억 프리랜서가 되는 시간

기술직 프리랜서 업무유형(고정소득)

4

○ 학원 강의

　건설기술인 교육기관에 전임교수로 있었던 당시 그 기관에 출강을 나오시는 수많은 교수분 중에 저보다 스펙 좋은 사람이 없다는 것을 깨우친 후부터는 저의 생각과 행동 하나하나에 많은 자신감이 생겨 났습니다.

　당장이라도 전임교수직을 사직하고 완전한 100% 전업 프리랜서로 뛰쳐나가고 싶었습니다. 하지만 돌다리도 두들겨보고 건너라고 했습니다. 아무것도 보이지 않는 자욱한 안개 속에서 방향을 잃지 않으려면 조심스레 확실하게 검증해 가며 앞으로 나가야 하는 법입니다.

　'과연 내가 전업 프리랜서로 나간다면, 우리 가족의 생계는 보장할 수 있을까? 그리고 외래교수로서 강의를 재미있게 잘할 수 있을까?'

　그런 고민들이 있었고 강의를 잘하기 위해서는 더 많은 강의 경험을 쌓아야 한다고 생각했습니다. 뭐든지 하면 할수록 실력이 늘어나는 법이니까요. 하지만 교육기관에서는 자꾸 강의보다는 교육사무 업무로만 일을 시키고 있었습니다. 불만이 매우 컸습니다.

이게 바로 조직생활, 즉 월급쟁이의 어쩔 수 없는 한계인 것이지요. 업무를 내가 원하는 대로 할 수 없고 위에서 시키는 대로만 해야 한다는 것 말입니다.

그래서 나름대로 아직은 안정적인 소득이 나오는 교육기관에 소속된 상태에서 강의 경험을 쌓을 수 있는 방법을 찾아봤습니다. 그러다 문득 건설 분야 국가기술자격증 학원에서의 강의를 떠올리게 되었습니다. 뭐든지 골똘히 생각하면 갑자기 답이 툭 튀어나오는 것 같습니다.

'아무것도 하지 않으면, 아무 일도 일어나지 않는다!'

그렇습니다. 뭐라도 해 봐야 어떤 결과라도 나오는 것입니다. 아무리 생각이 많아도 실행을 안 하면 말짱 '꽝'이지요. 그래서 인터넷을 검색하여 제 전공 분야인 토목공학 및 건설안전공학과 관련된 기술사 학원 웹사이트를 뒤져봤습니다.

여러 학원 중에서 제가 보유한 자격증과 관련된 수업을 개설하지 않은 학원을 몇 군데 찾아내었고 그중에서 거주지와 그나마 가까운 학원에 이메일로 제 소개와 함께 신규 자격취득 교육과정 강의개설이 가능할지 문의하였습니다. 제 스펙이 나쁘지 않았던지라 그 기술사 학원에서는 곧바로 호응이 왔고 주말에 일정을 잡아 학원장과 본격적인 강의조건 협상을 하였습니다.

참고로 학원에서 강의하는 분들은 대부분 프리랜서 유형입니다. 기간제 계약직으로 근로계약을 하는 경우도 일부 있지만, 대부분 개인 사업자로서 용역의 형태로 계약을 맺거나 아니면 별도의 근로계약서 작성 없이 구두로만 협의하고 강의를 진행합니다. 이런 프리랜서 활동은 4대 보험에 가입되는 것도 아니기에 현재 다른 회사에서 근무하고 있다 하더라도 법적으로는 전혀 문제가 되지 않습니다.

다만 학원장이 본인의 세금 절감을 위해 근로소득세를 사전에 공제한 후 강의료를 지급하게 되면, 국세청 전산자료에 원천징수 기록이 남기 때문에 월급 외의 추가 근로 소득으로 집계되어 소속기관의 연말정산과는 별개로 다음 해 5월에 종합소득세 신고를 해야 하는 번거로움이 생기기는 합니다.

또한, 이 경우 종합소득세 신고사실을 현재 소속된 기관에서 알게 되었을 경우, 앞서 설명해 드렸다시피 '겸업금지' 조항이 내규에 명시되어 있는 곳이라면 내규 위반으로 해고까지 될 수도 있다는 것에 주의하셔야 합니다.

저의 기술사 자격 교육과정 신규개설 제안에 학원장 입장에서는 전혀 손해 볼 게 없는 장사이다 보니 매우 흔쾌히 출강조건 협상이 진행되었습니다. 통상 기술사 학원의 수익은 1회 차(1Cycle은 10주 주기)별로 정산하며, 수강생들에게 받은 수강료를 학원장과 담당 교수가 나누어 갖는 형태입니다.

그렇기에 학원장 입장에서는 전혀 손해 볼 게 없습니다. 강의실 장소만 제공해 주면 담당교수가 알아서 수강생을 모집하고 강의를 진행할 것이며, 만약 수강생이 몇 명 없으면 그냥 과정을 폐강하면 끝이거든요.

학원장과 교수의 소득분배 비율은 저의 경우 5:5 수준으로 협의했습니다. 예를 들어, 1회 차(10주)에 수강료가 인당 60만 원이고 수강생이 20명이라면 총 수강료 수익은 1,200만 원이고 이를 원장과 담당교수가 각각 600만 원씩 나눠 갖는 형식이었습니다.

그러면 대략 1사이클에 600만 원으로 월 200만 원이 되니 주말에 3~4시간 강의하고 받는 것치고는 꽤 괜찮은 추가 소득이지요. 제가 알기로는 통상 5:5 소득분배가 기본이지만, 만약 수강생에게 인기가 많고 교수자가 정말 강의 실력이 뛰어나다면, 원장 입장에서는 쉽게 다른 교수로 대체하기 어렵기에 그 교수에게 건네는 비율을 좀 더 높게 해 줄 것이고, 수강생이 몇 명 되지도 않는데 강의력 또한 딸려서 여차하면 언제든 다른 교수로 대체할 수 있는 교수라면 원장이 좀 더 많은 비율을 가져갈 것입니다.

학원에서 강의하려면 정식으로 학원에 취직해야 하는 것으로 생각하여 이러한 도전을 꺼리시는 프리랜서 희망자분들이 많으신데, 그럴 필요가 전혀 없습니다. 각종 대학교 및 교육기관의 외래교수들이 그 기관에 소속되지 않고도 일정 시간 강의 후에 소득을 올릴 수 있듯이 학원도 정식으로 소속된 전임직원이 아니더라도 외래교수로사 출강이 가능합니다.

다만 세금 문제를 어찌 처리할지는 미리 정확하게 협의해야겠지요. 어찌 되었든 소득이 발생하면 소득세를 납부해야 하는데, 마인드가 괜찮으신 학원장은 본인의 소득비율 내에서 알아서 소득세를 대신 납부해 주고 온전히 수강료 소득의 50% 그대로를 교수에게 지급할 것이고, 간혹 그 비용이 아까운 속 좁은 학원장은 해당 과정 교수의 소득비율 내에서 근로소득세를 공제한 후 그 차액을 지급할 것입니다.

저는 이와 같은 과정을 거쳐 기술사 학원에서 기술사 수강생들을 대상으로 본격적인 강의를 시작하게 되었습니다. 제가 학원 강의를 경험해 보니 여기서부터 그 교수의 실력이 드러나는 것 같습니다.

학원 강의만을 생업으로 하시는 분들도 꽤 많으신데, 여기서 실력 있고 잘 가르치는 교수들은 강의 경험이 좀 쌓이면서 주변에 입소문이 나서 여기저기 추천을 받아 대학교 및 정식 교육기관 등에 자연스레 출강이 연결되며 강의 영역이 넓어집니다.

그 교수가 본인이 다른 곳에 학원을 차려 직접 운영할 계획이 아닌 이상에는 당연히 사적으로 운영하는 학원에서의 강의보다는 정규 교육기관에서의 강의가 강의료도 더 많고 교수에 대한 명예와 예우도 더 좋기에 구태여 학원 강의를 지속하기보다는 대학교나 교육원 등 정식 교육기관으로 출강하는 주 영역을 옮기게 될 것입니다.

그렇기에 정말 실력 있는 프리랜서로서 인정받기 위해서는 학원 강의를 너무 오랫동안 길게 하실 생각을 하면 안 되고, 처음에 프리랜서로 입문할 때 강의 실력 향상 및 용돈 벌이 등의 경험을 쌓기 위해 잠시 거쳐 가는 과정 정도로만 생각하고 해 보시기를 추천해 드립니다.

그리고 결정적으로, 전업으로 학원 강의를 하신다면 프리랜서로 활동할 수 있는 업무영역에 꽤 많은 제약이 발생할 수 있습니다. 일단 사설 학원이기에 강의 경력에 대한 명예와 공신력도 잘 인정해주지 않고, 기술자문이나 설계심의 과정 등에 참석해서도 명함을 내밀기도 어색하며, 산업인력공단 등 공공기관이 주관하는 프리랜서 활동 참여에도 많은 제약을 받습니다.

그러다 보니 모든 학원 교수님이 다 그렇다는 것은 아니지만, 학원에서만 강의하시는 몇몇 분은 기술사 자격증만 가지고 있지, 정말 실무경력이 전혀 없으신 분들도 수두룩하십니다. 실무능력이 안 되다 보니 다른 프리랜서 업무는 보지 못하실 것이고, 또한 공공기관에서도 전업 학원 교수님은 잘 불러주지 않으니 부득이하게 학원에서밖에 강의를 못 하시는 것입니다.

〈학원에서 강의하던 시절〉

○ 대학교 강의

기술사 학원에 출강하시는 몇몇 분은 평생을 학원에서만 강의하시기도 합니다. 제가 경험했던 여러 학원 교수님을 떠올려 보자면 정식 교육기관으로 영역을 넓히시지 못하고 평생을 학원에서만 강의하시는 분들은 대부분 적어도 한 부분에서 제한사항이 있으신 분들이었습니다.

예를 들자면, 강의를 정말 더럽게 못하시거나, 아니면 경험이 쌓여서 강의는 잘하시지만 실무경력이 하나도 없으셔서 이론만 아시거나 하는 경우였는데, 그런 분들이 대표적인 유형입니다. 어찌어찌 기술사 자격증은 취득하셨지만, 그 분야에 대한 경력이나 실무능력이 안 되는 경우가 가장 많은 케이스였습니다.

그분들은 책만 보고 공부했기에 단순하게 앞글자 따서 암기하는 방법 등의 잔재주밖에는 설명할 수 있는 게 없었습니다. 그런 교수님들은 학원 강의 외에는 더 이상 활동영역을 넓히기가 어렵습니다. 건설기술인 교육과정에 출강하셔서 듣기 싫은 법정 교육과정에 억지로 끌려 나온 현업 실무 기술자 수강생분들 앞에서 그렇게 책만 읊으시거나 단순 암기한 용어들만 나열했다가는 수업 중에 많은 공격적인 질문과 함께 설문조사 강의평가에서 바로 낮은 점수를 받기 마련입니다.

학원에서 강의하시는 분들이 모두 다 그렇다는 것은 결코 아닙니다. 정말 실력 있고 강의도 잘하시는데, 큰 욕심이 없으셔서 학원에서만 강의하시는 교수님들도 많이 계실 것입니다. 그저 단순히 저의 개인적인 경험을 바탕으로 제 생각을 말씀드린 것뿐입니다.

저는 근 1년 정도 학원 강의를 해 봤습니다. 제 주목적은 강의 경험을 쌓아서 정규 교육기관으로 넘어가 다양한 프리랜서 활동을 하는 것이었지, 평생 동안 학원 강의만 할 생각은 추호도 없었습니다. 그래서 약 1년간의 학원 강의를 통해 어느 정도 강의 경험을 쌓고 강의 실력도 꽤 향상해 많은 자신감을 얻었습니다. 물론, 보너스로 소득도 좀 올렸고요. 그래서 당시 건설기술인 교육기관에 소속되어 재직 중이었지만 학원 강의 과정을 거쳐 강의를 잘한다고 주변에 조금씩 입소문이 퍼지게 되었습니다. 그즈음에 제 강의를 들으신 어느 분의 추천으로 국립충남대학교 대학원 토목과에서 '건설안전 실무' 과목으로 한 학기 동안 출강 요청을 받게 되었습니다.

사람마다 받아들이는 정도가 다르겠지만, 저는 솔직히 말씀드려 충남대학교에서 출강 요청을 받았을 때 엄청 기분이 좋았고, 큰 자부심을 느꼈습니다. 비록 한 학기만 특강하는 것이었지만, 정규 국립대학교에서, 그것도 학부생들이 아닌 가장 수준 높은 대학원 석·박사 과정 분들을 대상으로 강의를 한다는 것은 저에게는 처음 경험하는 매우 큰 영광이었습니다. 강의료는 저를 배정해 주신 학과 이○○ 교수님께서 많은 배려를 해 주시어 일반 시간강사보다는 현저히 많게 시간당 12만 원 정도로 비용을 책정받고 출강하였습니다.

이러한 과정을 거치면서 이제는 완전한 전업 프리랜서로서 독립할 수 있겠다는 자신감이 생겼습니다. 여태껏 학원은 주말에만 강의를 했고, 충남대는 목요일 야간에만 출강했으니 아직은 건설기술인 교육기관에 소속되어 업무를 보는 데 별 지장은 없었는데, 이제 본격적으로 프리랜서로서 활동하려다 보니 평일 낮에 외부일정을 잡을 수밖에 없었습니다.

그래서 세 번 정도는 개인 연차를 사용하여 평일에 기술자문 등 프리랜서 업무를 보러 나갔고, 프리랜서 활동에 어느 정도 요령이 생기면서 주변의 추천도 받다 보니 더욱더 많은 기관에서 강의 또는 자문 등 여러 가지 일거리들이 들어오게 되었습니다. 이제 상황이 더 이상은 연차로 감당할 수 없는 수준에 이르게 되었습니다. 그렇기에 그달 말일을 기준으로 더 이상 망설임 없이 과감하게 교육기관에 사직서를 제출하였습니다.

뭐든지 처음 한 번이 어렵지, 한 번만 제대로 경험해 보면 그다음부터는 아주 쉽습니다. 이전에 대기업 건설회사를 처음 퇴직할 때는 퇴직 절차를 진행하는 것을 엄청나게 두려워하며 긴장하면서 끌려다녔었는데, 그 후로 건설안전 컨설팅 업체에 이어서 이번이 세 번째 퇴직이다 보니, 이번 퇴직은 매우 당당하고 매끄럽게 잘 처리하였습니다. 그만큼 관록이 쌓인 것입니다.

내규 양식에 따른 사직서를 작성한 후 부서장에게 제출 후 퇴직일정과 후임자 인수인계 사항을 정리해 주고 협의된 일정에 맞춰 퇴직

처리하였습니다. 퇴직하기 직전 날에는 지방에서 교육을 받으러 오신 분들이 숙박하는 생활관에서 야간 숙직 근무까지도 성실하게 잘 수 행했습니다.

숙직을 마치고 퇴직 예정일 아침에 출근하는 모든 직원을 찾아다니 며 웃으며 퇴직 작별 인사를 하고 오전에 당당히 교육원 정문 밖으로 나왔습니다. 이제는 바야흐로 완전한 야생의 전업 프리랜로서의 삶이 시작된 것입니다.

〈충남대학교에서 강의하던 시절〉

이번에는 프리랜서로서 대학교에서의 강의에 대해 전반적인 정보를 설명해 드리겠습니다. 대학교 교수라고 해서 꼭 모든 분이 명문대에서 박사학위를 받은 것만은 아닙니다. 경우에 따라서는 지방대 출신도 많이 있으시고, 심지어 박사학위 없이 석사 학위만으로도 강의하시는 교수님들도 꽤 많습니다.

우선 대학교 교수직의 구성을 살펴보겠습니다. 일반적으로 TV에 나 오시는 분들과 같이 우리가 흔히 생각하는 대학교수의 이미지는 정규 직 교수를 의미합니다. 학교마다 호칭이 조금씩 다르기도 한데 통상

'정년 트랙'이라고도 표현합니다. 이 정규직 교수는 또 크게 3가지 직급으로 구분합니다. 정교수, 부교수, 조교수입니다.

정교수는 정년(통상 65세)이 보장된 최상위 직급의 교수이며, 부교수와 조교수는 정규직 교수이기는 하나, 형식적으로나마 3년에서 5년 주기로 업무평가를 통해 재위촉 계약을 맺습니다. 하지만 현실적으로 큰 물의를 일으키지 않는 이상에는 때가 되면 자동으로 재위촉되고 연차가 되면 자동으로 승진하여 정교수까지 무난하게 올라갑니다.

연봉은 대학교마다 다르지만 제가 아는 바로는 기본 7,000만 원 이상이며 연차와 직급이 높아지면 억대 연봉을 상회합니다.

이분들을 제외한 나머지 교수님들은 비정규직 교수로 이른바 '비정년 트랙'이라고도 통칭합니다. 그 세부 종류로는 겸임교수, 객원교수, 산학협력중점교수, 강의중점교수, 연구교수, 외래교수, 초빙교수 등으로 호칭이 매우 다양합니다. 대학교마다 차이는 있지만 통상 겸임교수와 객원교수는 유사한 직책으로 별도의 전문직 본업이 따로 있으면서 일주일에 3~6시간 정도 과목만 맡아서 강의를 나오시는 교수를 뜻합니다.

겸임교수와 객원교수는 해당 분야의 실무 전문가로서, 기업체의 대표이거나 고위직 임원인 경우가 많습니다. 또한, 주변의 인맥도 넓고 경륜도 많으시기에 비록 정년 트랙 교수가 아니어도 그 경력과 관록을 상당히 인정하여 잘 예우해 줍니다. 급여도 경우에 따라서 차이가 큰데 저의 경우를 예로 말씀드리자면, 현재 4년제 대학교에 객원교수로 소속되어 있으면서 매주 한 과목(3교시) 강의를 담당하고 있으며 월평균 40만 원 정도의 강의료를 급여로 받고 있습니다.

다음으로 산학협력중점교수나 강의중점교수는 둘 다 명칭 그대로 '산학협력', 즉 기업체와 공동사업 추진 및 취업지도 등의 활동과 '강의' 등의 특화된 분야를 중점으로 업무를 수행하는 전임교수입니다.

같은 비정년 트랙이기는 하지만 겸임교수와 객원교수와는 다르게 전임교수로 대학교에 소속되어 있어서 근무시간에는 그 대학교 내 사무실 등에 상주하며 각자 맡은 중점 업무를 수행합니다.

산학협력중점교수는 산업체 경력이 많으신 고위직 퇴직자분들이 주로 위촉되며 학생들의 취업을 알선하거나 기업체와 대학교 간에 산학협력 공동 연구개발 사업을 수주하는 등 어찌 보면 교수로서의 연구 및 강의 역할보다는 일반적인 영업활동 등을 주로 수행합니다.

강의중점교수는 말 그대로 학생들에게 강의하는 것을 중점으로 두고 업무를 수행합니다. 둘 다 비정년 트랙이기에 연봉이 그리 높지는 않으며 통상 적은 곳은 3,000만 원 정도, 많은 곳은 5,000만 원 정도로서 대학교마다 차이가 큰 편입니다.

그리고 나머지 연구교수, 초빙교수, 외래교수 등은 이해하기 쉽게 설명하자면 예전에 시간강사라 불리던 직책을 듣기 좋게 언어를 순화하여 표현한 것이라 할 수 있겠습니다. 이 부분은 대학교마다 너무 큰 차이가 나기에 명확한 평균치를 설명해 드리기는 어려움이 있습니다.

어떤 대학교에서는 겸임교수나 객원교수까지도 이 등급에 같이 묶어서 낮춰서 대우하는 곳이 있는가 하면, 어떤 대학교에서는 아직도 시간강사라는 표현을 그대로 쓰기도 합니다.

주로 그 대학교에서 박사학위까지 받은 후, 취업하지 않고 지도 교수님 연구실에 남아서 박사 후 과정을 수행하는 연구원들에게 생활비에 보탬이 될 수 있게 학과 교수님들이 상의하여 몇몇 과목 강의에 배정해 주시고 소정의 강사료를 받을 수 있게 해 주는 형식이 보편적입니다.

대학교수라면 기본적으로 박사학위까지는 보유하고 있지만 앞서 말씀드린 것처럼 몇몇 과목은 박사학위가 없더라도 그 분야의 전문 자격증과 실무 경력을 보유하고 있으면, 담당 전공 교수님의 소개를 통해 대학 강단에서 외래교수로서 강의할 수도 있습니다. 실제로 이렇게 강의하는 전문직 프리랜서분들도 꽤 많습니다.

아무래도 저와 같은 기술 분야보다는 교양과목 전공자분들이 더 많기는 하지만, 아예 자리가 없는 것은 아니니 본인이 기술 경력과 실무 능력 그리고 해당 분야 기술사 등의 전문자격이 있다면 분명 시도해 볼 수 있는 기술직 프리랜서 업무유형 중 하나입니다.

대학교의 강의료는 시간강사를 기준으로 통상 시간당 3~4만 원 정도로 책정되며, 일부 조건이 좋을 경우에는 시간당 10만 원까지 책정되기도 합니다. 강의료만 놓고 봤을 때는 프리랜서 업역 중에서 그리 큰돈이 되는 것은 아니지만, 최고위 정규 교육기관인 대학교 강단에서 강의한다는 것만으로도 본인의 명함을 한층 더 빛나게 할 수 있고 자신의 몸값을 한 단계 더 높일 기회라 생각합니다.

향후 기술직 프리랜서로서 삶을 영위하고자 하신다면, 솔직하게 말씀드려 그냥 이름만 달랑 쓰여 있는 명함보다는, 이름 옆에 '○○대학교 교수'라고 한 줄 더 쓰여 있는 게 영업 측면에서든, 자기 홍보 측면에서든 훨씬 더 긍정적인 효과가 있으리라 생각합니다.

결론을 요약하자면 대학교 강의는 정년 트랙 교수가 아닌 이상에는 큰돈이 안 되기에 여러 과목을 많이 할 필요는 없고, 명함에 당당히 표기할 수 있을 정도로 1과목 정도만 담당하여 정규대학 교수로서의 직함이 지니고 있는 사회적 신뢰성과 공신력을 극대화해서 프리랜서로서 본인의 값어치를 높이는 데 활용해 보실 것을 권해드립니다.

끝으로 제 경험을 한 가지 더 첨언해 드리자면, 정규직 교수의 채용절차에 대해서는 저도 잘 모르기에 뭐라 할 말이 없지만, 비정규직 교수를 채용할 때에는 저의 경험들을 떠올려 보면 현실적으로 지원자의 실력과 스펙을 바탕으로 정량적 평가를 통해서 채용하지는 않습니다.
대부분이 해당학과의 정규직 교수님들이 협의 및 조율하여 비정규직 교수를 채용공고 이전에 미리 내정해두고 채용절차를 진행합니다. 즉 정량적 평가보다는 정성적 평가의 비중이 더 크다는 것입니다.
어느 조직이나 다 똑같겠지만, 미꾸라지 한 마리가 개울 물을 다 흐리듯이, 사람 한 명 잘못 뽑으면 그 조직의 분위기 전체가 혼탁해지기에 아예 뽑을 때부터 학과 정규직 교수님들이 주변에서 평이 좋은 사람들 위주로 추천을 받아서 미리 내정해놓고 형식적으로 채용절차를 진행하는 것이지요.
그러니 이러한 대학교 강의에 도전해 보고 싶으신 분들은 평상시에 해당 분야의 정규직 교수님들과 각종 학회나 협회 활동을 통해 인사드리는 등 좋은 관계를 형성해 두시기 바랍니다. 이러한 학회 및 협회 활동에 대해서도 뒤에 별도의 소제목으로 안내해 드리도록 하겠습니다.

○ 기술자 직무교육기관 강의

현재 제가 수행하는 프리랜서 업무유형 중 가장 많은 소득 비율을 차지하는 유형이 바로 건설기술인 법정직무교육 출강입니다. 기술 분야마다 근거법령이 다르다 보니 표준화된 내용으로 설명해 드리기에는 어려움이 있기에, 단순히 현재 제가 종사하는 건설 분야만을 기준으로 설명을 드려 보겠습니다.

건설 분야에 종사하는 모든 기술자는 「건설기술진흥법」 및 하위 법령에 의거하여 반드시 일정 시기별로 법정직무교육을 수료해야만 합니다. 설계 및 시공 기술자를 대상으로 간략히 예를 들어 보자면 모든 건설기술인은 의무적으로 최소 2주간 최초교육을 이수해야지만 초급 기술자로 인정되어 건설기술인 업무 시작이 가능하며, 또한 일정 경력이 쌓여 초급보다 높은 등급으로 승급하려면 1주간의 승급교육을 또 받아야 합니다.

초급-중급-고급-특급으로 이어지는 각 상위 등급으로 승급하고자 할 때마다 매번 교육을 이수해야 하며, 특급인 경우에도 수준유지를 위한 보수교육 개념으로 '특급기술자 계속교육'을 3년 주기로 1주일 이상 이수해야 합니다.

설계 및 시공 기술자 외에도 건설사업관리, 품질관리 등 「건설기술진흥법」에 의거한 고유의 전문 업역에서 업무를 수행하려면 이 예시와 유사하거나 혹은 그 이상 수준의 교육을 반드시 이수해야만 합니다.

「건설기술진흥법」 말고도 「산업안전보건법」에 의하면 안전관리자로 선임된 기술자는 최초 교육 34시간과 2년 주기로 24시간의 보수교육을 매번 이수해야 하고, 통상 현장소장이라 불리는 안전보건관리책임자도 2년마다 6시간, 관리감독자의 경우에는 매년 16시간의 법적 안전교육을 이수해야만 합니다.

또한 「시설물안전법」에 의거해서 시설물의 안전점검이나 유지관리를 하시는 분들도 또 앞의 사례와 같이 주기적으로 교육을 이수해야 하며, 지하안전관리를 수행하는 기술자들은 「지하안전법」에 의한 교육을, 건설기계 운전원들은 「건설기계관리법」에 의한 안전교육을 반드시 이수해야 하는 등 건설 분야만 예로 들더라도 법령마다 반드시 수료

해야만 하는 필수 법정직무교육들이 수도 없이 많습니다.

이런 유형의 법령에 근거한 각종 직무교육들을 모두 묶어서 '기술자 법정직무교육'이라 통칭합니다. 이 교육은 아무 곳에서나 수행할 수 있는 것이 아닙니다. 적정 강의실과 교육 설비 등의 기준시설을 갖추고 법령에 명시된 내부 교수진을 보유하고 있는 정식 교육기관에서 국토교통부 등의 각 법령 주관부처의 허가를 받아야만 교육 사업을 운영할 수 있습니다.

이런 수많은 교육과정을 운영하려면 교육기관에 자체적으로 소속되어 있는 전임교수 1~2명만으로는 이 많은 과목을 도저히 감당할 수 없습니다. 그렇기에 일정 조건에 맞는 분야별 현업 실무자들을 외래교수 형식으로 초빙하여 해당하는 전문 과목의 강의를 요청하는 것입니다.

법정직무교육은 현업 실무자를 위한 교육이기에 일선 대학교의 정규 교수님들은 참여가 어렵습니다. 앞서 설명해 드렸다시피 일단 연배가 높은 현업 실무 기술자들에게 원론적인 이론 위주로 강의를 하게 되면 반응도 안 좋고, 또한 대학교수님들은 그 학교에 소속된 전임교원이기에 학교 자체 일정만으로도 많이 바빠서 외부 출강에 많은 시간을 내는 데 어려움이 있습니다.

그렇기에 대부분의 법정직무교육 강의는 현업 종사자 중에서 기술사 자격을 보유하고 있고 시간을 자유로이 낼 수 있는 고위 임원분들이 주로 출강합니다. 이렇게 본업은 별도로 있으시면서 가끔 출강하시는 분들을 모두 이 업계에서는 '외래교수'라고 통칭합니다.

교육기관이 그 수많은 교수진 인력을 모두 상근직으로 보유하고 있을 수 없기에, 시간당 강의료를 지급하고 외래교수에게 출강 요청을 하는 것이고, 이런 외래교수들은 대부분 주업은 별도로 있고, 1~2개월에 한 번 정도만 연차를 써서 출강하는 유형이 대다수입니다. 그런데 교육기관은 매주 수많은 새로운 교육과정들을 개설하여 교육을 진행합니다. 그러다 보니 이렇게 어쩌다 한 번씩 출강하시는 분들만으로는 그 많은 교육과정을 다 감당할 수 없습니다.

또한, 어쩌다 한 번씩 출강하시는 분들은 현업 실무지식은 뛰어날지 몰라도, 강의를 많이 하지 않기 때문에 효과적인 교수법 등 강의실력이 다소 부족한 경우가 좀 많습니다. 많은 외래교수분이 기업체의 고위 임원이다 보니 부하 직원들에게 시키는 것은 잘하시지만, 직접 강의 교안을 만들거나 수강생들과 상호 동등한 관계로 수평적 대화를 나누는 경험은 부족한 분들이 많으시기 때문이지요.

간혹 정규대학 교수님이 외래 출강을 하셔도, 현업 실무에서 잔뼈가 굵은 기술자분들을 상대로 강의하기는 여간 어려운 것이 아닙니다. 말 안 해도 잘 아시겠지만, 대학교수님들 중에는 기술자들처럼 현업에서 실무를 경험하신 분들이 많지 않으시거든요.

그러다 보니 교육기관에서는 강의 수준 향상을 위해 저와 같이 강의 실력도 검증되었고 시간도 많이 낼 수 있는 전업 프리랜서 교수들을 많이 선호합니다. 프리랜서로서 많은 시간을 낼 수 있다 보니, 강의 가능한 과목이 많아서 교수진 섭외가 어려울 때는 항상 쉽게 시간을 맞출 수 있는 전업 프리랜서 교수들에게 많은 강의 요청을 주시는 것입니다.

프리랜서 4년 차인 올해의 경우에는 못해도 매주 3일 이상은 여러 교육기관에서 꾸준히 출강 요청을 받고 있습니다. 그러다 보니 뭐든

하면 할수록 실력이 는다고, 당연히 출강 횟수가 많지 않은 분들에 비해 더 좋은 강의 평가를 받게 되는 것입니다.

제가 뭘 특출하게 잘한다기보다는, 단순히 많이 해 봤으니 청중들의 분위기를 금방 파악하여 적절하게 선제 대응할 수 있다는 것이 가장 큰 장점으로 작용하는 것이지요.

앞서 말씀드린 것처럼 저는 이런 기술자 법정직무교육에 최소 주 3일 이상 고정적으로 출강하고 있으며, 이 부분이 저의 프리랜서 소득 유형 중 약 50%를 넘는 주요 소득원입니다. 이런 교육기관에 외래교수를 신청하는 방법은 매우 간단합니다. 각 교육기관의 홈페이지에 접속하면 많은 교육기관이 외래교수를 수시로 모집한다고 공식적으로 홍보하고 있습니다.

그러면 그 안내에 따라 이메일 또는 팩스 등으로 이력서, 강의계획서, 경력증명서, 자격증 사본 등 필요서류를 준비해 제출하면, 그 교육기관에서 자체적으로 검토한 후 연락할 것입니다.

한 가지 제 경험에 의한 팁을 추가로 공유해 드리자면, 처음에는 기관들이 급하게 땜빵식으로 강의 요청을 하는 경우가 대부분입니다. 왜냐하면 아직 실력이 검증된 사람이 아니기에 평소에는 기존에 검증이 된 분들 위주로 요청하다가, 만약 그분이 사정이 생겨서 못 나오게 되거나 할 경우에 부득이하게 긴급으로 신규 지원자라도 연락해보는 것이지요.

왜냐하면 저와 같은 나름 잘나가는 A급 교수진들은 통상 2~3주 치의 일정을 미리 잡아두기에, 급하게 이번 주나 다음 주에 출강 요청을 주더라도 이미 선약들이 잡혀 있어서 일정을 맞추기가 어렵기 때문입니다.

그럴 때, 즉 본인이 외래교수 신규 지원자인데 소위 땜빵으로 급하게 출강 요청이 오면 무조건 그 기회를 잡아야만 합니다. 다른 일정을 모두 취소하더라도 그 첫 긴급 요청 기회를 잘 잡고 거기서 우수한 강의 실력을 보여 주면 이제 그 기관의 담당자는 검증이 되었다고 판단하여, 메인 교수진으로 자주 불러주실 것입니다.

이런 교육기관의 강의료는 제가 속한 건설 분야의 경우, 최소 시간당 10만 원에서 많게는 시간당 30만 원으로 구성되어 있으며, 저의 경우에는 평균적으로 시간당 12만 원을 적용받고 있습니다.

이 금액은 많다면 많고 적다면 적은 금액이지만, 이런 교육기관에서의 강의 경험을 바탕으로 강의 실력과 인지도를 높인다면 굴지의 대기업 및 지자체, 공기업 등 공공기관에서도 직접 출강 요청 연락을 주기도 합니다.

교육기관을 거치지 않고 민간 대기업이나 공공기관에 직접 출강을 나가게 되면 통상 건설 분야에서는 시간당 30만 원에서 많게는 50만 원 정도까지 강의료를 책정받을 수 있습니다.

유명한 연예인이나 스포츠 스타의 경우라면 시간당 수백만 원에서 수천만 원까지 책정되는데, 이에 비해서는 적다고 생각하실 수도 있겠으나 저는 그리 생각하지 않습니다. 그 연예인이나 스포츠 스타들 역시 그 몸값을 받기 위해서 저 보다 수십 배, 수백 배 더 힘들고 어려운 과정을 참아내었기에 그만한 성과를 이뤄낸 것이라 생각합니다. 그러니 저보다 더 많은 돈을 받는 것이 당연한 것이지요.

저도 한때는 이러한 법정직무교육을 이수받아야 하는 직장인이었습니다. 아니, 불과 4년 전인 2016년만 해도 건설회사 직원으로서 어느 교육기관의 강의실에 앉아서 일주일 동안 교육을 받았었습니다. 그런데 4년이 지난 지금, 제가 이렇게 그 교육기관에서 교수로서 강단에 서게 될 줄이야 그때는 꿈에도 생각하지 못했습니다.

이렇듯 저도 해냈으니 이 책을 읽고 계시는 수많은 기술자님도 열정을 가지고 도전해 보신다면 충분히 가능하신 일이라 말씀드리고 싶습니다. 용기를 내어 도전해 보십시오. 도전하는 사람만이 성공합니다. 아무것도 하지 않으면 아무 일도 일어나지 않습니다.

〈법정직무교육 강의 출강 및 온라인 강의 사례〉

건설기술인 법정직무교육기관은 크게 종합교육기관과 전문교육기관으로 대별할 수 있겠습니다. 종합교육기관은 앞서 설명해 드린 「건설기술진흥법」에 의한 교육 중에서 기술자가 최초로 받아야 하는 '기본교육'과 주기별로 계속 받아야 하는 '전문교육'까지 모두 운영할 수 있는 교육기관을 의미하며 현재 국토교통부의 승인을 받은 종합교육기관으로는 인천에 본원이 있는 건설기술교육원과 서울에 본원이 있는 건설산업교육원, 경상도에 있는 영남건설기술교육원, 전라도에 있는 호남건설기술교육원 등이 있습니다.

전문교육기관은 모든 교육을 다 운영하지는 못하고 각각 전문적인 일부 특정 교육과정만 운영할 수 있는 기관으로, 이에 해당하는 곳으로는 대표적으로 전문건설공제조합기술교육원, 한국시설안전공단교육원, 한국농어촌공사교육원, 한국기술사회교육원 등이 있습니다.

그리고 많은 건설기술인분이 이러한 법정직무교육을 건설기술인협회에서 총괄하는 것으로 잘못 알고 계시는 경우가 많은데, 건설기술인협회는 현재까지는 법정직무교육을 운영하지 않습니다. 협회라는 조직의 특성상 건설기술인의 모든 정보를 다 알고 있기에 교육 사업에 진출할 경우, 다른 교육기관들이 교육생 감소로 인한 운영 피해가 훤히 예상되기 때문에 교육기관으로 승인되지 못하고 있는 것이지요.

앞으로 어떻게 바뀔지는 모르겠으나 현재까지는 그렇습니다. 그러므로 각 교육기관과 건설기술인협회는 전혀 상관없는 별개의 기관이라는 것을 알아주시기를 바랍니다.

교육기관에 외래교수로서 출강할 수 있는 방법 중 가장 빠른 길은 이미 출강 중인 나름대로 인지도 높은 교수님을 통해서 소개받는 것입니다. 교육기관 담당자들도 단순히 이력서만 보고 선택하는 것보다는 이미 검증된 사람의 추천을 더 신뢰하기 때문이죠.

그래서 나름대로 검증된 교수님이 추천해 준다면 상대적으로 신뢰를 갖고 강의 요청을 주는 것입니다. 그렇기에 프리랜서 교수로서 활동하고 싶으시다면 가장 쉬운 방법은 주변에 외래교수로 활동 중인 지인에게 출강할 수 있도록 소개를 부탁하는 것이라 하겠습니다.

만약 주변에 소개를 부탁할 만한 아는 분이 없다면 각 교육기관 홈페이지에 직접 접속하여 개별적으로 이력서와 강의계획서를 이메일과 팩스로 보내 외래교수 지원 신청을 해 보는 방법이 차선책입니다. 어떤 기관은 홈페이지에서 외래교수에 손쉽게 지원할 수 있도록 별도의 배너를 구성해둔 곳도 있으나, 제 경험상 대부분의 교육기관은 그런 것 없이 대부분 앞서 언급한 것처럼 알음알음 소개를 통하여 외래교수 신청을 받습니다.

이렇게 직접 손품을 팔아 지원하여 출강하게 된 경우가 없지는 않으나, 현실적으로 쉽게 기회가 오지는 않습니다. 일단 검증이 안 되었으며, 또한 외래교수를 하고자 하는 지원자가 많아서 경쟁률이 매우 높습니다. 그 수많은 경쟁자를 뚫고 선발될 만한 특출한 경력이나 자격이 없다면 연락이 오지 않을 가능성이 더 큽니다.

그리고 지금도 그러는지는 잘 모르겠지만, 불과 몇 해 전까지만 해도 그 교육기관에 영향을 미칠 수 있는 관련 정부부처의 5급 사무관 이상의 공무원이나 관련 공기업의 고위직으로 퇴직하시는 분들이 현직에 계실 때 미리 향후의 교수진 출강을 약속받아 두시는 경우도 많았기 때문에, 개별 지원의 방법으로 교수진에 선발되기에는 더욱더 어려움이 많았습니다.

〈법정직무교육기관 강사 위촉서류 예시〉

○ 기타 강연 활동

　솔직히 말씀드려서 저는 강사라 불리는 것을 별로 좋아하지 않습니다. 앞서 말씀드린 것처럼 저는 제 기술 분야의 전문지식을 가르치는 교수이지, 일상적인 주제로 강연을 하는 강사가 아니기 때문입니다.

　하지만 간혹 기술 분야가 아닌 자기계발이나 재테크 등의 일상적인 주제로 강연을 하는 경우도 종종 있습니다. 굴지의 대기업이나 공공기관에서 저에게 이런 강연 요청을 주실 것이라고는 예전에는 꿈도 꾸지 못했었는데 이제는 현실이 되어 가고 있습니다.

〈공공기관 및 민간 기업에서 자기계발과 재테크를 주제로 강연하는 모습〉

'생계형 기술사, 그 두 번째 이야기'

사진의 사례들은 국방부에서 전역을 앞둔 군 간부들을 대상으로 전역 후 미래 설계를 주제로 강연했던 사례와 공공기관 및 민간 기업에서 기술직분들을 대상으로 직장인 자기계발 및 역량관리에 관해 특강했던 사례들입니다.

이렇게 공공기관이나 대기업에서 강연하는 경우, 앞서 언급한 것처럼 평균 강연료는 시간당 20~30만 원 선입니다. 통상 2시간 정도를 요청받는데, 사람마다 견해 차이가 있겠습니다만 저는 이 정도 금액이면 매우 만족스러운 소득이라고 생각합니다.

또한, 뒤에서 더 자세히 설명해 드리겠지만 저는 부동산 투자에 상당히 관심이 많습니다. 저는 자본주의 국가에서는 결국 근로 소득이 자본 소득을 넘어설 수는 없다고 생각합니다. 그래서 열심히 일해서 벌어들인 근로 소득을 자본 소득으로 변화시키기 위해 틈틈이 부동산에 관해 계속 공부하며 투자하고 있습니다.

아직 보잘것없는 투자 실력이지만, 우연히 기회가 닿아서 투자에 관심 있는 직장인 분들이 모인 재테크 세미나에서 종종 이런 재테크 사례를 주제로 강연을 하기도 합니다. 이런 일상적 주제의 강연도 프리랜서로서 좋은 소득 유형 중 하나라 할 수 있겠습니다.

〈재테크 세미나에서 투자를 주제로 강연했던 사례〉

각종 강연에 대해서는 이와 같이 현재 제가 직접 해 본 경험에 대해서만 말씀드렸지만, 각자 본인의 전문성과 강점을 잘 활용하신다면 이런 사례와 같이 무수히 많은 강연 기회를 포착하실 수 있으리라 생각합니다.

○ 시설물 안전관리 업역으로 확장

완전한 프리랜서로 독립한 초기에는 건설기술인 직무교육 강의가 주 소득원이었습니다. 통상 1회 출강하면 4시간을 강의하는데, 최소한 주에 2회 이상은 출강하니 매월 최소 32시간은 출강하는 것입니다.

앞서 자세히 설명해 드렸지만 기술자 직무교육기관에서 제가 받는 평균 강의료가 시간당 12만 원이니, 매주 8시간만 강의하고도 최소 384만 원이라는 기본소득이 확보되는 것입니다.

완전한 전업 프리랜서를 시작한 초기에는 갑자기 확 늘어나 버린 시간적 여유가 매우 만족스러웠는데, 명절 연휴나 여름 휴가철 등 일거리가 별로 없는 교육 비수기를 몇 번 경험해 보니, 시간을 자유롭게 활용할 수 있다는 장점은 있지만 소득 유형이 건설기술인 직무교육 단 한 가지뿐인 것은 프리랜서로서 그다지 안정적인 수익 구조는 아니라고 판단되었습니다. 그래서 소득 유형 다변화의 필요성을 절감하면서 여러 가지 대안들을 알아보게 되었습니다.

프리랜서로서 교육기관 외래출강과 병행할 수 있는 건설기술 업종이 무엇이 있을지 골똘히 생각해보니, 향후에는 시설물 안전관리 분야가 매우 전망이 좋으리라는 예감이 들었습니다. 왜냐하면 우리나라의 향후 인구감소 추세라든지 수도권과 지방의 양극화 등의 미래 지표들을 놓고 봤을 때, 새로운 신도시 조성 또는 신규 도로, 택지, 교량, 터널, 항만 등을 신축하는 일보다는 기존 시설물들을 유지, 점검, 보수하는 일이 훨씬 더 많아지리라 생각되었기 때문입니다.

그래서 기존과 같은 프리랜서 교수로서 강의를 하면서도 겸직으로 할 수 있는 시설물 안전관리 관련 업체를 알아보기 시작했습니다. 항시 출근하여 상주하는 상근직이 아닌, 강의 등 외부업무를 우선 수행하고 필요할 경우에만 일시적으로 출근하여 검토 및 자문 등의 업무를 수행하는 비상근직으로 알아보았습니다.

이전에 컨설팅 업체로 이직을 알아봤을 때처럼 여러 구직 사이트에 접속하여 '시설물 안전'을 키워드로 검색하였고, 몇 군데 제가 원하는 조건에 부합될 만한 업체를 추려 이메일로 제 기본적인 이력서를 제출하며 채용의사를 문의했습니다.

〈시설물 안전 업체에 구직 지원했던 메일〉

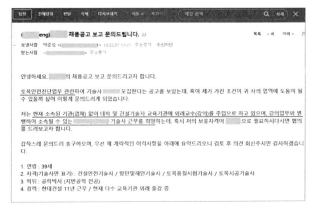

메일을 보내놓으면 대부분의 업체에서 하루 이틀 내로 회신이 옵니다. 모두 다 한결같이 건설기술인협회에서 발행하는 건설기술인 경력증명서를 우선 제출하라고 요구했습니다. 그런데 막상 경력증명서를 추가로 제출하면 단 한 군데도 추가 연락이 오지 않는 것이었습니다.

의아하여 제가 다시 그 회사에 연락해 경과를 문의해 보면 대부분 답변이 비슷했습니다. 보유하고 있는 자격 및 학위 등 스펙 조건은 좋으나, 시설물 안전 분야 실무경력이 전혀 없기에, 제가 원하는 조건을 맞춰 줄 수 없다는 것입니다. 즉, 인건비를 확 낮추고 들어오려면 받아 줄 수 있으나, 비싼 인건비를 주면서까지 구태여 저를 채용할 의사는 없다는 것이지요.

진중히 생각을 다시 해 봤습니다. 듣고 보니 각 업체의 입장도 충분히 이해는 되었습니다. 시설물 안전관리 업역은 기술용역이기에 기술자의 학력과 자격도 중요하지만, 경력 역시 빼놓을 수 없는 핵심 항목입니다. 저의 스펙이면 건설 분야 어디에서도 서로 데려가려 안달일 것이라던 저의 기대와는 달리 현실은 냉정했습니다.

시설물 안전관리 업계에서는 실무경력이 없으면 제가 원하는 조건으로 겸직이 어렵고, 그렇다고 업체에서 요구하는 수준으로 급여를 낮추자니 금액이 너무 적어 기술자로서 자존심도 상하였습니다.

뭐든 오랫동안 골똘히 생각하면 해결책이 나오는 것 같습니다. 그렇기에 '시간'이라는 것이 가장 소중하고 중요한 것이라 할 수 있겠습니다. '시간'이 있어야만 생각도 할 수 있는 것이니까요.

깊게 생각해 보니 제가 그 업계의 경력이 없어서 제 의향대로 안 되는 것이니 그 업계의 실무경력을 몇 년 쌓는다면 제가 원하는 조건으로 적정한 업체에 겸직이 가능하리라 생각했습니다.

그럼 그 분야의 경력을 어떤 방법으로 쌓을 수 있는지가 관건인데, 이를 제가 현재 수행하고 있는 프리랜서 교수 업역과 연계시켜 방법을 찾아 봤습니다. 오랜 생각 끝에 기존의 프리랜서 업무를 수행하면서도 쉽게 시설물 안전 분야 경력을 쌓을 수 있는 두 가지 방법을 찾아내었습니다.

첫 번째 방법은 「시설물안전법」에 의한 법정직무교육에 교수로서 출강을 나가는 것이었습니다. 「시설물안전법」에 의하면 그 업계에 종사하는 모든 기술자는 반드시 해당하는 법정직무교육을 받아야만 합니다. 그리고 그러한 교육은 국토교통부에서 승인받은 소수의 교육기관만이 수행할 수 있습니다. 그래서 그 교육이 가능한 기관에 외래교수로서 강의를 할 수 있도록 지원서를 제출하였고 이미 출강 중인 프리랜서 선배님에게도 소개를 부탁드렸으며 교육기관 담당자에게 여러 차례 연락도 하여 저의 가치를 홍보하기도 했습니다.

이전에 교육기관에 전임교수로서 교육사무 업무를 봤던 경험도 있고, 현재도 대학교 및 여러 다양한 교육기관에 프리랜서 교수로서 다수 출강 중이라는 것을 어필하며, 시설물 안전과 관련된 전문지식과 강의 실력을 충분히 보유하고 있음을 증명하려고 노력하였습니다.

> "어제와 똑같은 오늘을 살고 있으면서 더 나은 내일을 바라는 것은 정신병 초기증세다!"

제가 좋아하는 명언입니다. 아인슈타인이 남긴 말이라고 하죠. 다행히도 저는 정신병이 없어서인지 항상 어제와 다른 오늘을 살면서 더 나은 내일을 살기를 바라고 있습니다. 「시설물안전법」에 의한 직무교육을 운영하는 기관에 그렇게 접촉을 시도한 끝에 다행히도 외래교수로 위촉되어 몇몇 전문 과목을 담당할 수 있게 되었습니다.

이 과정 중에 앞서 설명해 드린 것과 같이 기존에 먼저 출강하시던 저명하신 김〇〇 교수님의 추천 소개가 매우 중요한 큰 도움이 되었다고 생각합니다.

〈시설물 안전관리 직무교육 위촉 메일 - 한국시설안전공단 외〉

다음으로 두 번째 방법은 시설물 안전과 관련된 공공기관에서 심의 및 자문을 수행하는 외부 전문가로 활동하는 것이었습니다. 대부분의 공공기관은 「건설기술진흥법」에 따라 일정 기준에 해당하는 항목은 외부자문위원을 위촉하여 그 자문단의 의견을 반영하게 되어 있습니다.

또한 각 지자체 등에서는 시설물 안전관리가 매우 중요하다는 것은 잘 인지하고 있으나, 담당 공무원분들의 전문성 부족 및 인력 부족 등의 사유로 저처럼 전문성이 검증된 외부자문위원을 위촉하여 관내 시설물의 안전 상태 등을 점검·평가 및 자문을 구하기도 합니다.

이런 강의나 자문위원 활동 하나하나가 모두 시설물 안전관리 업계의 경력으로도 인정된다 할 수 있겠습니다. 오히려 그 업계의 실무자보다 더 좋은 대우를 받을 수도 있다고 생각합니다. 이렇듯 무엇이든 간절히 원하고 골똘히 생각하면 반드시 해결할 수 있는 방법이 떠오릅니다.

이렇게 생각을 전환하여 매사에 긍정적인 마인드로 프리랜서 추진 방향을 잡은 결과, 현재는 매우 다양한 분야에서 안정적인 소득구조를 구축할 수 있었다고 생각합니다. 이 경험을 하면서 기술사 자격에 대해 다음과 같이 새삼 다시 한번 느꼈습니다.

'해당 분야의 최고 전문가가 되어야만 기술사에 합격하는 게 아니라, 기술사를 보유함으로써 그 분야의 최고 전문가로 인정받는 것이다.'

이와 마찬가지로 해당 분야에 실제로 종사해야만 경력을 인정받는 것이 아니라 강의, 점검, 자문 등의 실적 또한 해당 분야의 경력으로 활용할 수 있습니다. 즉, 발상의 전환이 필요합니다.

〈시설물 안전관리 전문기관에 자문위원 위촉〉

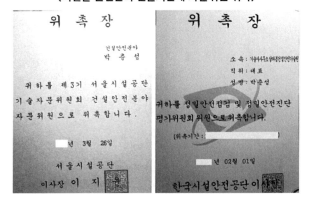

○ 프리랜서와 비상근직 겸업

각종 관련 법령에 의거하면 몇몇 특정한 전문기술 분야는 법에서 규정한 기준을 충족해야만 관련 부처로부터 면허를 받고 사업자 등록이 가능합니다. 그 기준에는 사무실 규모에 대한 것도 있고, 최소 자본금에 대한 것도 있고, 최소 보유인력에 대한 조건도 있습니다.

여기서 제가 말씀드리고자 하는 것은 보유인력 조건에 대한 것인데 상식적으로 그 회사에 소속되어 국민연금, 건강보험 등 4대 보험이 가입되어 있어야지만 그 회사의 소속 인력으로 인정받을 수 있는 것이지요.

이런 인력 조건 중에는 항시 사업장에 상주하고 있어야 하는 건설공사의 현장대리인(현장소장)이나 건설사업관리 책임기술자(감리단장) 등과 같은 상근직도 있지만, 항시 상주하고 있을 필요는 없는 비상근직 기술자도 일부 있습니다.

그 비상근 인력이 책임자로 선임되어 있는 프로젝트에는 아무리 비상근직이라도 당연히 그 당시에는 상주하고 있어야겠지만, 당장 진행 중인 책임 프로젝트가 없을 때는 경영진과 협의만 된다면 조금 늦게 출근하거나 혹은 일찍 퇴근하거나 또는 상황에 따라 일이 없는 날에는 아예 출근하지 않을 수도 있습니다.

이해하기 쉽게 예를 들어, 법인사업자를 설립한다면 사내이사는 반드시 선임해야만 하는 중요 직책이지만, 그렇다고 반드시 그 사내이사가 근무시간 내내 사무실에 상주하고 있을 필요는 없는 것과 같은 이치입니다. 사무실 밖에서 영업활동 등의 외근을 할 수도 있는 것이고, 개인사유가 있을 때는 다른 직원들에게 업무를 위임하고 결근을 할 수도 있는 것이지요.

즉, 현장대리인, 책임감리원과 같이 반드시 상주가 필요한 직책은 비상근으로 근무할 수 없겠지만, 각종 기술용역업체 등은 경우에 따라 경영진과 협의만 되면 일부 직종에서는 비상근직 형태로도 근무가 가능하다는 것입니다.

개인사업자 프리랜서 활동과 병행하여 비상근직으로 정식 근로계약도 가능하다는 것이지요. 애초에 근로계약서를 작성할 때 외근 등의 개인 활동을 할 수 있다는 조항을 근로계약서에 첨부하면 더욱 확실한 근거가 될 것입니다.

〈비상근직 근무조건을 명시한 근로계약 사례〉

근 로 계 약 서

(사용자, "갑")	명　　칭	시험원 ㈜ 대표이사	
	소 재 지		
	전화번호		
(근로자, "을")	성　　명	박춘성	(주민등록번호:　　　　　)
	주　　소		
	전화번호	010-	

▨▨▨▨시험원 ㈜ 에 재직 중 근로기준법을 성실히 준수 할 것을 서약하고 다음과 같이 근로계약을 체결한다.

제1조 (목적)
본 근로계약서는 "갑"과 "을"이 근로계약을 체결함에 있어 임금. 근로시간 등 근로조건을 정하는 것을 목적으로 한다.

제2조 (근로계약기간)

구　분	정규직 (O)	계약직 ( )
근로계약기간	201▨-06-01　~　정년시까지	
수 습 기 간	본인은 "갑"의 관련규정에 의거 채용일로부터 _3_개월간 수습근로자로 처우함에 이의를 제기하지 아니한다. ( )	

제3조 (근무장소)
"을"의 근무 장소는 ▨▨▨시험원 ㈜ 강릉 및 외근 (으)로 한다. 다만 "갑"은 인사명령에 의거 "을"의 근무 장소를 변경할 수 있으며 "을"은 이에 이의를 제기하지 않는다.

제4조 (담당업무 및 직위)
"을"의 담당업무는 기술팀 직위는 원장 (으)로 한다. 다만, "갑"은 인사명령에 의거 "을"의 담당업무를 변경할 수 있으며 "을"은 이에 이의를 제기하지 않는다.

　　이 경우, 회사 측에서는 근로시간이 줄어드는 만큼 급여수준도 적게 책정할 것입니다. 하지만 그만큼의 시간을 자유로이 활용할 수 있다는 장점이 있습니다. 게다가 프리랜서 활동을 하려면 기본적으로 4대 보험 문제가 해결되어야 하는데, 개인사업자를 등록하지 않고도 이러한 고민을 해결할 수 있는 가장 수월한 방법인 것입니다.

　　본인이 직접 개인이나 법인사업자를 설립하여 스스로 사내이사로 선임 후 4대 보험을 등록하는 것도 하나의 방법이겠지만, 아직 본인이 사업자를 등록하기에는 역량이 부족하다고 판단된다면, 이런 비상근 직 근로계약 방법으로 본인의 기술력이 필요한 회사에 소속되어 기본 적인 4대 보험 문제를 해결하는 것도 좋은 방법이라 생각합니다.

또한, 금액은 조금 적더라도 매월 고정소득이 확보되므로 소득 유 형 다변화에도 좋은 효과가 있다고 생각합니다.

〈비상근 근무 급여 사례〉

201■년 ■월분 급상여명세서			
회사명 : ■■■■■■■ 시혈원 주식회사			
사원코드 : ■■■■■■	사 원 명 : 박춘성	입 사 일 : 201■■■-01	
부 서 : 기술팀	직 위 : 원장	호 봉 :	
지 급 내 역	지 급 액	공 제 내 역	공 제 액
기본급	1,565,000	국민연금	108,670
식대	100,000	건강보험	78,000
차가운전보조금	200,000	장기요양보험	8,630
교통비		고용보험	15,690
식비수당	250,000	기타징수분	
가족수당	100,000	소득세	4,610
기타수당	500,000	지방소득세	460
연장수당		농특세	
지 급 액 계	2,715,000	공 제 액 계	214,060
차 인 지 급 액			2,500,940

귀하의 노고에 감사드립니다.

비상근으로 소속된 회사에서 담당할 프로젝트가 있을 때는 출근하 여 업무를 보다가 각종 외래강의나 심의, 자문, 컨설팅 등 프리랜서로 서 일거리가 있을 때는 당당히 개인 업무를 수행하는 것이지요.

제 짧은 경험에 의하면, 기술직으로 프리랜서를 시작하고자 한다 면, 본인이 개인이나 법인사업자로서 설립 및 운영에 대한 완벽한 준 비가 되어있지 않는 한 우선 이러한 비상근직 단계를 한 번 거치는 것 이 더욱 효과적인 방법이라고 생각합니다.

저 역시도 교육기관의 전임교수직을 퇴사 후 기본적인 4대 보험과 고정소득 확보를 위해, 처음에는 시설물 안전관리 업체에, 그다음에는 건설 품질관리 업체에서 겸직하였으며, 제가 책임자로 선임된 과업 수행 시에는 항시 상주하여 과업을 수행하였고, 맡은 과업이 없을 때는 여유 시간을 자유로이 활용하여 각종 프리랜서 업무를 수행했습니다.

프리랜서 업계에 어느 정도 안착해 보니 이제 개략적인 비상근직의 급여수준 시세가 눈에 보이기 시작합니다. 통상적으로 기술사를 보유하신 특급기술자의 경우 분야마다 차이는 있지만, 경쟁자가 많은 분야에서는 월 100만 원 내외를 그 급여로 받으시고, 상대적으로 경쟁자가 적은 희소한 전문 분야에서는 월 200~300만 원 정도 수준에서 비상근 급여가 형성됩니다.

여기서 특별히 참고해야 할 내용이 있는데, 단순히 이중 취업, 즉 4대 보험을 2개 이상의 회사에 중복으로 가입하는 것은 절대 불법이 아닙니다. 「공무원법」과 같이 일부 법령에 의해 명백히 겸직이 불가하다고 법에 명시된 직종을 제외하고는, 소속 기관(업체)장의 승인만 받으면 다중 취업(겸직) 및 4대 보험 중복 가입도 법적으로 가능합니다. 모두 제가 관련 정부부처에 직접 국민신문고를 통해 질의 회신하여 확인한 사항이며, 4대 보험 비용은 벌어들이는 소득에 비례하여 분납 처리하면 될 것입니다.

하지만 아무리 비상근직이라 할지라도 만약 선임만 해놓고 전혀 출근조차 하지 않는다면, 자격증만 회사에 맡겨놓는 것과 다를 바 없으므로 자격증 편법대여로 법적 문제의 소지가 될 수 있으니, 자격증 대여는 절대로 하지 않도록 주의하여야 할 것입니다.

〈겸직(이중 취업)에 대한 국토교통부의 국민신문고 회신의견〉

처리결과 (답변내용)	2. (회신 내용) o 「⬛⬛⬛⬛⬛법」 및 하위법령에서는 ⬛⬛⬛⬛⬛⬛⬛ ⬛⬛⬛⬛ 겸직을 금지하는 사항은 없으므로, ⬛⬛ 기관과의 협의를 거친 후 다른법령에 의한 ⬛⬛⬛⬛ 활동 등 별도의 겸직이 가능할 것 으로 판단됩니다. 3. 본 민원과 관련하여 다른 문의사항이 있으시면 건설산업과 ⬛⬛ ⬛⬛⬛⬛⬛⬛⬛⬛⬛)로 연락하여 주시기 바랍니다. 감사합니다. 붙임 : 민원신청서 1부. 끝.

〈겸직(이중 취업)에 대한 고용노동부의 국민신문고 회신의견〉

라. 다만, 산업안전보건법에 따른 지정기관에서의 소정근로시간 외 취업하는 자체에 대하여 제한하는 것은 아니므로, 해당 지정기관의 지정 인력으로 등록되어 업무를 수행하는 근로시간 외에 타 업무에 취업하는 것은 지정인력 업무에 지장이 없는지 여부를 확인하여 지장이 없는 범위 내에서 가능함을 안내해 드리니 참고하시기 바랍니다.

마. 우리 고객상담센터의 상담은 질의한 사실에 한정하여 법령과 행정해석 등을 참조하여 작성하는 것이므로 별도의 법적인 효력을 부여하는 결정이나 판단은 아닙니다. 개별 사안에 대한 보다 구체적인 내용은 사업장 소재지 관할 지방고용노동관서 산재예방지도과에 문의하여 주시기 바랍니다.

기술직 프리랜서
업무유형(비고정소득)

○ 학회 및 협회 활동으로 소득 올리기

　우리나라에는 분야별로 학회들이 있습니다. 제가 속해 있는 토목 분야만 하더라도 토목학회, 지반공학회, 지반환경학회, 강구조학회, 콘크리트학회 등 이루 다 열거하지 못할 정도로 많습니다. 안전보건 분야를 보더라도 안전학회, 보건학회, 건설안전학회, 건설보건학회 등 수 많은 학회가 존재합니다.

　기본적으로 이런 학회 활동을 가장 적극적으로 하시는 분들은 당연히 각 대학교의 해당 전공 교수님들과 그 문하의 석·박사 연구원분들일 것입니다. 또한, 관련 업계에서도 신기술 동향 파악 및 교수님들과의 빠른 정보공유를 위해 관련 학회에 일부 가입할 것입니다.

　협회 역시 학회와 많이 유사합니다. 저의 경우에도 한국기술사회, 지하안전협회, 건설기술인협회 등에 평생회원으로 가입되어 있는데, 이렇게 학회나 협회의 회원이 많아져 회비 수익이 늘어나고, 관련 정부부처나 공공기관이 발주하는 몇몇 사업을 수주하게 되면 학회나 협회는 더욱더 활발한 활동을 하게 됩니다.

　예를 들자면 지역별로 세분화된 지역 운영위원회 행사를 개최하거나 세부 분과별로 나누어 분과별 세미나를 개최하는 등의 많은 활동을 벌이게 됩니다.

이런 위원회 및 세미나 등에 운영진 또는 발표자로 참여하게 되면 이 또한 각종 활동비가 지급되지요. 물론, 그 활동비가 엄청나게 큰 비용은 아닙니다. 세미나에서 강연하는 경우에는 시중의 강사료를 기준으로 적용해 주는 경우가 보통이고, 그 외 각종 운영회의 참석수당은 교통비보다 좀 더 여유 있게 지급되는 수준입니다.

하지만 프리랜서 초기에는 일도 별로 없고 시간도 많을 텐데 놀면 뭐합니까? 이렇게 학회나 협회 활동에 참여하면 최소한 인건비와 교통비는 벌 수 있습니다. 게다가 더 큰 효과가 있습니다. 바로 대학교수님 등 그 분야의 저명하신 전문가분들과 자주 인사드리며 좋은 인맥을 형성할 수 있다는 것입니다. 즉, 학회, 협회 활동을 통해 엄청난 인맥을 구축할 수 있다는 것이 가장 큰 장점이지요.

제가 프리랜서로 활동해 보니 가장 뼈저리게 느끼는 부분인데, 절대 혼자서 할 수 있는 게 아무것도 없습니다. 프리랜서가 혼자서 할 수 있는 것이라고는 오직 자기계발을 통해 학위나 자격 등 본인의 스펙을 높이는 것밖에는 없습니다.

돈을 벌어야 먹고살 수 있는데, 그 돈을 벌려면 주변에서 추천해 주고 소개시켜 주고 끌어 주어야만 일이 들어오는 것입니다. 그러므로 인맥이라는 것은 매우 중요하며, 특히나 프리랜서들에게는 밥벌이와 직결된다고 할 수 있겠습니다.

이런 인맥 형성 측면을 봤을 때, 학회 및 협회 활동은 가장 가성비가 좋은 최고의 수단이라 할 수 있겠습니다. 1년에 4만 원 정도 하는 저렴한 회비로 엄청난 좋은 인맥을 만들 수 있다는 게 가장 큰 장점입니다.

프리랜서 시작 초기에는 아직 고정소득원이 그리 많지 않을 테니, 이와 같은 이유로 초기 때는 이런 학회 및 협회 활동에 적극적으로 참여해 보실 것을 권유해 드립니다. 어느 정도 프리랜서로서 안착하게 되면 통상 2~3주 전에 일정이 모두 꽉 잡혀 버리기 때문에 어차피 학회나 협회 활동을 하고 싶어도 시간을 내기가 어려워 참여가 힘들 때가 올 것입니다. 그때는 본인만의 기준을 정하여 참여 빈도를 조절하면 되겠습니다.

이렇듯 학회나 협회 활동도 분명히 많은 이득을 남길 수 있는 프리랜서 비고정소득 유형 중 하나입니다. 그래서 프리랜서로서의 최고 장점인 시간 조절 능력을 잘 활용하여 이런 활동에 많이 참여하신다면 소득 창출은 물론이고 관련 분야의 다양한 인맥까지도 형성할 수 있으리라 생각합니다.

〈학회 및 협회 활동 사례〉

○ 기술자문 및 심의 활동으로 소득 올리기

각 공공기관에서는 「건설기술진흥법」 등 관련 법령에 의거하여 기관마다 기술자문 및 설계심의, 안전점검 등의 활동에 반드시 외부 전문가를 포함하게 되어 있습니다. 이런 외부 전문가는 맡은 역할에 따라 불리는 호칭이 다양한데 이 책에서는 이런 모든 유형을 통틀어 '자문위원'이라고 표현하겠습니다.

우리나라에는 수많은 국가기관 및 지자체, 공공기관들이 있습니다. 이런 기관들 역시 발주청, 지자체, 공기업, 인허가기관 등 매우 다양한 호칭으로 불리는데, 이 역시도 이 책에서는 '공공기관'이라고 통칭하겠습니다.

이런 공공기관에서는 매년 중앙정부 및 지자체로부터 예산을 배정받아 사업을 집행합니다. 이와 관련하여 제가 속해 있는 건설 분야를 기준으로 설명을 드려보겠습니다. 건설사업의 흐름은 '계획-타당성검토-설계-시공-완공-유지관리-폐기처분'의 생애주기(Life cycle)를 가지고 진행됩니다. 이때 단계별로 적절한 시기에 외부자문위원의 의견을 반영하는 과정을 거칩니다.

계획 단계에서는 주민설명회 등을 개최하여 지역사회의 의견을 들을 것이나, 설계 단계부터는 기술적으로 전문성을 요하므로 관련 법령에 근거하여(건설 분야의 경우에는 「건설기술진흥법」 제6조에 근거) 단계별로 외부 전문가들을 자문위원으로 초빙하여 전문적인 검토 의견을 듣습니다. 즉, 자문위원이라는 것은 공공기관의 사업추진 중 단계별로 적절한 기술적 의견을 제시해 주는 외부 민간 전문가를 의미합니다.

세상에 공짜는 없습니다. 이런 자문위원 활동 역시 전문가로서 소중한 시간을 할애해야 하므로 당연히 수당을 지급받습니다. 통상 하루에 6시간 이상 참여하는 경우에는 40만 원 내외, 반나절의 경우에는 30만 원 내외, 그리고 1~2시간 정도로 짧게 참여하는 경우에는 20만 원 내외의 비용이 수당으로 책정됩니다.

모든 경우가 다 이런 것은 아니고 이보다 훨씬 저렴한 업무도 많이 있습니다. 어떤 자문 업무는 반나절에 6~7만 원 정도 책정되는 업무도 있는데, 이러한 업무는 전문적인 지식을 요구하기보다는 단순히 공정성과 투명성 확보를 위해 외부 민간인이 정책결정 과정에 참여했다는 근거를 만들기 위한 형식적인 행위가 대부분이므로 구태여 고급 기술인력 수준까지는 요구하지는 않습니다.

또한, 고급인력을 필요로 한다 하여도 기술사나 박사급의 고급 인력은 앞서 언급한 경우와 같이 수당이 현저히 적으면 구태여 그 업무에 참여하지 않습니다. 시간당 10만 원 이상 되는 일들도 엄청 많은데 반나절에 6~7만 원밖에 못 받는 것을 하려 하지는 않습니다.

건설 분야의 경우, 여러 생애주기 단계 중에서 특히 설계단계와 유지관리 단계에서 이런 외부자문위원 활동 요청이 많이 발생합니다. 발주청인 공공기관 입장에서는 설계회사에 설계용역은 맡겼지만, 설계를 똑바로 잘해 왔는지, 예산 절감이 더 가능한 항목은 없는지 등을 검증받기 위해서 설계VE(가치공학) 심의나 특정공법 선정심의 등의 기술자문을 받는 것이고, 유지관리 기간 중에는 일정 주기별로 시설물의 안전상태 평가심의나 및 보수공법의 적정성 등을 의견 듣는 자문위원 활동이 다수 요구됩니다.

이 외의 시공단계에서도 각 발주청 및 지자체에서는 안전사고 예방을 위해 외부자문위원에게 안전점검을 요청하기도 합니다. 이것 말고도 각종 신공법, 신기술 선정에 대한 적정성 심의와 태풍 등 자연재해에 대한 긴급 피해복구 비용의 적정성 심의 등 셀 수 없을 정도로 다양한 분야에서 많은 자문위원들의 활동을 필요로 합니다.

이런 자문위원을 할 수 있는 인력조건은 대부분의 공공기관이 거의 유사합니다. 원자력 시설이나 1급 군사기밀 시설 등 일부 국가 핵심시설에 대한 외부자문은 극도의 보안과 최고의 전문성이 요구되기에 해당 분야 최고위 공무원 및 국공립대 정교수분들을 대상으로만 선정하기도 하지만 이런 경우는 흔치 않고, 대부분의 자문위원 선정기준은 다음의 예시와 대동소이합니다.

건설 분야를 기준으로 말씀드리자면, 기술사 1개만 있어도 자문위원으로 할 수 있는 업무가 매우 다양합니다. 그리고 구태여 기술사 자격이 없더라도 해당 분야에서 공인되는 특수한 실무경력이 있다면 그 또한 외부자문위원으로 지원이 가능합니다.

〈외부자문위원 자격요건〉

□ 기술자문위원의 자격

자격요건
가. 건설업무와 관련된 행정기관의 4급 이상 공무원 또는 고위공무원단에 속하는 일반직 공무원
나. 건설관련 단체의 임원 및 투자기관의 1급 이상 임직원
다. 건설관련 연구기관의 책임연구원(선임연구위원)급 이상의 연구원
라. 당해분야 대학의 조교수급 이상인 사람
마. 「국가기술자격법」에 따른 당해분야의 기술사 또는 「건축사법」에 따른 건축사 자격을 취득한 사람
바. 당해 분야 박사학위를 취득한 후 그 분야에서 3년 이상 연구 또는 실무경험이 있는 사람
사. 당해 분야 석사학위를 취득한 후 그 분야에서 9년 이상 연구 또는 실무경험이 있는 사람
아. 설계 및 시공의 경제성 등 검토(VE)에 대한 해박한 지식이 있는 사람
자. 그 밖에 시민단체 등이 추천하는 건설공사 경험과 학식이 풍부한 사람

이번에는 이런 자문위원 활동을 어떻게 시작할 수 있는지를 설명해 드리겠습니다. 기본적으로 정부부처 및 지자체, 기타 공공기관의 홈페이지 공지사항을 보면 그때그때 기관별 필요에 따라 외부자문위원 모집공지를 올립니다.

그래서 가장 확실한 방법은 본인의 분야와 관련된 모든 공공기관의 홈페이지를 즐겨찾기에 추가해 두고 수시로 사이트 공지사항란에 들어가 새로운 모집공지가 있는지 확인하는 것입니다. 하지만 이렇게 모든 공공기관 사이트를 다 검색하다 보면 시간 손실이 엄청날 것입니다. 그래서 시간관리를 위해 제가 주로 이용하는 방법은 각종 협회나 학회의 사이트를 이용하는 방법입니다.

기본적으로 대부분의 공공기관은 공정성 확보를 위해 관련 분야의 권위 있는 협회나 학회 게시판에 자문위원 모집공고를 같이 공유하여 게재합니다. 앞서 예로 든 것처럼 간혹 국가 핵심 중요시설 등은 비공개로 자체적으로 자문위원을 선발하기도 하지만, 일반적으로 대부분의 기관은 다음 예시와 같이 관련 협회나 학회에 같이 공지를 올립니다.

〈자문위원 모집공고 게시판 - 한국기술사회, 건설기술인협회〉

　제가 가장 많이 참조하는 사이트는 한국기술사회인데, 아무래도 기술 분야 최고등급 자격인 기술사로 구성된 협회이다 보니 각종 자문위원 모집공지가 최우선으로 게재되고는 합니다. 기술사회 외에도 저의 경우 지반공학회, 건설기술인협회 등 제 업역과 관련성이 큰 기관은 수시로 같이 확인합니다.

　이 외에도 앞서 안내해 드린 바와 같이 구태여 외부 사이트에 공유하지 않는 공공기관 중에서도 제 업역과 관련이 있는 기관들의 사이트는 즐겨찾기를 설정해두고 매주 1~2회 주기적으로 공지사항을 확인하여 외부자문위원 모집공고가 있는지를 검색합니다. 저는 주로 항만건설기술에 대한 경험이 많으므로 해양수산부나 각 지방 해수청, 어촌어항공단, 항만공사 등을 찾아봅니다.

　자문활동의 유형은 크게 개별 서면심의와 단체미팅의 두 가지 방법이 있습니다. 서면검토는 간단한 사항이나 구태여 모여서까지 토론할 필요가 없는 소규모 안건에 적용하며, 설계도서 등 관련 자료를 전자메일 또는 우편 택배로 받아서 자문위원들이 각자 검토의견을 작성하여 메일로 공공기관에 제출하는 형식입니다. 이 서면검토 방식은 시간을 많이 빼앗기지 않다 보니 통상 자문료는 적게는 건당 5만 원부터 많게는 20만 원 정도로 책정됩니다. 비용이 크지는 않지만 언제든 짬짬이 할 수 있는 업무이니 매우 편리하고 간단한 소득 유형이라 할 수 있겠습니다.

〈서면검토 자문 사례 - 요청공문, 검토의견서, 수당청구서〉

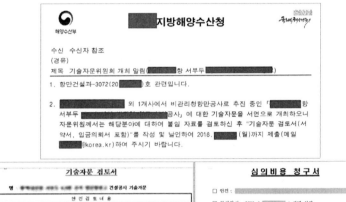

단체미팅 형식은 상대적으로 중요도가 높아 관련자들 간의 상호 협의가 필요하거나, 높은 수준의 공정성과 보안성이 요구될 경우 공공기관 내 회의실 등에서 직접 자문회의를 수행하는 것입니다. 건설 분야업무유형 중 설계경제성 검토 심의를 예로 들어 보자면, 대부분의 심의에 현지답사가 일정에 포함되어 있는 관계로 실제 그 사업 대상 지역에서 회의를 갖는 경우가 많습니다. 현장답사를 한 후 구체적 안건에 대해 논의를 하여 심의 의견을 확정하는 방식으로 진행되는 것이지요.

단체미팅 형식은 아무래도 시간이 더 많이 소요되기에 이에 대한
자문료는 1일 기준으로 30~40만 원 정도를 지급합니다. 앞서 설명해
드렸던 한국엔지니어링협회에서 공표하는 기술등급별 인건비를 반영
한 것인데, 건설 분야 최고등급인 기술사의 하루 일당이 약 37만 원
으로 책정되어 있기에 이를 참조한 것이지요.

〈단체미팅 자문 사례 - 건설현장 안전점검 및 기술자문회의〉

〈단체미팅 자문 사례 - 신기술 신공법 선정심의〉

연구과제 평가단 위원 안내

"국토교통기술사업화지원" 사업 연구개발과제 연구과제 평가단
위원으로 승낙해 주셔서 감사합니다.

우리원은 「부정청탁 및 금품 등 수수의 금지에 관한 법률」에 따라
수당을 아래와 같이 지급하고 있습니다.

< 지급 기준 >
400,000원(8시간 초과)
• 서울·경기·인천 이외 지역인 경우 교통비 별도 지급.
• 위원장으로 선정된 경우 위원장수당 50,000원 추가

이 외에도 각 공공기관의 특성을 반영하여 일부 다르게 운영되는 자문위원 활동도 있습니다. 하지만 대부분의 자문위원 활동은 앞에서 언급한 두 가지 형식으로 진행됩니다. 수당이 그리 크지는 않지만, 이 또한 엄연히 기술직만이 할 수 있는 최고의 프리랜서 업무유형 중 하나라고 할 수 있겠습니다.

제가 가장 좋아하는 자문위원 활동 중에는 여객선 국민안전감독관 업무가 있습니다. 해양수산부 주관으로 매년 해운항만시설 전문가를 선발하여 여객선 및 항만시설의 안전관리에 대해 암행감독 활동을 하는 것입니다. 이 활동을 하면 모든 여객선을 무료로 이용할 수 있습니다. 또한, 기타 교통비는 실비 지급되며 공무원 여비 규정에 의거하여 큰돈은 아니지만 소소하게 식비 정도는 추가로 받을 수 있습니다.

그래서 날씨 좋은 봄, 가을철이면 주말에 인근 섬으로 여객선을 타고 유람을 하러 가듯 암행 안전감독 활동을 자주 갑니다. 즐거운 기분으로 섬 나들이를 하러 가는 것이지요. 이 활동이 참으로 재미있습

니다. 한 번도 가 본 적 없던 섬으로 여행도 다니고 국가 여객시설의
안전성 향상에도 크게 기여하고, 게다가 2019년 연말에는 이 여객안
전감독관 자문활동 성과가 우수하다 하여 해양수산부 장관님으로부
터 표창장까지 수여받기도 하였습니다. 그야말로 일석삼조입니다.

〈해양수산부 여객선 안전감독관 활동 사례〉

　노후에 자녀를 다 키웠으면 마땅히 큰돈 들어갈 일도 없을 텐데 이
럴 때 이런 자문위원 활동을 주로 한다면 이만큼 뜻깊은 프리랜서 활
동은 없을 것 같습니다. 국가와 지역사회의 안전과 발전에도 큰 기여
를 하면서 자문료도 받아 소소하게 용돈 벌이도 하고… 아마도 노후
에 할 수 있는 업무유형 중에서도 가장 품위 있고 명예로우며 멋진 일
이라고 생각합니다.

　그럼 이런 자문위원 활동은 무조건 나이가 많아야지만 가능할까

요? 그렇지 않습니다. 연배가 높으셔도 신체만 건강하다면 충분히 지속하실 수 있지만 가장 활발하게 많은 활동을 하는 평균 연령대는 50대입니다. 제가 경험해 보니 자문위원 활동에 눈을 뜨시는 분들의 연령대는 거의 정년을 앞둔 50대 중후반이셨습니다.

그리고 자문위원 활동을 하시는 분들은 대부분 설계회사의 임원으로 근무하시는 분들이 가장 많았습니다. 설계회사에서 근무하며 기술사를 취득하시고 전성기를 누렸으나, 50대 중후반부터는 후배들이 치고 올라와 슬슬 일을 줄이며 거의 비상근직 개념으로 현직에서 밀려나다 보니 그때서야 시간 여유가 생겨서 이런저런 자문위원 활동을 알아보시는 분들이 대다수였습니다.

앞에서도 언급했지만, 건설회사나 감리회사에 소속되신 분들은 거의 이런 활동을 하지 않으십니다. 왜냐하면 기술사나 박사학위가 없으신 분들이 설계회사에 비해 상대적으로 많기도 하고, 업무에 치이다 보니 이런 활동이 있는지도 모르시고 또한 알아도 도전해 보고자 하는 생각 자체를 안 하십니다. 게다가 이분들은 무조건 상근직 근무밖에 할 수 없는지라 소속 사업장을 이탈하는 데 많은 어려움이 있으실 것입니다.

이렇듯 주로 자문위원으로 활동하시려는 분들은 50대 후반 분들이 많으신 반면에, 각 공공기관에서 희망하는 자문위원의 연령대는 40대 중후반 정도를 가장 선호합니다.

그 이유를 뜯어 보자면 우선 아직 은퇴하지 않은 현역이기에 은퇴하신 분들보다는 최신 동향에 대해 더 많이 알고 있다고 생각되는 부분도 있고, 또한 각종 심의나 자문을 받을 때 각 공공기관에서는 가급적이면 기관 내부적으로 결정된 기준을 넘지 않기를 바라는데, 연배가 지긋하신 몇몇 자문위원분은 이러한 공공기관의 상황(예산 등)은 전혀 고려하지 않고 오직 본인 주관대로만 밀어붙이시는 옹고집형 분들이 일부 계시기 때문입니다.

그렇기에 스펙에 큰 차이가 없다면 40대에서 50대 중반까지의 전문가를 자문위원으로 더 선호하는 경향이 있습니다. 40대 중반보다 나이가 더 젊으신 분들 또한 그리 많은 기회가 주어지지는 않습니다. 기술 발전이 눈부신 속도로 변화하는 IT, AI 등의 일부 분야는 젊은 사람들에게 많은 기회를 줄지 모르겠으나, 제가 종사하는 건설 분야에서는 그렇지 않습니다.

제 경험에 비추어 봤을 때, 아무리 본인 학벌이 좋고 기술사를 보유하고 있더라도 30대까지는 자문위원 위촉 기회가 쉽게 주어지지 않습니다. 물론 아예 안 뽑는다는 것은 아닙니다. 간혹 일부 공공기관에서는 정말 인간의 사적 판단이 들어가지 않고 경력, 자격, 학력 조건들을 점수화해서 순전히 고득점자순으로 선발하는 경우도 있습니다.

즉, 순전히 제 경험에 의한 개인적인 의견이지만 나이가 젊더라도 본인이 경력관리를 꼼꼼히 잘하여 그 분야에서 15년 이상의 경력이 있다면 충분히 경쟁력이 있다고 생각합니다. 하지만 상식적인 수준에서 봤을 때 군 복무 및 대학 졸업 후 15년 경력을 쌓으려면 40대 중반은 넘어야 하는 게 현실이기에 그리 많은 경우는 아니라고 할 수 있습니다.

어찌 보면 저야말로 정말 특이한 케이스였습니다. 저는 공고 3학년 때부터 취업을 나가서 그때부터 건설기술인협회 가입을 통해 경력 관리를 꼼꼼히 해 왔고, 이후 군 복무도 직업군인(공병 부사관)으로 복무하며 모두 기술 경력으로 공인받았으며, 학사 학위는 일과 병행하여 독학으로 취득하고, 석사 및 박사학위 모두 현업과 병행하여 야간 과정으로 취득하였습니다.

　그렇기에 19살 때부터 관련 기술경력이 쌓이기 시작하여 제가 대기업 건설회사를 퇴직한 38살 때 이미 경력이 근 20년 차가 되었던 것입니다. 그러니 프리랜서를 처음 시작한 나이가 비록 30대 후반이었지만 이러한 사유로 프리랜서 초창기 때부터 몇몇 자문위원에 위촉되어 활동할 수 있었던 것이라 여겨집니다.

　제가 프리랜서로서 자문위원 활동을 많이 해 보니, 젊을 때부터의 꼼꼼한 경력 관리가 매우 중요하다고 생각합니다. 각종 심의나 자문에 참여하여 동료 위원분들과 인사를 나눠보면 저 외에는 대부분이 50대 중후반 이상이었습니다. 솔직히 말씀드려서 올해 제 나이가 41살인데, 여태껏 저보다 나이가 어린 자문위원은 단 한 명도 본 적이 없습니다. 이런 현황을 종합적으로 고려해 봤을 때 저는 운이 좋아 잘 풀려서 제 또래에 비해 근 15년은 먼저 앞장서 있다는 생각을 하게 되었습니다.

　끝으로 자문위원 활동에 많이 참여하여 안정적인 소득을 올릴 수 있는 팁을 한 가지만 더 공유해 드리겠습니다. 간단합니다. 기회가 될 때마다 공공기관에 많이 신청하시면 됩니다. 아무것도 안 하면 아무 일도 안 일어납니다. 정말 셀 수 없을 정도로 많은 기관에 기회가 될 때마다 계속 신청하시면 그만큼 많은 기회가 주어질 것입니다.

　그리고 왜 이렇게나 많은 기관에 자문위원으로 위촉되어야 하는지를 말씀드리자면, 제가 해 보니 각 공공기관에서 자문위원들을 많이 뽑아 놓지만, 많이 불러주지는 않습니다. 대부분의 기관이 많아야 1년에 2~3회 정도 요청을 줍니다. 그리고 이마저도 전화 연락이 왔을 때 제때 받아서 참석 가능하다는 의사를 밝혀야지만 주어지는 기회이며, 전화를 잘 받았어도 마침 그 일자에 다른 일정이 중복된다면 참여가 불가능합니다.

그렇기에 엄청나게 많은 공공기관에 자문위원 위촉을 받아놔야지만 여러 기관에서 자문위원 참여 요청이 왔을 때 일정을 조율하면서 최대한 많이 자문활동에 참여하실 수 있는 것입니다.

저의 경우 현재 대략 40여 개 공공기관에 자문위원으로 등록되어 있습니다. 그러다 보니 돌아가면서 연락이 와서 평균적으로 한 달에 2~3건 정도 자문 활동에 참여하는 것 같습니다.

물론, 제가 강의 등 다른 일정으로 바빠서 요청 전화를 제때 못 받아 놓치는 경우도 매우 많습니다. 만약 적기에 연락을 받고 요청에 응했다면 아마도 짐작건대 40여 개 기관에 등록되어 있다면 한 달에 5일 정도는 자문위원 활동을 할 수 있지 않을까 싶습니다.

〈공공기관 자문위원 활동 사례 - 자문위원 위촉식〉

〈공공기관 자문위원 활동 사례 - 폐광 복원사업 관련〉

〈공공기관 자문위원 활동 사례 - 안전점검〉

 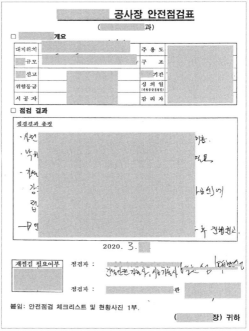

○ 공공기관만 자문이 필요한 게 아니다-민간 자문

반드시 공공기관만이 전문가의 자문이 필요한 게 아닙니다. 저희가 법에 대한 자문이 필요할 때는 변호사를 찾아가고, 의학적 자문이 필요할 때는 의사를 찾아가듯이, 기술적 자문이 필요할 때는 기술사 등 그 분야의 전문가에게 자문을 받을 수 있습니다.

자문을 요청하는 사람이 아주 가까운 지인이거나 또는 자문 요청 사항이 지극히 소소한 내용이라면 무상으로 자문해 줄 수도 있겠으나, 상당한 기술적 검토가 필요하고 시간을 들여서 의견서 작성까지 필요하다면 당연히 적정 비용을 받아야 할 것입니다. 세상에 공짜는 없는 법이니까요. 그리고 공짜 조언은 들어봤자 그 내용들은 별로 도움이 되지 않습니다. 제대로 된 자문의견을 받으려면 그에 합당한 대가를 치러야겠지요.

여러 사유로 민간 기업 및 개인에게서도 종종 기술자문 요청이 들어옵니다. 저의 경우 비용은 공공기관 자문수당과 비슷한 수준으로 받고 있으나 민간 자문은 공공기관 자문보다 업무량이 과다한 경우가 종종 있습니다.

예를 들자면, 자문 의견서 제출기한이 매우 촉박한 상태로 요청을 주시거나, 아니면 검토할 설계도서의 분량이 매우 많다거나 하는 등입니다. 이런 특수한 경우에는 부득이하게 더 많은 시간이 필요한 만큼 자문 비용 역시도 조금 더 발생합니다.

민간 자문 유형 중 가장 많은 유형이 법령에 의거한 기술사의 직인 날인 또는 확인 서명 요청인데, 대부분이 안전성 검토 분야입니다. 그렇기에 구조기술사 및 토질기술사는 민간 자문으로 수익을 올리기가 다른 종목의 기술사보다 훨씬 용이합니다. 이분들은 확인 서명 한 번에 기본 200만 원 이상으로 시세가 책정되어 있습니다.

다른 안전성 검토의 직인 날인 사례로는 「산업안전보건법」에 의한 유해위험방지계획서 검토 업무인데, 건설업을 예로 든다면 유해위험방지계획서를 안전보건공단에서 심사받기 위해서는 반드시 사전에 전문가의 검토 확인을 받게 되어 있습니다. 이 전문가 확인은 통상 건설안전기술사가 날인하는데, 이 경우 한 건당 평균 30만 원 정도로 시세가 책정되어 있습니다.

앞서 예를 들었던 구조검토 분야와는 시세 차이가 꽤 크게 나는데, 책임의 무게감에 따라 비용이 다르다고 이해하시면 되겠습니다. 구조검토는 그 기술사가 최종 검토자이기에 만약 검토 승인한 구조계산이 무언가 잘못되어 문제가 된다면 그 검토자는 그에 따른 법적 책임을 같이 져야 합니다. 만약 인명 피해까지 발생했다면 형사처벌까지도 받을 수 있겠지요. 하지만 유해위험방지계획서의 경우는 아무리 건설안전기술사가 사전 검토를 했다 해도 최종 심사-승인권자는 안전보건공단에서 선임한 심사관들에게 있으므로, 사전 검토자의 책임 정도는 현격히 낮아질 것입니다.

즉, 사전 검토한 사람에게 책임을 묻기 전에 안전보건공단에서 선임한 심사관들이 먼저 책임을 져야 하겠지요. 그런 책임감 정도의 차이가 자문 비용에 반영되어 있다고 이해하시면 되겠습니다.

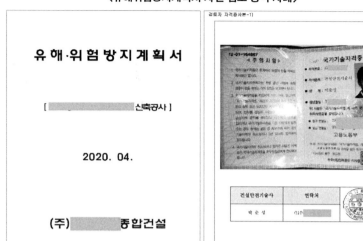

■ 산업안전보건법 시행규칙 [별지 제26호서식]

건설공사 유해 · 위험방지계획서

접수번호		접수일자		처리일자		처리기간 :	15일
계획서 내용 등	공 사 종 류	일반공사 (갑)					
	대 상 공 사	지상높이 31.0m 이상인 건축물					
	발 주 처			공사도급 금액		00,000,000 원 (VAT 포함)	
	공사착공 예정일	2020. 05.		공사준공 예정일		20	
	공 사 개 요	구 분		공 사 개 요			
		대지면적(㎡)					
		건축면적(㎡)					
		연면적(㎡)					
		건폐율					
		용적율					
		규모		지하1층, 지상15층			
		구조		철근콘크리트조			
		최고 높이(m)					
		최대굴착 깊이(m)					
	본사 소재지						
	예정 총동원 근로자수		참여 예정 협력업체 수		참여 예정 협력업체 근로자 수		
		5,264 명	18 업체		4,928명		
계획서 작성자	성 명					(서명 또는 인)	
	작성자 주요경력	현 장 소 장					
계획서 검토자	성 명	박 춘 성					
	검토자 주요경력	건설안전기술사					

「산업안전보건법」 제48조 및 같은 법 시행규칙 제121조 제2항에 따라 건설공사 유해·위험방지계획서를 제출합니다.

2020 년 04 월 일

제출자(사업주 또는 대표자) ___종합건설___ (서명 또는 인)

한국산업안전보건공단 이사장 귀하

그리고 이런 법적인 업무가 아니더라도 품질, 안전, 항만 등 각 분야의 전문가 자문이 필요한 경우에도 검토의견서를 작성해주고 직인 날인하는 경우도 꽤 있으며, 이 경우 비용은 경우에 따라 천차만별이지만, 통상 하루 이상 이 일에 매달려야 하므로 건당 100만 원 정도로 시세가 형성되어 있습니다.

여기서 말하는 전문가라 하면 일반적으로 관련 법령에 의거하여 기술사 자격 소지자가 그 분야의 전문가로 인정받습니다. 간혹 관련 분야를 전공한 박사학위의 확인 서명을 받아서 제출해도 되냐는 분들이 계시는데, 저희 건설 분야에서는 「건설기술진흥법」 등의 관련 법령에 의거하면 박사학위는 해당 조건이 없고 오직 기술사만이 전문가로 인정받는 것이 현실입니다.

하지만 저와 같은 건설 분야가 아닌 다른 특수한 분야에서는 꼭 기술사가 없더라도 그 분야의 충분한 경력과 학력이 있으시다면 해당 분야의 전문가로 인정받아 자문할 수도 있겠습니다. 다만 이 경우 공인된 자격은 없는 것이므로 자문료의 단가에서 기술사 등급과는 다소 차이가 있을 것입니다.

통상 변호사에게 법률 자문을 받을 경우 건당 약 50만 원 정도로 자문료가 책정되어 있다고 알고 있습니다. 이 또한 변호사의 실력과 능력에 따라 천차만별이겠지만, 일반적인 경우를 말씀드리는 것입니다. 기술사의 경우도 자문료가 일반적으로 건당 100만 원 정도이니, 이런 관점에서 보면 기술사 자격도 변호사 자격에 비해 그 전문성 면에서는 전혀 뒤떨어지지 않는다고 생각됩니다. 이러한 민간 분야의 기술자문도 기술직 프리랜서로서 할 수 있는 비고정소득 업무유형의 한 분야입니다.

<민간 자문 활동 사례 - 민간 하상유지시설 공사 관련 기술검토>

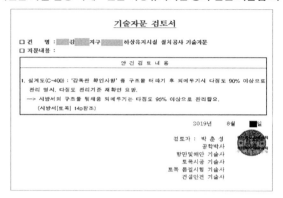

○ 산업인력 양성과정

고용노동부 산하기관인 산업인력공단에서 주관하는 업무 중에는 기술직 프리랜서로서 할 수 있는 일도 꽤나 폭넓고 다양하게 있습니다. 이 또한 별도의 비고정소득 유형으로 볼 수 있습니다. 우선 기본적으로 해당 분야의 적정 기술자격을 보유하고 있으면 그 자격등급 이하의 국가기술자격증 시험에 대한 출제, 채점, 감독, 면접 등에 외부위원으로 참여하여 프리랜서 소득 활동이 가능합니다.

산업인력공단 홈페이지를 검색해 보면 종종 국가기술자격시험 관련 외부 전문위원 인력풀 모집공고가 올라오는데, 이때 지원해 두면 공단 내부 인력풀에 등록되어 있다가 출제 또는 시험감독, 채점, 면접 위원 인력이 필요할 때 심사를 통해 위촉 연락이 오기도 합니다.

이 업무는 꼭 기술사 보유자가 아니어도 가능합니다. 본인 자격이 기사 등급이면 기사 등급 이하 종목의 외부위원으로 지원하면 되는 것이고, 기능사를 보유하고 있다면 기능사 종목의 외부위원으로 신청하면 되는 것입니다.

제가 이 책에서 언급하는 모든 기술직 프리랜서 업무유형들은 반드시 기술사 소지자만이 가능한 게 아닙니다. 일부 특별한 한두 가지 유형을 제외하고는 전부 기사 등급의 자격만 가지고도 충분한 실무 경력만 있다면 수행할 수 있는 업무유형들입니다. 다만 등급에 따른 인건비 시세 차이는 어쩔 수 없겠지요.

국가기술자격시험 관련 업무를 수행할 경우, 제 경험에 의하면 기능사나 기사 등급의 업무는 하루에 17만 원 정도로 외부 전문위원의 수당이 지급되었고, 기술사 등급은 하루에 30만 원 정도가 수당으로 지급된다고 할 수 있겠습니다.

이러한 산업인력공단 관련된 업무는 편차가 크다 보니 소득의 평균치를 산정하기는 어려움이 있지만, 전반적인 시세는 다른 기술직 프리랜서 업역에 비해서 다소 적은 편입니다. 하지만 국가기술자격이라는 공인된 시험제도에 외부 전문위원으로 참여했을 정도의 전문성이 있다고 인정받은 것이기에, 돈을 떠나서 큰 명예와 자부심을 얻을 수 있습니다.

다만, 본인이 언제, 어떤 종목에서 어떤 업무를 수행했었다는 것을 공식석상에서 공개할 경우 보안서약 위반으로 법적 문제가 될 수 있습니다. 그러니 속마음으로만 명예와 자부심을 느끼시고 외부로는 상세한 내용을 공표하지 않으시기를 바랍니다.

〈국가기술자격시험 외부위원 모집공고 및 감독위원 활동 사례〉

국가기술자격시험 출제·검토위원 공개모집

최고의 인적자원개발·평가·활용·지원 중심기관인 「한국산업인력공단」에서 국가기술자격
시험 출제·검토위원을 아래와 같이 공개 모집하오니, 많은 신청 바랍니다.

1. 모집개요
○ 신청기간 : 2020년 9월 30일까지
○ 모집분야 : 한국산업인력공단 시행 국가기술자격 중 공개모집 대상 종목 및 과목
　- 자격종목 상세 내용은 www.q-net.or.kr의 「자격정보」를 참조하시기 바랍니다.

2. 자격요건
○ 자격요건 : 국가기술자격법 시행규칙(고용노동부령 제222호) 별표 16에 해당되는 산업계 전문가
　※ NCS(직무능력표준) 활용가능 현장전문가 우선선정
　※ 단, 시설 학원 강의를 하고 있거나 수험서적(문제집)의 출간에 참여한 사람은 신청하실 수 없습니다.

3. 제출서류 및 방법
○ 제출서류 : 국가기술자격시험 출제·검토위원 이력서, 개인정보제공동의서 학위증명서(해당자에 한함),
　경력증명서(별도서식 없음), 건강보험자격득실확인서 등 4대 보험 가입증명서
　※ 필요(제출)서류 누락 시 인력풀 등재가 되지 않으니 유의해주시기 바랍니다.
○ 제출방법 : 이메일(hrd1@hrdkorea.or.kr) · 경력증명서류는 스캔하여 첨부
　또는 우편접수(봉투 우측 상단에 출제·검토 희망 중·과목 표기)
○ 제출지 : 울산광역시 중구 종가로345 한국산업인력공단 기술자격출제실 신성장산업출제부
　위원공개모집 담당자 앞

4. 위원선정 방법
○ 자격요건 부합여부(자격증, 학위, 경력, 건강보험자격득실확인서 등) 심사 후 적격자에 한해
　출제·검토위원 인력풀 등재
　※ 해당위원과 사전 협의 후 위촉할 예정이며, 경력확인을 위한 전산조회를 할 수 있습니다.

5. 결과통보
○ 신청하신 익월 중순~말 이내 이메일로 자격요건 부합여부에 대한 결과를 알려드립니다.
○ 국가기술자격시험 출제·검토위원으로 선정되신 분에 한해 개별 통보 예정

6. 기타
○ 기타 자세한 사항은 한국산업인력공단 기술자격출제실 신성장산업출제부(052-714-8404)으로
　문의하여 주시기 바랍니다.
○ 제출된 서류는 반환하지 아니하며 허위로 작성하였을 경우 국가기술자격시험 출제·검토위원
　선정이 취소되고, 향후 출제·검토위원 참여가 배제될 수 있습니다.

2020년 3월 11일

한국산업인력공단 이사장

〈국가기술자격시험 외부위원 위촉 안내메일〉

안녕하십니까?

이번 국가기술자격 출제·검토위원 공개모집에 참여해주셔서 대단히 감사드립니다.

2020년도 출제·검토위원 공개모집에 응모하신 귀하의 이력사항을 다각도로 검증해 본 결과 귀하께서 국가기술자격
출제 및 검토위원으로서의 충분한 자격이 있음을 확인하였고, 이에 국가기술자격 문제은행 인력풀에 등재되었음을
알려드립니다.

이는 앞으로 저희 국가기술자격의 위원 위촉 대상이 될 수 있음을 의미하며, 해당 종목의 출제 및 검토 계획에 따라 향후
개별적으로 위촉이 이루어진다는 점 알려드리며,

앞으로도 저희 공단에서 시행중인 국가자격에 따뜻한 관심과 많은 협조 부탁드립니다.

20◯◯ ◯◯ 일

한국산업인력공단 기술자격출제실장

산업인력공단에서의 업무는 국가기술자격시험에 직접적으로 참여하는 이러한 업무 외에도, 저처럼 시간적으로 여유가 있는 우수한 숙련 기술인을 활용하여 산업 분야의 후학들을 양성하기 위한 교육과정도 다수 있습니다.

예를 들자면 실업계 고등학교나 마이스터고교, 직업전문학교 등에서 실무 위주로 도제식 교육과정을 운영하는 것인데, 이 교육과정의 강사진은 산업인력공단의 공개모집 경로를 통해 선발하는 경우도 있고, 각각의 교육기관이 직접 주변에서 추천을 받거나 소개를 통하여 선발하는 경우도 다수 있습니다.

자세한 내용은 제가 실제로 경험해 본 실업계 고등학교의 도제식 교육과정을 바탕으로 구체적으로 설명해 보겠습니다. 저는 먼저 이쪽 분야에서 활발하게 활동 중이셨던 프리랜서 업계의 선배이신 김○○ 교수님께서 소개해 주셔서 실업계 고등학교의 도제식 전문교육 과정에 외래교수로 참여하게 되었습니다.

각 교수별로 본인의 특화된 전문기술 과목을 학생들에게 일주일에 하루씩 돌아가며 교육하는 방식이며, 상세한 강의 일시는 고등학교의 담당 교사와 협의하여 조율이 가능했습니다. 이에 대한 수당은 아무래도 학생들을 대상으로 하는 것이다 보니 통상 시간당 5만 원 정도로 다소 적게 책정됩니다.

제가 경험해 보니 고등학생이든 대학생이든, 일단 학생들을 대상으로 하는 과정들은 대다수가 시간당 5만 원 정도로 수당이 책정되었습니다. 아마도 대학교 시간강사도 그 대상이 학생들이니 비슷한 수준일 것입니다. 그리고 학생들이 아닌 현업 실무자들을 대상으로 하는 교육과정의 경우, 교수자에게 통상 기술사나 박사급의 자격을 요구하기 때문에 최소 시간당 10만 원 이상으로 수당이 책정되는 편입니다.

즉, 본인이 기술사나 박사 등급이면 시간당 최소 10만 원을 기준으로 현업 실무자를 대상으로 하는 업무에 집중하시면 될 것이고, 본인이 기사 등급이라면 시간당 5만 원 정도로 인건비를 예상하시고 학생들을 주 대상으로 하는 프리랜서 업무에 집중하시면 될 것입니다.

○ 공공기관 채용 심사위원

시대가 많이 바뀌었습니다. 최근에는 공정한 사회가 매우 강조되고 있습니다. 불과 몇 해 전만 하더라도 정치권이 연루된 공기업 채용비리 사건으로 매우 많은 젊은 구직자들이 분노하기도 했었지요. 이렇듯 공공기관에서 비일비재하게 발생하던 각종 채용비리를 예방하기 위해 최근에 새로 도입된 제도가 있습니다. 바로 외부 채용 심사위원 제도입니다.

공공기관에는 중앙 정부부처는 물론이고 각 지자체의 지방정부 및 그 소속의 공단, 공사 등 매우 많은 공기업들이 있습니다. 각 공공기관의 특성에 따라서 다소 차이는 있지만, 모든 공공기관은 서류전형이든, 면접전형이든 채용 심사 시에 심사위원의 50% 이상은 해당 채용직군에서 전문성이 검증된 외부 전문가를 심사위원으로 선임하도록 규정하고 있습니다.

제가 속해있는 건설 분야만 하더라도 수많은 공공기관이 있습니다. 한국전력, 도로공사, 한국토지주택공사, 수자원공사 등 셀 수 없을 정도로 많은 기관이 있습니다. 이런 공공기관의 건설직군 채용 시 외부 심사위원을 과연 누가 할 수 있을까요? 상식적으로 그 분야의 전문 국가기술자격을 보유한 공인된 전문가만이 외부 심사위원으로 선임 가능할 것입니다.

그래서 이런 공공기관 전문 외부 심사위원 업무도 저와 같은 기술직 프리랜서들이 추가로 소득을 올릴 수 있는 또 하나의 업무유형이라 할 수 있겠습니다.

전문 외부 심사위원 제도는 시행된 지 몇 년 되지 않아서 아직은 선정 및 의뢰 절차가 체계적으로 자리 잡지는 않았는데, 가장 일반적으로 선정되는 방법은 공공기관에서 인크루트 등과 같은 민간 채용 전문 업체에 전문 심사위원 출장을 외주 용역 주는 형식으로 진행합니다.

용역을 수주한 민간 채용 전문 업체에서는 보유하고 있는 전문가 인력풀(Pool)을 직접 활용하는 경우도 있지만, 이보다는 대부분 많은 전문 인력풀을 보유한 몇몇 경영자문단체 등과 심사위원 파견에 대한 협약을 체결하여 전문 인력을 파견하는 방식으로 운영하는 것이 가장 일반적인 형태입니다.

그렇게 수집된 심사위원 후보자의 이력서를 채용 진행하려는 공공기관에 제공하면 공공기관의 인사담당자가 본인들이 채용하려는 직군에 대한 각 심사위원 후보들의 경력과 학력, 기타 자격사항 등을 종합적으로 판단하여 외부 심사위원으로 최종 선정, 위촉하는 방식입니다.

　그렇기에 외부 채용 심사위원을 할 수 있는 경로나 방법을 명확하게 콕 집어서 알려드리기에는 어려움이 있으나, 민간 채용 전문 업체 및 경영자문단체 등의 인력풀에 등록하고 최소한의 채용 심사위원 기본소양교육을 이수하면, 각 공공기관에서 위촉 요청이 있을 때 개별적으로 참여 가능 여부에 대해 연락이 오는 방식이 가장 보편적으로 적용되고 있습니다.

〈공공기관 채용 심사위원 교육과정 이수〉

　소득금액은 기관마다 조금씩 차이는 있는데, 보통 회당 45만 원 선으로 형성되어 있습니다. 그런데 그 '회'라는 게 무조건 온종일 하는 것은 아니고, 채용 지원자가 적다면 짧게는 1시간 만에 끝나기도 하고 오래 걸릴 때는 온종일 8시간 내내 진행하기도 합니다.

　그래서 이 업무유형은 시간당 평균 소득을 명확히 환산하여 말씀드리기에 많은 어려움이 있습니다. 운 좋으면 1시간 만에 45만 원을 버는 것이고, 운이 조금 좋지 않으면 온종일 투자해서 45만 원을 버는 것이지요.

이 공공기관의 채용 심사위원 업무수행에 가장 요구되는 핵심 역량은 일단 시간이 많아야 한다는 것입니다. 블라인드 채용방식의 보안 유지라는 특성상 채용 심사위원 선정도 심사일 며칠 전에 불시에 요청이 오고, 또한 날짜가 맞아 선정되었다 하더라도 자세한 시간 및 장소는 심사일 직전에 알려주는 경우가 일반적입니다. 그렇기에 갑작스레 참여 요청이 왔을 때 쿨(Cool)하게 참여할 수 있는 시간적 여유가 있어야만 이쪽 분야에서 많이 활동할 수 있는 것이지요.

저와 같은 기술직 프리랜서들은 통상 2주 전에는 미리 일정을 잡습니다. 즉, 급하게 목전에 앞두고 채용 심사위원 참여 요청이 오더라도 거의 일정이 맞지 않아서 참여하지 못하는 경우가 다반사입니다.

그래서 저는 많은 참여는 못 해 보고 정말 운 좋게 시간이 맞았을 때 몇 번의 참여 경험만 있습니다. 그런 시간적 여유 문제로 이런 채용 심사위원의 업무는 저와 같이 다양한 분야에서 활발하게 활동 중인 A급 프리랜서보다는, 각종 기업에서 고위직으로 은퇴하셨으나 아직 많은 프리랜서 활동이 없으신 60대 전후의 B급 프리랜서분들이 활동하시기에 더 유리하다고 생각됩니다.

누구나 입사 지원 및 면접 등 취직은 다 해 보셨을 것이기에 보편적인 채용절차에 대해서는 다 이해하고 있으실 것입니다. 통상 가장 먼저 서류전형을 실시하고, 합격자에 한해서 실무진 면접과 임원진 면접의 흐름으로 진행됩니다.

일부 특정 기관(업체)에서는 면접 전에 필기시험이나 인·적성 평가 등을 수행하기도 할 것입니다. 이러한 각각의 단계마다 합격자를 선발할 때 앞서 말씀드린 것처럼 외부 전문 심사위원이 50% 이상은 투입됩니다.

가장 먼저 서류전형에서는 채용하려는 직군별로 내부 심사위원과 외부 심사위원이 각각 배정되어 똑같은 정량적 평가 기준에 의해서 점수를 부여합니다. 기관마다 다르지만, 보편적으로 자기소개서는 서류전형에서 전혀 반영되지 않습니다. 왜냐하면, 정량적으로 평가하기가 어렵기 때문이지요. 그래서 자기소개서는 추후 면접 시에나 참조되어 반영될 것입니다.

서류전형은 자격증과 경력, 보훈 대상 및 장애인 여부 등의 정량화 가능한 항목들로만 평가합니다. 자격증은 무슨 자격증이든 다 점수를 부여해 주는 게 아니라, 채용하려는 NCS 기반 직무기술서에 명시된 해당 직군과 관련된 자격증만이 점수로 인정됩니다. 그리고 통상 기능사 자격은 별도의 가점이 없고 산업기사부터 등급이 높을수록 더 높은 점수가 부여됩니다.

경력 점수는 우선 지원자가 입력한 경력사항을 바탕으로 합산하여 경력 연차마다 일정 점수를 부여하는 방식입니다. 만약에 혹여 경력을 허위로 작성하였다면 서류전형은 운 좋게 안 걸리고 통과될지 몰라도, 추후 면접심사 시 경력을 확인할 수 있는 증빙서류와 대조하여 허위경력이 확인되는 순간, 즉시 합격이 취소됩니다. 이는 최종 합격하여 입사하였다 해도 동일하게 적용됩니다. 채용 후일지라도 채용절차에서 하자나 비리가 발견된다면 채용 사실 자체를 원천무효로 해버리는 것입니다.

그리고 건설 직군의 경력직을 서류심사할 경우에는 지원자가 임의 기술한 경력을 모두 인정하지는 않고, 오직 건설기술인협회에 공인된 경력만을 인정하는 경우도 다수 있습니다. 그렇기에 평소에 수시로 건설기술인협회에 경력신고를 해두어 본인의 경력사항을 잘 정리하고 계셨던 분들이 더 유리하다 하겠습니다.

제가 최근에 외부 심사위원으로 참여했던 환경부 산하 공공기관인 ○○○○의 건설직군 경력직 채용 사례를 예로 들어 좀 더 자세하게 설명해 보겠습니다. 100점 만점 중 자격증 점수가 40점이고 경력 점수가 60점으로 구성되어 있는데, 이 외에도 보훈 대상에 적용되면 가점 5점, 그리고 장애인일 경우 가점 5점을 추가로 받을 수 있어서, 최종적으로 110점이 만점이었습니다.

자격증 점수는 아무리 많은 수의 여러 자격을 보유하고 있더라도 NCS 직무기술서에 명시된 해당 분야의 자격증만을 점수로 인정하며, 기능사는 점수가 아예 주어지지 않았고, 산업기사는 10점, 기사는 15점, 기술사는 30점으로 인정하였습니다.

그리고 아무리 NCS 관련 분야와 적합한 다수의 자격증을 보유하고 있어도 자격증 점수로는 40점을 초과할 수 없으며, 같은 종목의 다른 등급 자격증일 경우에는 최상위 등급 한 가지만 인정되었습니다.

경력은 앞서 설명해 드린 대로 건설기술인협회에 등록된 경력만을 인정하였으며 현재 재직 중인 경우, 직장 경력은 금회 채용공고일 기준으로 그 전일까지만 경력으로 인정하였습니다.

또한, 동종 업계의 다른 회사에서 근무한 경력에 대해서는 가급적이면 많은 사람에게 면접에 응할 수 있는 기회를 주자는 취지로 전혀 생뚱맞은 업역만 아니라면 동종 업역의 범위를 최대한 광범위하게 해석하여 가급적 많은 사람이 서류전형에 합격할 수 있도록 평가하였습니다.

면접전형 역시 명확한 채점 항목과 기준표가 있으나, 그 기준들이 정량적으로는 측정 불가능한 항목들이 꽤나 많습니다. 그래서 면접관으로 위촉되었을 때는 부득이하게 본인 성향에 따른 다소 주관적인 점수가 주어질 수밖에 없는 실정입니다.

서류전형 심사도 철저히 공정하게 진행해야 하겠지만, 어쨌든 서류심사는 지원자들은 볼 수 없는 곳에서 심사위원끼리만 개별적으로 진행하기에 별 어려움은 없는데, 면접전형의 경우 지원자를 직접 대면하는 것이기에 면접관으로 위촉되었을 때는 정말 올바른 자세와 태도, 올바른 언어사용 등 언행 하나하나를 주의 깊게 관리해야 합니다.

요즘은 SNS의 눈부신 발전으로 만약 면접관이랍시고 비상식적인 질문을 하거나 불량한 자세로 이상한 언행을 했을 경우, 바로 그 즉시 구직자 카페 및 온라인 채용 사이트 등에 그 소문들이 쭉 퍼지게 됩니다.

그런 불만 사례들은 실시간으로 해당 공공기관의 홍보실이나 채용부서의 귀에 들어가게 될 것이고 그러면 그 면접관은 해당 공기업뿐만 아니라 아예 이 전문 채용 심사관 시장에서 퇴출당할 수밖에 없습니다.

유관 공공기관의 채용담당자끼리도 서로 면접관 정보를 공유하면서 그 사람의 지적사항이 퍼지기도 하지만, 그보다 앞서서 그 채용절차 용역을 수주했던 민간채용 업체에서 먼저 자발적으로 그 심사관을 후보군에서 아예 배제해버리기 때문입니다.

그래서 혹시라도 본인이 습관적으로 비속어를 사용하는 등 불량한 언어를 사용하거나, 건들거리며 삐딱하게 앉아있는 등의 언행을 하지 않도록 평소의 언행에 항상 긴장하고 신경 써야 할 것입니다.

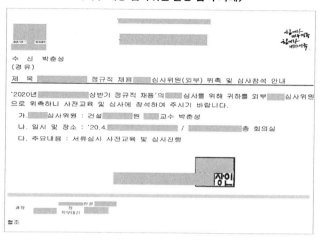
〈외부 채용 심사위원 활동 참여 사례〉

○ 유료 컨설팅

저의 경우는 건설현장을 대상으로 하는 건설안전 컨설팅을 또 하나의 프리랜서 소득 유형으로 수행하고 있습니다. 저는 건설현장에 안전난간이 미설치되었다느니, 근로자가 안전모를 미착용했다느니 등의 지극히 평범하고 일반적인 것들은 지적하지 않습니다. 그런 것들은 누구나 볼 수 있는 것들이지요. 그렇기에 저는 일반 건설안전이 아닌, 기술 분야에 특화된 기술안전 컨설팅 서비스를 제공하고 있습니다.

예를 들자면, 거푸집, 동바리, 비계 등의 가설구조물 구조안전 적정성 여부 확인이나 흙막이 지보공 토압에 대한 저항성 안전상태 확인 등과 같이 일반적으로 안전공학을 전공하고 안전관리자 업무만을 수행하신 분들은 절대 볼 수 없는, 그런 기술 분야에 특화된 항목 위주로 컨설팅을 해드리고 있습니다.

통상 건설안전 컨설팅에는 두 가지 유형이 있습니다. 첫 번째 유형은 '자율안전 컨설팅'입니다. 법에서 정한 인력조건과 장비조건, 사무실조건 등을 충족시켜 고용노동부에 정식으로 전문기관 등록 면허를 받은 법인 또는 산업안전지도사가 바쁜 고용노동부의 근로감독관들을 대신하여 건설현장의 안전 상태를 매월 1회 이상 돈을 받고 방문하여 안전점검을 해 주는 것입니다.

고용노동부에 등록하고 실시하는 것이니만큼 일정 주기별로 현장점검결과 보고서를 고용노동부에 제출해야 하는 대신, 그 현장에 큰 문제가 없다면 고용노동부에서 직접 수행하는 현장 안전점검을 일부 면제해 주는 혜택을 줍니다.

그렇기에 건설회사에서는 상식적으로 융통성이 통하지 않는 고용노동부 근로감독관에게 직접 점검을 받는 것보다 그래도 융통성이 통하는 외부 컨설팅 업체에서 점검받는 게 마음이 더 편하기에 많은 건설현장이 이 자율안전 컨설팅을 신청하고 있습니다.

두 번째 유형은 별도의 정식명칭은 따로 없고 통상 '일반 컨설팅'이라고 부르는데, 고용노동부에 정식 등록된 기관이 아닌 저와 같은 개인사업자도 할 수 있습니다. 본인이 그 분야에 대한 전문성만 인정받을 수 있다면 그 누구나 할 수 있는 업무 분야입니다.

대신 앞서 자율안전 컨설팅에서 설명해 드렸던 것과 같은 고용노동부의 점검 면제 등의 특별한 혜택은 전혀 없습니다. 이해하기 쉽게 풀어서 설명해 드리자면 순전히 건설현장의 안전관리 상태를 외부 전문가의 눈으로 냉철하게 확인을 받아 보고 싶을 때 하는 것입니다. 현장소장이 판단하여 비용이 발생하더라도 외부 전문가의 의견을 들어 보고 싶다는 취지로 수행하는 것이지요.

자율안전 컨설팅은 고용노동부에 정식 등록된 법인 또는 산업안전지도사만이 할 수 있으며, 둘 다 보유해야 하는 장비조건과 사무실 면적 조건은 동일하고 인력조건에서만 차이가 납니다. 산업안전지도사는 혼자서 1인으로 고용노동부에 등록하여 사업을 수행할 수 있지만, 지도사가 아닌 경우에는 법적 인력조건을 갖추어 법인을 설립해야만 등록이 가능합니다.

  그 법인의 등록 조건으로는 안전관리 관련 자격 소지자가 최소 6명 이상 소속되어 있어야 합니다. 그렇기에 개인사업자로서 프리랜서 활동을 하는 저는 자율안전 컨설팅 업무는 할 수 없어서 부득이하게 일반 컨설팅 업무만 수행하고 있습니다.

  이렇게 고용노동부에 등록하고 자율안전 컨설팅 사업을 수행하는 법인 및 산업안전지도사는 매년 고용노동부로부터 운영 실태에 대한 평가와 점검을 받습니다. 그런데 그 소속 인력이 저와 같이 다양한 프리랜서 활동을 하는 경우에는 점검에서 지적받아 최대 면허 취소까지도 받을 수 있습니다.

  같은 법령에 의한 업무는 겸직이 불가능하다는 고용노동부의 법령 해석 때문입니다. 즉, 「산업안전보건법」을 근거로 수행하는 업무는 이중 취업이 불가하다는 이야기입니다.

  예를 들어, 본인이 시간 조율을 잘해서 자율안전 컨설팅 업무를 오전 중에 마치고 오후에는 고용노동부에 승인된 교육기관에서 외래교수로 안전관리자 등의 법정직무교육에 출강했는데, 고용노동부의 평가 점검 시 이러한 중복 일정이 적발되면 자율안전 컨설팅 업무를 성실하게 수행하지 않았다는 이유로 해당업무는 최소 영업정지에서 최대 면허 취소까지도 받을 수 있습니다. 당연히 과태료도 내야 하고요.

그래서 저는 이러한 제한사항 때문에 구태여 고용노동부의 통제를 받는 자율안전 컨설팅 업무는 수행하지 않고 법령에 의한 제약이 없는 일반 컨설팅만 수행하고 있습니다.

다수의 건설안전 전문가라는 분들이 건설현장에 이와 같은 컨설팅을 나오시면, 아주 별 볼 일 없는 지극히 뻔한 것들만 지적하는 경우가 많았습니다. 제가 건설회사에 근무했을 때 저 역시도 여러 안전 전문업체로부터 자율안전 컨설팅을 많이 받아 봤는데, 여기서 나오시는 전문가라는 분들이 매번 지적하는 것이라고는 안전모 미착용, 안전난간 미설치, 소화기 관리상태 불량 등 아주 지극히 단순하고 누구나 보면 알 수 있는 그런 뻔한 것들만 지적하는 것이 매우 불만이었고 비용이 아까웠습니다.

마치 고등학교 3학년 학생이 좋은 대학에 가려고 비싼 돈 내고 영어 과외를 받았는데, 가르치러 나온 과외 선생이 기본에 충실해야 한다며 'A, B, C, D~' 뭐 이런 알파벳들만 읊어대고 있는 기분이랄까?

이런 기본적인 것들은 꼭 외부 컨설팅이 아니더라도 누구나 알 수 있습니다. 구태여 지적할 필요가 없습니다. 지적하더라도 현장에서 담당자에게 말로만 전달하면 되지, 이런 소소한 것들로 보고서를 만들거나 강평 자료에 넣을 필요는 없습니다.

아주 수준 이하인것이지요. 통상 하루 동안 점검받는 데 발생하는 컨설팅 비용이 100만 원 수준인데, 이 비싼 돈을 받고 기껏 의견을 준다는 것이 뻔하디뻔한 것들만 지적하니 현장 실무자 입장에서는 컨설턴트에 대한 불만과 불신이 매우 클 수밖에요.

그래서 제가 하는 건설안전 컨설팅은 이런 뻔한 것들은 절대 말씀드리지 않습니다. 저는 주요 구조물의 설계도서 미준수 항목이라든지 구조적 안전성이 미확보된 상태, 또는 건설현장의 안전관리자들이 잘 모르는 「건설기술진흥법」의 안전법령 위반사항 등 기술적으로 특화된 항목 위주로 점검해드립니다.

이렇게 기술 분야에 특화된 컨설팅을 해드리니 몇몇 건설현장에서는 처음에는 단발성 1회 점검만 요청해 주시다가 아예 고정적으로 매월 점검 요청을 주시는 경우도 많습니다. 그래서 요즘은 평균 한 달에 2~3개 현장을 컨설팅해 드리고 있는데, 이렇듯 기술 분야에 특화된 컨설팅 사업도 프리랜서로서 할 수 있는 비고정소득 유형 중 하나라고 하겠습니다.

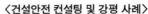

〈건설안전 컨설팅 및 강평 사례〉

앞서 말씀드렸다시피 건설안전 컨설팅의 비용은 통상 하루에 100만 원이 기본인데, 이 비용의 구성은 기술사급과 기사급이 혼합되어 2인 1조 방문을 기준으로 한 것이고, 만약 기술사 혼자서 수행한다면 통상 80만 원으로 시세가 형성되어 있습니다.

저의 경우에는 혼자서 프리랜서로 컨설팅을 수행하기에 별도의 보고서는 작성해 드리지 않고, 꼼꼼히 현장 점검 후 지적 사진들을 PPT로 정리하여 강평 자료로 준비해 강의형식으로 설명해 드리는 방법을 주로 적용합니다. 그리고 비용은 건당 최소 50만 원을 받고 있습니다.

기술직 프리랜서의 업무는 모든 게 다 보이지 않는 끈으로 연결되어 있는 듯합니다. 이렇게 건설안전 컨설팅을 수행하다 보니 많은 현업 실무 사례 자료들이 누적되고, 이러한 자료와 경험들이 공공기관 자문위원으로서 건설공사현장의 안전점검 수행 시에 또 큰 도움을 줍니다.

또한, 현장점검 후 강의하듯이 정성껏 강평해 드리니, 현장소장님 및 안전관리자 등 실무자분들이 저의 컨설팅 내용에 매우 만족하셔서 본사나 현장에서 시행하는 각종 안전교육이나 '안전점검의 날' 행사 등에 저를 외부 전문가로 추천해 주시어, 벌써 여러 대기업 건설회사에 건설안전 실무자 교육 출강 및 현장점검을 다녀오기도 하였습니다.

이는 제가 다른 컨설턴트에 비해 현장 실무자분들의 가려운 부분을 잘 긁어준 것 때문이라고 생각합니다. 안전공학을 전공하시고 순수 안전관리 업무만 쭉 해 오셨던 일반적인 컨설턴트 분들은 아무리 오랜 경력이 있다 해도 이분들은 산업안전 전문가이시지, 건설안전의 전문가는 아닙니다.

설계도면도 제대로 볼 줄 모르시는 분들이 태반이시지요. 반면에 저는 기술적으로 특화된 기술안전의 전문가이다 보니, 아무래도 현장에서 의견을 드리는 안목이 일반 산업안전 전문가에 비해 실무에 좀더 가깝고 남들은 잘 보지 못했던 부분들을 봐 드릴 수 있다는 장점이 있는 것입니다. 이러한 특화된 기술적 안목이 강점이 되어 프리랜서로서 다양한 업무에 긍정적인 효과를 주는 선순환 구조가 형성되는 것 같습니다.

○ 프리랜서 상담

지금까지 이런 내용의 상담과정은 그 어디에도 없었습니다. 바로 기술직분들을 대상으로 프리랜서를 할 수 있는 방법과 방향을 안내해 주는 상담 말입니다. 제가 이 책을 저술하게 된 배경도 여기에 있습니다.

상당수 경험 많으신 기술직분들이 현직 은퇴 후 프리랜서로서 소득을 올리시기를 희망하나 그 방법을 잘 모르기에 저에게 많은 문의를 주시고 상담을 요청하십니다. 그것이 계기가 되어 '기술직 프리랜서 상담'이라는 새로운 업무 분야를 개척하게 되었습니다.

평생직장이란 말은 이미 오래전에 없어진 말이 되었습니다. 그렇기에 많은 기술직분들이 가족의 생계를 유지하고자 회사에서 오래오래 살아남기 위해 머리에 띠를 둘러매시고 기술사 공부를 하시는 등 고군분투를 하고 계십니다.

그런데 그렇게 힘들게 공부하여 어렵사리 기술사를 취득하였어도 그 기술사라는 엄청난 아이템을 어떻게 활용할 수 있는지를 대부분의 직장인이 잘 모릅니다. 물론 저 또한 직장인이었을 때는 똑같은 상황이었습니다.

건설회사에서 근무할 때는 피 터지게 공부하여 기술사를 취득하여도 자격증 수당 몇십만 원 더 받는 것으로 끝입니다. 결국 회사만 좋은 일만 시킨 것이었습니다.

왜 그러냐 하면, 회사에서 나온 후 돌이켜 생각해 보면 회사에서는 저의 기술사 자격을 이용하여 저를 700억 원 이상 건설공사의 현장대리인으로 선임하여 써먹었고, 이를 근거로 안전사고나 각종 문제가 생기면 책임을 현장대리인으로 선임되어 있는 저에게 전가할 수 있었으며 또한, 회사의 신규 사업 수주를 위한 활동에서 PQ점수 산정 시 소속 기술자인 저의 기술사 자격이 회사의 기술력 평가에도 많은 가점을 받을 수 있도록 도움을 주었습니다.

즉, 저는 자격증 수당 몇십 만 원에 모든 책임은 다 떠안고 결국 회사 좋은 일들만 엄청나게 시켜준 것이었습니다.

여느 건설회사 기술직 직원들과 마찬가지로 저 역시도 건설회사에서 열심히 근무하다가 50대에 명예퇴직으로 잘리면 감리회사로 이직하거나 아니면 현재 회사보다 한 등급 낮은 하도급 건설회사로 이직하는 것만을 생각하고 있었습니다. 이 경로 외에는 다른 방향을 전혀 생각해 보지 못했습니다.

'우물 안 개구리'라고, 제가 갇혀있던 우물에서 마주치는 사람들 모두가 저와 같은 생각을 하는 사람들밖에 없었으니 어쩔 수 없는 생각의 한계였지요. 지금과 같은 기술직 프리랜서 등 다른 삶의 방향이 있다는 것을 당시에는 상상조차 할 수가 없었습니다.

기술직 프리랜서로서 안정적으로 안착한 지금의 입장에서 돌이켜 생각해 보면 참으로 어리석은 직장인 마인드였습니다. 기술사 자격

단 한 개만 있어도 당당하고 품위 있게, 경제적으로도 여유 있는 기술직 프리랜서로서의 삶이 가능한데….

그래서 과거의 저와 같이 방향을 잡지 못하고 있는 기술직분들께 그 방향을 제시해 드리고자 하는 게 바로 이 책을 저술한 목적입니다. 또한, 기술사 자격까지 있으시면 더 좋으나, 구태여 기술사 자격이 없더라도 기사 등급 이상의 자격증과 많은 실무경력이 있으시다면 이분들 역시 해당 분야 전문가로서 여러 가지 프리랜서 활동이 가능하십니다.

'나는 겨우 시공기술사 딱 하나 있는데, 나도 프리랜서가 가능할까?'

아마도 이렇게 생각하시는 직장인 기술사님들이 매우 많으실 것입니다. 하지만 이것은 혼자만의 착각입니다. 해 보지도 않고 주저앉아 버린 것이지요. 아무것도 안 하면 아무 일도 일어나지 않습니다. 제 주변에서 왕성하게 활동하시는 프리랜서 동료 중에서도 시공기술사 단 한 개만 가지고도 강의, 컨설팅, 자문 등 많은 프리랜서 활동을 하시며 매월 최소 1,000만 원 이상의 소득을 올리시는 분들도 여럿 계십니다. 심지어 기술사 자격이 하나도 없어도 이렇게 기술직 프리랜서 활동으로 직장인 이상의 소득을 올리시는 분들도 계십니다.

그래서 이처럼 프리랜서를 희망하시지만, 도대체 무엇을 어떻게 준비해야 할지 감을 잡지 못하시는 분들께 그 방법을 상담해드리는 것이지요. 다만, 세상에 공짜는 없는 법입니다. 당연히 제 시간이 들어가는 만큼 적정 인건비는 받고 상담해드리고 있습니다. 그래서 이 또한 기술직 프리랜서로서 할 수 있는 또 하나의 소득 유형이라 하겠습니다.

이 책에 쓰인 수많은 프리랜서 소득 유형에 대한 준비 방법과 할 수 있는 방법들을 직접 만나서 상담해 드리고 추가로 궁금한 것에 대해 1문 1답 방식으로 제 경험에 근거하여 각종 증빙 자료와 함께 설명해 드리는 방식으로 상담을 진행하고 있습니다. 즉, 기술사 자격을 소지하고 계시거나 구태여 기술사 자격은 없더라도 특화된 경력이 있으신 기술직분들이 직장인에서 프리랜서로의 변신에 도전하실 수 있도록 그 방법과 방향을 제시해 드리는 것입니다.

쉽게 말씀드리자면 월급쟁이로 재직할 때보다 더 많은 돈을 벌면서 일하는 시간은 더 줄일 수 있는 방법을 알려드리는 것입니다. 제가 프리랜서로 전향한 후의 소득과 삶의 만족도 변화 정도를 경험에 빗대어 정량적으로 말씀드리자면, 과거 건설회사에서 근무할 당시보다 월평균 근로시간은 1/3로 확 줄었지만, 월평균 소득은 반대로 2배 이상 확연히 증가했습니다.

제가 이런 유료 상담과정을 운영하게 된 배경은 책 서두 부분에서도 설명했지만, 간략히 축약하여 다시 한번 설명해 드리겠습니다. 제가 한참 건설회사에서 고된 생활로 이직을 고려할 당시에는 이러한 프리랜서로서의 삶을 어디에서도 조언을 구할 수 없었습니다.

그래서 어렵고 힘들게 예전 기술자 법정직무교육을 받았을 당시에 메모해 두었던 현재의 저와 같은 프리랜서 교수님께 무작정 연락하여 진실한 조언을 부탁드렸습니다. 몇 번을 간곡히 부탁드린 끝에 힘들게 그분 집 앞에서 잠깐 뵐 수 있었는데, 그분은 저의 이야기를 깊게 들어 주시지도 않고 무성의한 답변뿐이었습니다.

매우 실망스러웠습니다. 그때는 저도 어렸으니 세상 물정을 잘 몰랐었죠. 세상에 공짜 조언은 아무런 도움이 안 된다는 것을 말입니다.

지금 돌이켜 생각해보면 아마 제가 그분께 그분의 시간을 빼앗는 것에 대한 합리적인 금전적 보상을 해 드렸다면 그분도 더욱 성심껏 조언해 주셨으리라 생각합니다. 그런데 우리나라 정서상 내놓고 비용을 이야기하는 것은 그리 아름다워 보이지가 않지요. 그렇기에 그 교수님도 내놓고 돈을 요구하지는 못했던 것 같습니다.

그래서 저는 이런 경험을 바탕으로 저에게 조언을 요청하시는 프리랜서 희망자분들에게는 성심껏 제 경험을 조언해 드리리라 마음먹었습니다. 다만 제 시간을 들이는 것에 대해서는 합당한 보수는 꼭 받아야 한다고 생각합니다. 대신 정말 도움이 될 수 있도록 제가 경험하고 쌓아온 기술직 프리랜서로서의 노하우를 체계적으로 가감 없이 가르쳐 드리는 것입니다.

실질적으로 도움이 되는 맞춤형 상담을 해드리려면 상담 희망자의 현 직장에 대한 상황, 주요 업무 경력, 향후 희망하는 프리랜서 주력 분야 등 개별적인 조건들을 알아야 하니 대면 상담 형식으로 운영하고 있습니다.

상담 비용은 제 평균 인건비를 반영하여 1시간당 15만 원을 기준으로 하고 있으며, 수많은 상담을 수행해 보니 통상 2시간은 설명해 드려야 충분한 상담이 가능하였습니다. 상담 방식은 일반적으로 제 사무실 인근 카페에서 노트북을 가지고 각종 실제 자료들을 보여드리며 기본적인 설명을 우선 드린 후 궁금하신 부분에 대해 상세히 1문 1답 하는 형식으로 진행하고 있습니다.

여태까지 많은 기술직분이 프리랜서 상담을 요청해 주셔서 상담해 본 결과, 상대방분들도 정당히 비용을 내고 상담받는 것이 오히려 편하다고 하십니다. 제게 고급 음식점에서 비싼 저녁 식사 한번 대접하고 상담을 받는다고 생각하시면 전혀 상담 비용이 비싼 게 아니지요.

또 충분히 그 비용 이상의 가치를 얻어 가실 것입니다. 저 또한 밥 한 끼 얻어먹는 것보다는 현금으로 받는 게 더 좋으니 상호 '윈(Win)-윈(Wim)'하는 방법이라 할 수 있겠습니다.

물론 그렇다고 해서 제가 아무나 무턱대고 다 상담해 드리지는 않습니다. 기본적으로 우선 진지하게 배우고자 하는 자세와 예의가 갖춰져 있어야 할 것이며, 기술사를 이미 보유하고 계시거나 최소한 기술사가 없으시더라도 해당 분야에 대해서 특화된 업무 경력이 있으신 분들이어야만 상담을 받아들이고 있습니다.

〈기술직 프리랜서 상담 요청사례 - 메일 발췌〉

(서두 생략)

아주 막연했습니다. 독립해서 '내가 가진 지식과 경험을 더 넓은 세상에서 이롭게 쓸 수 있지 않을까?'란 생각을 했습니다. '경력직 공무원 시험에 응시해 볼까?'도 생각했지만, 더 이상 어느 조직에 속하는 것을 원치 않았습니다. 그렇게 고민하던 중 지난 6월경에 우연히 인터넷 검색을 통해 박춘성 교수님의 블로그를 접하게 되었습니다. 정말 소름이 돋더라고요. 제가 막연하게 그렸던 그 삶을 살고 있는 사람을 알게 된 것입니다. 블로그를 보면서 제가 가야 할 길이 명확하고 확고해졌습니다. 제 인생에 새로운 롤 모델이 생긴 거죠. 비전이 생기고 동기가 부여되었습니다. 교수님은 제 인생의 중요한 터닝포인트에서 우상과도 같은 존재가 되어 주셨습니다. 사막의 오아시스와 같은 존재에요.

(중간 생략)

교수님! 저를 한번 만나주시면 안 되겠습니까? 교수님을 한번 뵙고서 귀한 조언을 구하고 싶습니다. 제가 나아가고자 하는 방향은 확고하나, 무엇을 해야 할지 막막합니다. 챙겨야 할 것들이 무엇인지, 단기적으로나 장기적으로 생각해야 할 계획들은 무엇인지, 또한 제가 생각하지 못한 질문들이 무엇인지 깨우침을 받고 싶습니다. 시간을 금보다 더 귀하게 쓰시는 분이라 이런 부탁을 드리는 게 쉽지가 않지만, 저에게는 만큼은 이미 너무나 소중한 분이 되셨기에… 죄송합니다. 짝사랑이네요. 시간 내어 주시면 저녁 식사라도 대접하고 싶습니다.

(이하 생략)

○ 외래교수 양성 특강

제가 프리랜서로 다양한 활동을 한 지 한 1년 정도 지났을 때였습니다. 저에게 기술직 법정직무교육 강의를 들으신 어느 건축시공기술사님께서 제 블로그에 댓글을 남겨 주셨습니다. 본인도 저처럼 프리랜서로서 강의하며 노후를 보내는 삶을 희망하는데, 꼭 사석에서 따로 만나고 싶다 하셨습니다.

간혹 교육기관에서 강의할 때 분위기를 봐서 수강생분들이 많이 지루해하실 즈음이면 잠도 깨우고 관심을 가지고 집중시키기 위해 제가 현재 하는 프리랜서 업무유형들을 몇 가지 정도 말씀드리기도 합니다. 그때 그 이야기를 매우 흥미 있게 들으시고 이렇게 개별적으로 연락을 주신 것이었습니다.

제가 건설회사를 퇴직하면서 마음먹은 것 중 하나가 저녁 시간은 가급적이면 밖에서 술자리를 갖지 않고 집에서 가족들과 보내자는 것입니다. 제가 술을 좋아하다 보니 술을 아예 안 마실 수는 없지만, 술을 마시더라도 집에서 가족과 함께 반주 삼아 조금씩만 마시겠다는 생각이었습니다.

밖에서 사람들과 어울려 저녁 술자리를 하게 되면 자연스레 2~3차로 술자리가 이어지고 그러면 다음 날 일정에도 지장이 있고 돈도 많이 쓰게 됩니다. 그리고 무엇보다도 건설회사에서 근무할 당시 이런 밤 문화 생활을 아주 지겹도록 많이 해 봐서 더 이상 이런 밤 문화는 즐기고 싶지가 않습니다. 그때는 일주일에 6~7일 정도를 저녁마다 접대니, 회식이니 하면서 술자리를 가졌으니 아주 지겨울 만도 하겠지요.

그래서 가급적이면 저녁 시간에는 외부 약속을 안 잡는데, 그 기술사님께서 너무도 간절히 요청을 주시기에 거절하지 못하고 저녁 시간 말고 점심시간에 제 사무실 인근에서 잠시 뵙기로 했습니다. 저는 가볍게 차 한잔하면서 말씀 들어드리고 질문에 답변을 드리려고 했는데, 그분 입장에서는 이렇게 다른 곳에서는 절대 들을 수 없는 고급 정보를 공짜로 듣기에는 너무 미안하다며 인근에서 가장 비싼 일식집에 점심 특선 코스를 예약해 두었다고 했습니다.

얼떨결에 고급 일식집 코스요리를 접대받으니 저 또한 부담이 되는지라 있는 말, 없는 말 모두 꺼내어 저의 경험들을 전수해드렸습니다. 그 기술사님께서는 너무도 고마워하시면서 겨우 이런 식사 한 번에 이렇게 큰 것을 배우게 되어 너무도 기쁘다고 하셨습니다. 그리고 그분은 그 만남을 계기로 실제로 지금 건설기술인 직무교육 기관에 프리랜서 외래교수로서 시설물 안전관리 분야에 자주 출강하시며 여유 있는 삶을 살고 계십니다.

그날의 일을 계기로 저도 생각을 다시 해 보게 되었습니다. 어차피 그날 점심값으로 쓴 돈만 하더라도 20만 원은 족히 넘습니다. 그러면 차라리 그 돈을 저에게 현금으로 주고 가볍게 커피나 한잔하며 대화를 나누면 상대방 입장에서도 당당히 값어치를 내고 가르침을 받은 것이니 부담 없을 것이고, 저 역시도 괜히 비싼 것을 먹어서 식당이 돈 벌게 해 주는 것보다는 이왕이면 제 소득에 보태는 게 더 좋겠다 싶었습니다.

그래서 그날 이후로는 저에게 기술적 프리랜서의 길에 대해 상담을 원하시는 많은 분께 제 시간당 인건비를 고려하여 적정 비용을 받고 시간을 내어드리게 되었습니다. 생각해 보면 이게 맞는 것입니다. 왜냐하면 저는 시간당 돈을 버는 프리랜서이기 때문이죠. 저에게 시간은 곧 돈입니다. 그리고 어차피 고급식당에서 식사로 갈음한다 해도 그 돈이 제 인건비보다 비싸면 비쌌지, 그보다 싸지는 않을 것입니다.

그 이후로 비용 얘기를 하면 저에게 상담 요청을 주신 분들의 반응은 딱 두 갈래로 갈렸습니다. 80% 정도는 제가 시간당 인건비를 말씀드리면 바로 그 이후부터 연락이 전혀 없으셨습니다. 돈에 부담을 느꼈을 수도 있고, 어쩌면 저를 돈만 밝히는 속물이라 생각하셨을 수도 있겠습니다. 하지만 저로서는 오히려 이분들의 생각이 짧다고 느껴집니다. 제가 현금을 받는 게 고급 식당에서 식사를 대접받는 것보다 더 저렴할 텐데….

그리고 한 10%는 심하게 갈등하십니다. 두세 번 더 블로그에 댓글을 남겨주시는 등 계속 저와 좋은 관계를 유지하고는 싶어 하는데, 막상 돈을 내면서까지 상담을 받고 싶지는 않으신 것이지요.

그리고 마지막 10% 정도가 즉시 비용을 지불하고 저를 찾아옵니다. 이분들은 간절함도 있으시고 실행력도 있으신 부류입니다. 이렇게 실행력이 뛰어나신 분들은 제 경험상 반드시 성공합니다. 실제로도 이런 부류의 대다수 분은 현재 성공적인 프리랜서로서 안착하여 활동 중입니다.

그렇게 시작된 저의 또 다른 프리랜서 소득활동 중 하나가 바로 '외래교수 양성 특강'입니다. 지금도 수많은 기술사님이 프리랜서 교수 활동을 해 보고 싶어 하시며 그 방법을 알려달라고 많은 문의를 주시나, 제가 밤에는 약속 안 잡고 낮에는 바빠서 시간을 내기가 어렵다 보니 진실함과 간절함이 보이시는 소수에 한해서만 특강을 해드리고 있습니다.

그리고 단순히 만나서 설명만 해드리는 것으로 끝내지는 않습니다. 지금까지 수십 분의 기술자님을 만나서 조언과 상담을 해드렸는데, 많은 분이 결국에는 차마 직장인을 벗어나시지 못하시더라고요. 충분히 이해합니다. 저 역시도 이전 직장에서 어떤 큰 충격적인 사건이 있기 전까지는 그 건설회사가 제 평생직장인 줄 알았으니까요(그 사건에 대한 세부 내용은 제 전작인 『새벽 4시, 꿈이 현실이 되는 시간』을 참조해 주시기 바랍니다).

하지만, 달걀이 생명을 얻어 병아리가 되기 위해서는 스스로 그 껍데기를 깨고 나와야만 합니다. 누가 대신 깨줄 수는 없습니다. 스스로 껍데기를 깨고 나오는 데 성공한다면 병아리가 되어 생명을 얻는 것이고, 누군가가 대신 그 껍데기를 깨트린다면 그건 아마도 계란 프라이가 되는 상황일 것입니다.

그 10%의 실행력을 가지신 분들은 대부분 저의 특강 내용들을 바로 실천에 옮기셨습니다. 우선 시간의 활용이 용이한 세미 프리랜서 개념의 직장으로 옮기시고, 여기저기 각종 교육기관 외래교수를 지원하셨으며, 각종 자문 및 심의 활동에 참여하시고, 또 이렇게 쌓아 올린 실적을 바탕으로 기술직 프리랜서로서 완연히 자리매김하셨습니다. 게다가 이렇게 실행력 있으신 분들은 일 처리도 깔끔합니다. 주로 일을 잘 못 하는 사람들이 우유부단한 성격을 가져서 지지부진하게 결단을 못 내리는 것이지, 일 잘하는 사람들은 신중히 생각한 후 일단 결심하면 바로 실행에 옮깁니다.

그리고 그렇게 실행에 옮기면 저 역시 제 능력 범위 내에서는 최선을 다해서 뒷일을 도와드립니다. 이제는 그분들과 저의 관계는 같은 기술직 프리랜서 업계의 동료가 된 것입니다. 멀리 가려면 동료들과 함께 서로 돕고 도움을 받으며 가야 합니다.

그렇기에 저는 제가 할 수 있는 모든 방면에서 물심양면으로 적극적으로 도움을 드리고 있습니다. 그러면 그렇게 프리랜서로서 자리 잡으신 분들이 대부분 나중에 본인이 뚫은 다른 교육기관 등 프리랜서 활동에 저를 추천해 주시어 오히려 제가 보답을 다시 받습니다. 특히나 저와 전문 분야가 서로 다를 경우에는 서로 부족한 부분을 메워 주며 상생하는 큰 시너지 효과도 얻을 수 있습니다. 즉, 이 경우에는 더하기(+)가 아니라 곱하기(×)가 되는 것이지요.

사람이 돈을 벌려고 생각하면 돈을 벌 방법은 참으로 다양합니다. 그런데 대부분의 수많은 직장인은 그런 생각을 할 시간조차 없으신 것이지요. '시간'. 시간이야말로 가장 소중한 자원입니다.

벌써 여러 차례 언급했지만, 가난한 사람은 본인의 시간을 팔아 쥐꼬리만 한 월급으로 간신히 생계를 유지하고, 부자들은 돈을 주고라도 시간을 사서 그 시간에 더 큰돈을 벌 수 있는 방법을 끊임없이 생각하고 연구합니다.

〈기술사 프리랜서 교수 양성 성공 사례 - 조혜영[3], 김의헌[4] 교수님 등(사진 순)〉

---

3)   조혜영: 외래교수, 건축시공기술사, 건설안전기술사, 건설공학 국제기술사.
4)   김의헌: 외래교수, 토목구조기술사, 토목시공기술사, 건설안전기술사.

○ 프리랜서 작가/기자

 일단 기술직 프리랜서로서 안정적으로 자리 잡게 되면 기본적으로 직장 생활할 때보다는 많은 여유시간이 생깁니다. 현재 저의 경우에도 토요일은 간혹 사이버대학교 인터넷 강의 촬영이나 부동산 투자 재테크 세미나 등의 일정이 있기도 하지만, 일요일과 공휴일은 무조건 쉽니다. 그리고 평일 중에도 매주 하루 정도는 제가 원한다면 언제든 일정을 비워둘 수 있습니다.

 또한, 저는 일반 직장인들처럼 혼잡한 출퇴근 시간대에 맞춰서 이동할 필요가 없다 보니, 차가 밀리는 시간대는 피해서 늦게 출발하고 좀 일찍 귀가하므로 이른 아침과 늦은 오후에도 여유 시간들이 있습니다. 이러다 보니 주말은 물론이고 평일 중에도 알게 모르게 자투리 시간이 많이 발생합니다. 게다가 저는 평소 새벽 4시 전에 일어나는 게 습관인지라, 일반인들과는 다르게 새벽에 2~3시간 정도의 추가 여유를 매일 확보할 수 있습니다.

 제가 앞에서도 말씀드렸고 이후에도 계속 강조하겠지만, 저는 시간을 가장 중요한 자원이라고 생각합니다. 결국 완전한 궁극의 자유는 시간의 자유입니다. 내가 하고 싶은 것을 원하는 시간에 할 수 있어야지만 그게 진정한 자유인 것입니다. 이런 자투리 여유 시간을 제대로만 잘 활용한다면 분명 엄청난 시너지 효과를 얻으리라 생각합니다.

 그래서 저는 이 여유 시간을 활용하여 여러 가지 일을 병행하고 있습니다. 네이버 블로그 운영은 물론이고 페이스북, 인스타그램, 카카오스토리 등 SNS를 통해 매일 글을 올려 자기 홍보를 하고 있고, 각 일정 사이의 자투리 시간에는 항상 책을 들고 다니며 읽기도 하고, 새벽 시간에는 영어공부를 하기도 합니다. 또한, 그런 와중에 매일 새벽마다 30분 정도를 할애하여 책도 집필하고 있습니다. 이 책의 현재 쪽을 집필하고 있는 시간도 2020년 2월 17일 월요일 새벽 5시입니다.

이렇게 매일 새벽 시간을 조금씩 할애하여 2~3쪽씩 글을 쓰다 보면 4~5개월 정도면 책의 초고가 완성됩니다. 그다음으로 3~4회 정도 다시 읽어 내려가며 수정 및 보완하는 퇴고를 거치고, 어느 정도 책으로서 틀이 완성되었다고 판단되면 출판사에 투고하여 출간 협의를 합니다.

출판사마다 신규 무명작가를 받아주는 곳도 있고, 무명작가는 아예 출간을 거절하는 곳도 있습니다. 하지만 꾸준히 여러 출판사에 투고하다 보면 결국 언젠가는 본인과 인연이 닿는 출판사를 만날 수 있을 것입니다. 이런 식으로 꾸준히만 하면 매년 책 한 권 정도는 출간할 수 있습니다.

사실 출판업계의 현실이 이미 명성이 높은 작가이거나 출간 경험이 없더라도 온 국민이 알고 있는 정말 유명한 인물이 저자라면 모를까, 그렇지 않고서는 신규 무명작가에게 출간 기회를 주는 출판사는 흔치 않습니다. 출판사가 자선사업가도 아니니 검증되지 않은 무명작가의 책에 출판사가 모든 비용을 투자하여 전폭적인 지원을 해 주기에는 리스크가 크다는 것이지요.

이럴 때는 경우에 따라서 조건이 다르지만, 출판사가 떠안아야 하는 리스크를 작가와 분담하여 출판하는 방법도 고려해 볼 수 있겠습니다. 최악의 경우 출판사가 손해 보지 않는 최소한의 비용은 작가가 부담하고 일정 부수 이상으로 판매되는 수량의 출판 비용은 모두 출판사가 부담하는 조건으로 하거나, 또는 최초 출간비는 작가가 부담하되 대신 권당 인세 비율을 높게 책정하여 책 판매량에 따른 인세 소득으로 작가가 지불했던 출간비를 회수하는 방식 등으로도 출판사와 협의해 보실 수 있겠습니다. 다만 원고 상태가 최소한 책으로 낼 수 있는 정도의 기본적인 수준은 되어야겠지요.

저 역시 신인 무명작가로서 저의 첫 번째 책인『새벽 4시, 꿈이 현실이 되는 시간』을 출간할 당시에 이러한 조건으로 초기 출판 비용의 일부를 제가 부담하는 방식으로 출간했습니다. 다행히도 책이 출간된 이후로 많은 동종업계 건설기술인 선후배님들이 많은 관심을 가져주시고 좋은 평가를 해 주셔서 제가 부담한 초기 비용은 모두 회수하고 지금은 초과 인세 소득을 올릴 수 있습니다.

책은 짧은 시간 내에 일시적 판매로 끝나는 게 아니라, 지속해서 장기간에 걸쳐서 판매되기에 정기적으로 판매량에 따른 인세를 계속 지급받을 수 있습니다. 저의 경우에도 고정적으로 매번 인세 정산 시기마다 수십만 원의 인세를 꼬박꼬박 받고 있습니다.

물론 최고의 베스트셀러 작가분들이 받는 인세에 비하면 아주 보잘 것없는 금액이지만, 저는 무명작가로서 처음 출간한 책이 이 정도 팔리는 것만으로도 꽤나 고무적인 성과라고 생각합니다. 저로서는 무명작가의 첫 책 출간치고는 매우 성공적인 경험이었습니다. 그 성공 경험 덕분에 용기와 자신감을 얻어 이렇게 두 번째 책까지도 집필하게 된 것입니다.

<첫 번째로 출간했던 책의 인세 지급 사례>

| 답장 | 전체답장 | 전달 | 삭제 | 스팸차단 | 이동 ˅ | 추가기능 ˅ | | 쾌절 ˅ | 🔍 | ⠿ |

박춘성 님의 인세가 지급되었습니다.

박춘성 선생님, 안녕하세요.

<새벽 4시, 꿈이 현실이 되는 시간>

정기 인세가 지급되었으니 MY⬛에서 상세내역을 확인하시기 바랍니다. 이번 인세는 2020년 귀속 종합소득세 신고대상이오니 신고시 누락되지 않도록 유의하세요.

감사합니다.

ⓢ 인세 기초정보 및 지급내역 인세 기초정보 및 지급내역을 확인하실 수 있습니다. 🏠 > 마이페이지 > **인세 기초정보 및 지급내역**

ⓢ 인세 기초정보

ISBN	9791162998328	출간상품명	새벽 4시, 꿈이 현실이 되는 시간
저자 이름	박춘성	정가	14,800
인세	⬛	권 당인세	⬛
공제부수	0	발행일	⬛
계약종료일		자동연장	Y
저자구입률	⬛	저자구입가	⬛
전자책정가	10,500	전자책인세	30%
은행	농협	계좌번호	155-⬛3956
예금주	박춘성		

ⓢ 인세지급내역

구분	지급일	회차	지급액
종이책 (예상)	2020-01-14		456,550 ▶
전자책 (예상)	2020-01-14		79,210

주기적으로 지급되는 수십만 원의 인세가 누군가는 적은 돈이라 생각할 수도 있겠지만, 저에게는 매우 크고 소중한 프리랜서 소득의 한 유형이라고 생각합니다. 그 이유를 제가 관심 있는 부동산 투자와 연계하여 설명해 보겠습니다.

광역시급 대도시에서 2억 원 정도 하는 24평형 소형 구축 아파트를 매수하여 월세를 주게 되면 통상 시세가 보증금 2,000만 원에 월 60만 원 정도로 형성되어 있습니다.

즉, 매회 들어오는 인세 수입이 대략 월세 정도 금액은 되니, 저에게 있어서 이 책 한 권은 2억 원짜리 아파트 한 채와 맞먹는 가치를 가지고 있다 할 수 있겠습니다. 꾸준히 돈이 들어오는 마르지 않는 샘물인 것이지요.

그러므로 돈벌이 측면에서 봤을 때 작가 활동을 통한 책 출간 역시도 프리랜서로서 직장인에 비해 월등히 유리한 조건으로 수행할 수 있는 비고정소득의 한 종류라 할 수 있겠습니다.

한편으로, 책 출간은 단순히 돈벌이 측면을 넘어서 저와 같은 기술직들에게는 그 기술 분야의 최고 권위자로 인정받을 수 있는 방법 중 하나입니다.

많은 공공기관 및 민간업체에서는 자문위원 등 외부 전문가를 선정할 때, 연구논문이나 책 집필 실적도 선정 시 평가 항목으로 보기도 합니다. 책 한 권의 집필을 위해서는 그와 관련된 실무경험은 물론이고 연구논문만큼이나 많은 공부를 하고 시간을 들여야 한다는 것이므로 그 전문성을 인정해 준다는 것입니다.

그렇기에 만약 본인의 활동하는 전문 분야에 대한 책을 한 권 출간하신다면, 그 책으로 인해 그 분야의 전문가로서 입지를 한층 더 다질 수 있고, 또한 평생 홍보에 써먹을 수 있는 아주 좋은 무기가 될 것입니다.

예를 들자면, 국가기술자격시험 교재 등이 이에 해당하는데 이러한 교재 등을 출간하시면 단순히 책을 판매한 인세 소득으로만 그치는 게 아니라, 그 교재를 구매한 수험생들을 대상으로 하는 온·오프라인 특강으로 연계 시켜 추가적인 소득을 올릴 수도 있을 것입니다.

저의 경우에는 글로써 자세히 설명해 드리기에는 어려움이 있지만, 산업인력공단이 주관하는 국가기술자격시험과 연관된 업무도 프리랜서로서 다수 병행하고 있다 보니, 업무의 공정성을 위해서 이러한 시험 교재 등의 수험서는 집필하지 않고 있습니다. 하지만 이런 전문 서적을 집필해 보시는 것도 분명 기술직 프리랜서로서 전문성을 더욱 인정받으며 소득도 올릴 수 있는 좋은 프리랜서 소득 유형임은 틀림없습니다.

〈프리랜서 작가로서 처음 출간했던 책〉

작가로서의 집필 활동 외에도 프리랜서로서 글을 다루며 소득을 올릴 방법이 또 하나 있습니다. 바로 프리랜서 기자 활동입니다. 요즘은 인터넷의 발달로 수많은 기사가 인터넷을 통해 실시간으로 게재되고 있습니다. 그러다 보니 과거 종이 신문만 있었을 때와는 달리 실시간 정보 수집 및 기사 작성이 가능한 프리랜서 기자의 소요가 많아지고 있습니다.

저는 아직 프리랜서 기자 활동은 직접 해 보지 않았기에 이 책에서 저의 직접적인 경험을 말씀드리기는 어렵지만, 저와 같이 기술직 프리랜서 활동을 하시는 저명하신 김성남 교수님의 기자 활동을 사례로 간략하게 설명을 드려 보겠습니다.

프리랜서 기자가 되기 위해서는 우선 해당 언론사에서 주관하는 기자 양성 교육과정을 이수하여야 합니다. 최소한의 기사 작성 요령과 시사상식, 기사 작성 후 게재까지의 절차 등에 관해서 배우게 됩니다.

교육과정 수료 후에는 프리랜서로서 객원기자 직책으로 해당 언론사의 기자증이 발급되고 이 기자증을 활용하여 공식으로 취재 활동 및 기사 작성이 가능합니다. 하지만 기사를 썼다고 해서 무조건 다 뉴스에 게재되는 것은 아닙니다. 해당 언론사 내 편집실 등에서 기사의 내용과 품질을 검수하여 부적절한 내용이거나 사실과 다른 기사인 경우 게재해 주지 않습니다.

이 프리랜서 기자 활동의 소득은 그리 높지는 않습니다. 저도 제가 직접 해 본 게 아니니 명확하게 말씀드리기는 곤란하지만, 이 기자 활동은 경제적 소득 추구보다는 저명한 인물을 만나 인터뷰를 하면서 인맥을 형성하는 등의 프리랜서로서 입지와 활동 영역을 더 넓히는 데 아주 유용하게 쓰일 수 있을 것입니다.

6 성공적인 프리랜서를 위한 자세와 태도

○ 노트북과 스마트폰 활용은 필수

저는 프리랜서로 전향을 결정하고 대기업을 퇴사한 직후, 가장 먼저 노트북부터 새로 구입하였습니다. 그동안에는 회사에서 제공된 데스크톱 컴퓨터를 사용해 왔지만, 프리랜서로서 활동하시려면 휴대하기 편리한 노트북 활용이 필수입니다.

현재 하는 기술직 프리랜서 활동들은 예전에 건설회사에서 근무할 때처럼 지방 공사현장에 장기간 상주하지는 않지만, 1박 2일 등의 짧은 일정으로 지방에 업무를 보러 가는 경우는 종종 있습니다.

이럴 때 간혹 실시간으로 메일을 보내거나 문서를 작성하는 등 급하게 일을 처리해야 할 경우가 있는데, 저는 1인 기업인 프리랜서이기에 누가 저 대신 이런 긴급한 업무를 해 줄 사람이 없습니다. 그러다 보니 하나부터 열까지 스스로 처리해야만 하기에 상황에 따라 필요시에는 노트북을 휴대하고 출장을 다닙니다.

저의 사례를 바탕으로 의견을 드리자면 강의, 점검, 자문, 심의 등 일상적인 당일 활동에는 구태여 노트북을 휴대하고 다닐 필요가 없습니다. 평상시에는 노트북을 제 사무실 책상 위에 놔두고 새벽 시간에 주로 업무들을 처리합니다. 저는 항상 새벽 4시 전에 일어나다 보니 자연스럽게 새벽 시간대에 웬만한 사무행정업무를 다 처리하고 낮에는 강의, 자문 등 외부활동을 하며, 귀가 후 저녁 시간에는 가급적 집에서 가족들과 시간을 보내거나 책을 읽습니다.

경우에 따라서 급한 일이 누적되어 있을 때는 저녁 시간에 일하기도 합니다만, 어지간해서는 저녁에는 가족들과 함께 시간을 보내려고 노력합니다. 이전 건설회사 재직 당시 지방에 근무하면서 가족과 오랫동안 떨어져 있어 본 경험과 하루가 멀다 하고 허구한 날 회식과 접대 등의 술자리에 끌려다녔던 기억들 때문에 프리랜서가 된 지금은 가급적 저녁 시간에는 약속을 잡지 않습니다.

하지만 1박 이상이 필요한 지방 출장이나 현장에서 즉시 강평 자료를 작성해야 하는 컨설팅 등의 업무를 할 때는 노트북을 휴대하고 다닙니다. 그래야만 적시에 필요한 업무를 온전히 처리할 수 있습니다. 이런 이유로 기술직 프리랜서 활동을 하시려면 휴대성이 좋은 노트북은 필수적으로 구비하셔야 할 것입니다.

노트북에 이어서 스마트폰 역시 매우 중요한 프리랜서의 필수 아이템입니다. 성공적인 프리랜서 활동을 하기 위해서는 스마트폰을 단순한 전화기가 아니라 업무용 미니컴퓨터로도 활용할 줄 알아야만 합니다.

스마트폰 기술의 눈부신 발전으로 이제는 스마트폰만 가지고도 컴퓨터로 해야 하는 웬만한 업무를 대부분 할 수 있게 되었습니다. 물론 아직은 스마트폰을 이용해서 문서를 작성하는 등의 업무를 하기에는 다소 제약이 있지만, 문서를 읽고 간단한 편집 정도는 스마트폰만으로도 충분히 신속하게 처리할 수 있습니다.

기본적인 인터넷 검색은 물론, 각종 스케줄관리, 메일 전송 등 많은 업무를 스마트폰만 가지고도 처리할 수 있습니다. 다만 컴퓨터와 비교 시 화면 크기가 작다 보니 가독성이 떨어지는 것과 별도의 키보드가 없어서 타이핑 작업이 불편하다는 등의 제약이 있지만, 이런 몇 가지만 보완된다면 스마트폰만 잘 활용해도 컴퓨터로 해야 할 어지간한 사무업무를 다 처리하고도 남을 것입니다. 따라서 프리랜서로 살아남고 싶다면 시대의 흐름에 뒤처지지 않게 스마트폰도 정말 스마트하게 잘 활용할 줄 알아야 합니다.

건설기술인 법정직무교육 업무를 보더라도 요즘은 고용노동부 환급 과정들은 모두 스마트폰을 이용해 QR 코드를 인식하여야만 출결 체크가 됩니다. 민간 기업에 비해 혁신기술 적용속도가 더딘 정부부처에서조차 스마트폰을 활용한 기술 적용수준이 이 정도인데, 프리랜서로 활동하시려는 분이라면 당연히 정부부처의 혁신 속도보다는 한발 앞서가야 할 것입니다.

저에게 프리랜서 활동을 하고 싶다며 상담을 요청해 주시는 많은 분 중에는 컴퓨터나 스마트폰과 친숙하지 않은 분들도 간혹 계십니다. 주로 50대 후반 이상의 분들로, 회사에서 나름 고위직으로 잘나가셨던 분들이십니다. 대부분 이제 회사에서 막 명퇴를 당하셨거나, 또는 명퇴를 당하기 직전의 상태이신데, 그분들은 스마트폰을 말 그대로 스마트하게 사용하셔야 하는데 전화, 문자, 카톡 외에는 전혀 스마트한 기능들을 사용하지 못하시는 경우가 많습니다.

몇 가지만 예를 들어 보자면 에버노트나 노션 등의 매우 유용한 기록 관리 및 메모 앱의 활용 방법도 모르시고, 페이스북 및 인스타그램과 같은 유용한 SNS 앱도 사용할 줄 모르십니다. 특히나 페이스북의 경우에는 프리랜서로서 자기 자신을 홍보하기에 아주 좋은 도구인데, 이런 좋은 도구들을 전혀 활용하실 줄 모르십니다. 자기 PR(Public relation) 시대임에도 불구하고 전혀 시대를 못 쫓아가는 것이지요.

또한, 직급이 높으시다 보니 스마트폰뿐만 아니라 컴퓨터도 잘 못 다루는 경우가 많습니다. 파워포인트(PPT), 엑셀(XLS), 한글(HWP), CAD 등의 기본적인 컴퓨터 프로그램도 손을 놓은 지 오래인 분들이 대부분이십니다. 특히나 프리랜서 교수를 하시려면 강의 교안 만드는 것만 하더라도 기본적으로 파워포인트(PPT)를 다룰 수 있어야 하는데, 이 프로그램들을 다룰 줄 모르시면 가장 기본적인 프리랜서 교수로서조차도 활동하실 수가 없는 것이지요.

〈PPT를 활용한 강의 교안 작성 사례 - 샘플〉

이렇게 시대에 뒤처지신 분들은 아무래도 적자생존의 시장인 프리랜서 업계에서 생존하시기에 많은 어려움이 있으십니다. 남들은 초스피드로 노트북과 스마트폰을 활용해서 실시간으로 업무를 처리하는데, 이를 못 쫓아 오신다면 프리랜서로서 일거리를 따내기도 어렵겠지만, 기껏 일거리를 따내더라도 적시에 제대로 처리하지 못해 분명히

문제가 될 것입니다.

스마트 기기 활용능력이 떨어져 프리랜서 업무를 못 하는 가장 대표적인 사례를 하나 말씀드려 보겠습니다. 앞서 이야기했던 법정직무교육 등의 과정에 출강하시려면 고용노동부의 HRD-Net 사이트에 접속하여 NCS 확인강사 등록이 필수입니다.

이러한 법정직무교육기관에서의 강의는 아무리 경력이 많고 기술사나 박사학위가 있다고 해도 그냥 누구나 할 수 있는 게 아닙니다. 강의를 하시려는 분은 반드시 사전에 고용노동부에서 관리하는 HRD-Net 사이트에 접속하여 각종 전자 문서들을 작성하고 증빙서류들을 업로드하여 'NCS 확인강사' 조건에 합당한지를 사전에 심사받아야만 출강이 가능한 것이지요.

이 시스템은 각 전문 분야별로 세분화되어 있어 본인이 승인받은 분야에서만 강의가 가능합니다. 즉, 각종 교육기관에서 고용노동부 환급과정을 강의하려면 가장 첫 단계가 바로 이 HRD-Net에 접속하여 심사를 받는 것인데, 제 경험에 의하면 컴퓨터 및 스마트 기기를 잘 못 다루시는 분들은 바로 이 NCS 확인강사 등록 신청 단계에서부터 진행을 못 하고 쩔쩔매시다가 결국 프리랜서 교수 업무를 포기해 버리십니다.

고용노동부 환급과정은 출강하지 않고 다른 일반 교육과정만 출강하면 되는 것 아니냐고 생각하실 수도 있는데, 가장 출강 요청 수요가 많은 과정이 바로 기술자 법정직무교육이고, 이 교육과정은 일부 특수한 경우를 제외하고는 99%가 고용노동부 환급과정으로 운영되고 있습니다. 즉, 프리랜서 교수 업무는 영원히 못 하신다고 봐야겠지요.

〈HRD-Net NCS 확인강사 신청 예시〉

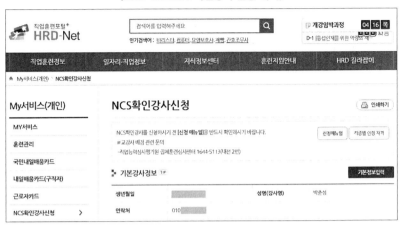

〈HRD-Net NCS 확인강사 교과목 승인 예시〉

NCS직종 승인목록 TIP

NCS직종 추가   훈련기관등록

※ 기승인된 NCS직종에 대해 변경신청 시 점수가 조정(상향, 하향)또는 유지될 수 있으니, 관련 경력 및 배점기준을 확인하시고 신청하여주시기 바랍니다

선택	번호	NCS분류	구분	최초신청일자	최종승인일자	최종점수	상태
◉	1	(140201) 토목설계·감리	변경신청 (1)	2018-03-11	2018-11-29	82.5점	승인 변경신청
○	2	(140103) 건설시공후관리	변경신청 (1)	2018-03-23	2018-11-29	82.5점	승인 변경신청
○	3	(140202) 토목시공	변경신청 (1)	2018-03-11	2018-11-29	82.5점	승인 변경신청
○	4	(140102) 건설시공관리	변경신청 (1)	2017-10-23	2018-11-29	90점	승인 변경신청
○	5	(230601) 산업안전관리	변경신청 (2)	2018-10-23	2018-11-28	84점	승인 변경신청

○ 사무실 마련은 어떻게?

그동안 직장인으로 있을 때는 출근하여 앉아 있을 수 있는 사무실의 내 책상과 의자 등의 사무 공간이 있었을 것입니다. 하지만 이제 프리랜서로 밖으로 나오게 되면 이 사무실 문제는 어떻게 해야 할까요? 별도의 사무실을 마련하자니 임대료가 한두 푼도 아니고, 어찌하면 좋을까요?

결론부터 말씀드리자면 저와 같은 기술직 프리랜서에게는 사무실이 구태여 필요하지 않습니다. 물론 경제적으로 풍족하시다면 나만의 사무 공간을 멋들어지게 꾸며 보는 것도 나쁘지는 않겠습니다. 하지만 제 경험상 기술직 프리랜서는 사무실에서 하는 업무도 일부는 있습니다만 그보다는 컨설팅, 자문, 심의, 강의 등 대부분이 외부 활동이기에, 낮에는 사무실에 붙어있는 경우가 거의 없습니다.

낮에 사무실에 붙어있는 시간이 많다면 책이나 글 쓰는 게 주업이 아닌 이상에야, 그냥 일거리가 별로 없다는 뜻이겠지요. 그렇기에 외부 활동이 활발하신 프리랜서라면 구태여 사무실을 얻을 필요는 없습니다.

저 역시도 처음에는 멋들어지게 사무실을 꾸며놓고 사무실에서 분위기 있는 클래식 음악을 들으며 조용히 서류업무도 처리하고, 친한 지인들을 저녁에 사무실로 초대해 조촐한 맥주 파티를 여는 등의 즐거운 상상을 해 보기도 했습니다.

그래서 대기업을 퇴사한 직후에는 세미 프리랜서 활동을 하면서 개인사업자 등록을 하고 실제로 10평 규모의 사무실을 임대해 저만의 사무 공간을 만들어 사용하기도 했습니다.

그런데 막상 2개월 정도 세미 프리랜서 일을 해 보니 사무실에 앉아 있는 시간이 거의 없었습니다. 낮에는 건설현장 컨설팅을 나가거나 교육기관에 가서 강의를 하고 있었고 저녁에는 일찍 퇴근하여 집에서 가족들과 함께 시간을 보내고 있었습니다. 그러다 보니 급하고 중요한 문서 작업이 있어도 사무실에서 일을 보는 게 아니라 그냥 자택의 제 서재에서 노트북으로 뚝딱 일을 해치우는 경우가 대다수였습니다.

사무실은 거의 일주일에 하루 갈까 말까 하는 정도였습니다. 하지만 사무실 임대료와 각종 공과금은 꼬박꼬박 매월 지출되고 있었지요. 그 비용이 누적되면 결코 적은 돈이 아닙니다. 제 사례만 보더라도 임대료를 저렴하게 얻는다고 구도심 골목길에 있는 낡고 허름한 건물 2층에 사무실을 얻었는데도 임대료와 공과금을 합하면 월평균 35만 원 정도를 지출했습니다.

그러다 보니 득보다는 실이 많은 별도의 사무실은 불필요하다고 판단하게 되었고, 자택의 서재를 제 사무실 용도로 사용하기 시작하였습니다. 사업자 등록지 주소도 임대받았던 사무실에서 제 자택 주소로 옮겨 왔습니다. 몇몇 분은 정식 사무실이 없으면 사업자 등록이 안 되는 것으로 아는 경우가 있는데, 사업자 등록 시 자택 주소를 사무실로 등록하는 것도 가능합니다. 전혀 문제없습니다.

〈자택 주소를 사무실로 신고한 사업자 등록증 사례〉

추후에 가정과는 완전히 분리된 나만의 사무 공간을 가지고 싶다거나 또는 사업을 크게 확장하여 사무실에서 손님을 맞이해야 하는 등의 사정이 생기신다면 그때 가서 다시 사무실을 임대하면 되겠습니다. 그 정도까지는 필요 없고 저처럼 소소하게 프리랜서 활동을 하시는 정도라면 자택의 작은 방 하나를 사무실로 사용하시는 것을 더욱 추천해 드립니다.

저 같은 경우는 자택을 사무실로 활용하면서 여러 가지 큰 장점을 많이 느끼고 있습니다. 저는 항상 새벽 4시에 일어납니다. 그러면 침실에서 나와 간단한 세수 후 바로 제 사무실(서재)로 들어갑니다. 가장 먼저 어제 있었던 일들을 상기하며 일기를 쓰고, 스마트폰 스케줄러 기능을 실행해 오늘 할 일들을 30분 단위로 배열하여 확인하며 미리 준비할 사항들을 정리한 후, 인터넷으로 경제 신문을 쭉 훑어봅니다.

저도 초기에는 종이 신문을 읽는 게 편해서 신문 구독을 장기간 했는데, 종이 신문으로 읽다 보면 별로 중요하지도 않은 광고 같은 시시껄렁한 내용까지도 꼼꼼히 읽어보게 되어 새벽 시간을 너무 많이 빼앗기는 것이었습니다. 아무리 빠르게 읽으려 해도 30분 이상은 소요되었으니까요. 하지만 인터넷으로 신문을 읽게 되면 딱 기사 제목의 키워드만 훑어보고 그중에서 제가 관심 가는 기사만 클릭하여 읽게 되니 신문 읽는 시간을 확 줄여 새벽 시간의 효율성을 더욱 증대시킬 수 있었습니다.

신문을 훑어본 후, 그 새벽 시간을 이용해 어지간한 사무업무는 다 처리해 버립니다. 새벽의 1시간은 낮의 3시간과 맞먹는 업무효율을 갖습니다. 새벽 시간에는 그 누구도 저를 방해하지 않기 때문이지요. 누가 전화를 걸거나 문자를 보내지도 않고, 또한 숙면을 취하고 난 직후라 머리가 가장 맑고 개운한 상태이기에 두뇌 회전도 가장 잘됩니다.

그 외에도 서재를 사무실로 활용할 때의 장점을 몇 가지 더 꼽아보자면 급한 업무가 있으면 저녁이든, 새벽이든 언제든지 바로 처리할 수 있고, 업무를 보다가 졸리거나 피곤하면 바로 소파나 침대로 가서 누워서 쉴 수도 있습니다. 또한, 제 집이다 보니 편한 옷을 입고 업무를 할 수도 있는데 무더운 한여름의 경우에는 편하게 반바지만 입고 업무를 볼 수도 있는 것이지요.

무엇보다도 가장 큰 장점이라고 느끼는 것은 아이들에게 아빠가 어떤 일을 하는지, 어떤 식으로 돈을 벌고 있는지, 돈을 벌려면 무엇을 어떻게 해야 하는지 등의 살아있는 경험을 직접 보여 주고 가르쳐 줄 수 있다는 것입니다.

비유가 적절할지는 모르겠지만, 신입 사원으로 회사에 처음 들어오면 같이 근무하는 선배들이 하는 일들을 곁눈질로 보고 배우면서 일 처리 방법을 스스로 학습해 나가는 것과 같이, 저는 아이들에게 제가 업무 처리하는 과정들을 오가며 보여 주며 아이들이 스스로 곁눈질로 일머리를 배우기를 기대하고 있습니다.

끝으로 부부간에도 급한 집안일이 있으면 제가 바로 나서서 도와줄 수 있고, 저 또한 급한 사무업무가 있으면 아내에게 도움을 요청할 수 있으니 부부간에도 상호 일 처리의 효율이 더 높아졌다고 할 수 있겠습니다.

지금은 방 3개인 아파트에 거주하며 그중에서 작은 방 1개를 제 서재 겸 사무실로 사용 중인데, 아이들이 점점 성장해 가기에 조만간 신규 분양받은 방 4개짜리 아파트로 이사하려 합니다. 이런 식으로 한 3년 정도를 자택의 서재를 사무실로 활용해 본 결과 너무 편리함을 많이 느꼈기에, 저는 아마도 앞으로 평생 지금과 같이 자택의 서재를 사무실로 사용하지 않을까 싶습니다.

〈현재 사용 중인 서재 겸 사무실 전경과 벽에 부착된 하루 일과표〉

새벽 4시, 연봉 2억 프리랜서가 되는 시간

○ 명함은 꼭 필요할까?

명함은 직장인뿐만 아니라 1인 기업가인 프리랜서에게도 꼭 필요합니다. 사업가로서 본인을 짧은 시간 내에 효과적으로 홍보 할 수 있는 가장 강력한 필수 도구입니다. 그런데 여기서 생각의 전환이 좀 필요한 게, 명함이 꼭 한 가지 종류일 필요는 없다는 것입니다.

기술직 프리랜서로서 활동하다 보면 여러 가지 다양한 일을 하게 될 것입니다. 저의 경우를 예로 들어 보겠습니다. 현재 제가 수행하는 프리랜서로서의 직함과 업무유형은 크게 다음과 같이 구분됩니다.

- 대학교수, 대학교 안전보건공학과 강의
- 전임교수, 건설기술인 직무교육기관 강의
- 컨설턴트, 건설공사현장 건설안전 컨설팅
- 자문위원, 각종 설계심의 및 기술자문
- 기업체 대표, 살펴봄건설안전기술원 경영
- 작가, 자기계발 및 건설기술 분야 서적 집필
- 파워블로거, 네이버 블로그 운영으로 수익 창출

이렇게 많은 다양한 업무를 하는데 명함을 단 한 종류만 사용한다는 게 오히려 더 이상한 것이지요. 명함 한 장에 이 내용들을 다 넣을 수는 없습니다. 만약 명함 한 장에 이런 내용을 다 욱여넣으신다면 그 명함을 받아보는 사람의 입장에서는 신뢰감이 더 낮아질 것입니다.

'저 사람 뭐지? 사기꾼인가?'라고 생각하지 않을까 싶습니다. 그래서 명함 활용은 꼭 필요하고 매우 중요하지만, 대충 막 써넣으시면 안 되고 전략적으로 잘 만드셔야 합니다. 그래서 저는 업역별로 구분하여 적절하게 다수의 명함을 활용하실 것을 권장해 드립니다. 다만 그 종류가 너무 많으면 본인조차도 명함관리가 어려울 테니 많아도 두세 장 이내로 활용하심이 좋을 듯합니다.

저의 경우, 프리랜서 초창기에는 뭣도 모르고 업종마다 명함을 다 따로 만들다 보니 한 번에 총 8개까지도 사용했습니다. 이렇게 종류가 너무 많다 보니 다 들고 다니기도 번거롭고 어떤 상황에서 어떤 명함을 줘야 할지 애매하기도 하여, 현재는 관련 분야끼리 묶어서 딱 두 가지 종류만 사용합니다.

하나는 '교수' 직함 명함으로, 대학교 및 교육기관 소속 직함만을 명시하여 주로 학생 및 수강생 등 교육업무와 관련된 사람을 만날 때만 사용합니다. 다른 하나는 사업체 '대표'로서의 명함으로 사업 분야의 전문성을 홍보하기 위해 교수 직함도 작게 병기하였습니다. 이 두 가지 명함 중 교육업무를 제외한 평상시에는 주로 개인사업체 명함을 사용합니다.

〈프리랜서 초기에 사용하던 다수의 명함 사례〉

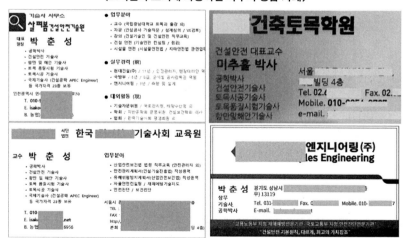

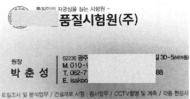

앞으로는 제 프리랜서 사업영역이 또 어떻게 변화할지는 저도 모르기에 추후에는 또 주로 사용하는 명함이 어떻게 바뀔지는 모르겠습니다만, 현재는 다음과 같이 딱 두 종류의 명함만 사용하고 있으며, 향후에도 이 틀에서 크게 달라지지는 않으리라 예상합니다.

〈현재 사용 중인 명함 - 교수 직함〉

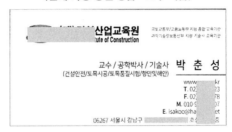

〈현재 사용 중인 명함 - 대표 직함〉

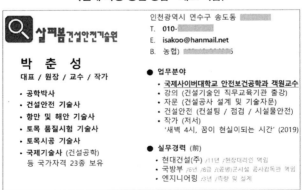

직장에 다닐 때는 관리부서에 말만 하면 알아서 명함을 만들어 주었을텐데, 이제 프리랜서로서 모든 것을 직접 해야만 합니다. 명함도 직접 만드셔야지요. 그래서 이번에는 저의 명함 만드는 방법을 설명해 드리겠습니다.

명함 제작 방법은 아주 간단합니다. 우선 한글(HWP) 또는 그림판 등의 프로그램을 이용해 본인이 원하는 명함의 문구나 특정 디자인 등을 대충이라도 구상해 봅니다. 그렇게 구상한 초안을 인터넷으로 검색해서 찾아낸 명함 제작 업체에 의뢰하면 됩니다.

요즘은 인터넷으로 어지간한 것들은 다 할 수 있는 세상입니다. 수십 종류의 명함 제작 업체가 인터넷상에서 경쟁하고 있지요. 명함 제작 비용은 업체마다 단가가 조금씩 다르기는 한데 통상 2~3만 원이면 200매 정도 제작하여 배송까지 해 줍니다.

명함을 잘 만드는 것도 중요하지만, 더욱 중요한 것은 명함을 잘 전달하는 것입니다. 상대방에게 명함을 건넬 때 지갑이나 주머니에서 꼬깃꼬깃 구겨진 명함을 꺼내어 건네면 본인의 첫인상도 꼬깃꼬깃하게 구겨진 것이나 다름없습니다.

이제 프리랜서를 하시게 되면 어찌 되었든 본인이 기업체의 대표라는 '오너 마인드'를 가지셔야 할 것이며, 이런 마인드를 바탕으로 명함도 아무렇게나 지갑에 꼬깃꼬깃 넣어두는 게 아니라 다음의 제가 실제로 사용하는 사례 사진과 같이 세련되고 고급스러운 명함 케이스를 구입하여 깔끔하게 보관하실 것을 권해드립니다.

<저자가 사용하는 명함 케이스>

주머니나 지갑에서 구겨진 명함을 대충 꺼내어 건네고 또한 상대방에게서 건네받은 소중한 명함을 대충 주머니나 지갑에 구겨 넣는 사람과, 세련된 명함 케이스에서 고급스럽게 명함을 꺼내어 건네고 상대방으로부터 받은 명함 역시도 깔끔하게 명함 케이스에 넣어 소중히 보관하는 사람은 첫인상에서부터 확연히 큰 차이가 날 것입니다.

그리고 결정적으로, 명함 케이스는 비용이 그다지 비싸지 않습니다. 매우 저렴합니다. 인터넷에서 대충 검색만 해 봐도 싼 것은 5천 원 정도만 주어도 구매가 가능합니다. 단돈 5천 원이라는 매우 저렴한 비용으로 본인의 첫인상 품격을 한 단계 끌어 올릴 수 있는 손쉬운 방법을 놓치지 않으시기를 바랍니다.

○ 학회, 협회 가입은 필요할까?

결론부터 말하자면, 제가 직접 해 보니 업무와 관련된 학회 및 협회에 가입은 필요하나, 구태여 비싼 돈을 내고 평생회원으로까지 활동할 필요는 없다고 생각합니다. 다시 한번 강조하지만 어디까지나 제 경험에 의거한 개인적인 의견입니다.

프리랜서 초창기에는 어차피 아직 일이 별로 없기 때문에 이런 학회나 협회의 각종 세미나, 학술 발표회, 현장견학 등에 최대한 많이 참석하여 견문을 넓히고 여러 전문가분과 어울려 다니며 다양한 인맥을 만들 필요가 있습니다.

그렇기에 학회나 협회의 회원 활동은 프리랜서로서의 성공적인 안착에 분명히 큰 도움이 된다고 할 수 있겠습니다. 그렇지만 시간이 흘러 어느 정도 프리랜서로서 일거리가 안정이 되면 이런 학회나 협회 행사에 참여하기가 점점 어려워집니다. 왜냐하면 학회 및 협회 행사는 인맥 형성에는 분명 도움은 되지만 직접적인 돈벌이는 안 되기 때문입니다. 돈을 받고 참여하는 일정과 돈을 내고 참여하는 일정 중에서 선택하라면 독자 여러분께서는 그 시간에 어떤 일정을 선택하시겠습니까?

그래서 학회 및 협회의 평생회원 활동은 그 모임에서 중책을 맡고 있어 일정 수준 이상의 수당을 받고 계시는 분들이나 그 모임과 연관되어 각종 수익 사업을 하는 유관단체(대학교, 연구실, 관련 기업 등)의 관계자분들이 주로 활동하시는 것입니다. 그분들에게는 그 학회와 협회의 각종 행사가 단순한 친목 목적이 아니라 소득을 올리거나 회사를 홍보할 수 있는 유용한 수단이기 때문입니다.

다시 정리하자면 프리랜서 초기에는 어차피 일거리가 많지 않아 시간 여유가 많을 테니 학회 및 협회 행사라도 가급적 참여하여 인맥이라도 늘려 두시는 것이 좋고, 시간이 좀 흘러 어느 정도 프리랜서로서 안착하여 다른 돈벌이가 많이 들어오게 되면 구태여 돈벌이 일정을 제쳐두고까지 학회나 협회 행사에 계속 참여할 필요는 없다는 것입니다.

그렇기에 학회나 협회에 회원 가입하고 초창기에 할 일이 없을 때는 활동에 참여하시는 것을 추천하지만, 구태여 평생회원까지 등록하여 활동하실 필요까지는 없다는 것입니다.

회비는 기관마다 다르지만 통상 연회비는 4만 원에서 10만 원 정도이고, 평생회비는 싸게는 수십만 원에서 비싸게는 수백만 원까지 다소 목돈이 들어가는 편입니다. 본인이 경제적으로 여유 있고 현재 나이가 45살 미만이라서 앞으로 활용할 기회가 많다면 평생회원으로 등록하는 게 더 이득일 수도 있겠지만 그런 조건이 아니라면 구태여 비싼 돈 내고 평생회원까지 할 필요는 없어 보입니다.

우선 일반회원으로 가입 후 1~2년 정도 연회비만 내고 활동하다가 어느 정도 일거리가 늘어나서 바빠지면 활동을 좀 줄이시고, 다시 학회나 협회의 도움이 필요할 때가 오면 그해부터 다시 연회비를 내고 활동을 재개하면 되리라 생각합니다.

저의 경우에는 이전 건설회사 퇴직과 동시에 학회와 협회에서 많은 도움을 받을 수 있으리라 생각하여 건설공학 분야의 저명한 학회와 협회 여러 곳에 수백만 원의 거금을 들여서 평생회원으로 가입해 두었습니다. 그런데 막상 수년째 프리랜서 활동을 해 보니 초창기에 할 일이 없어 인맥이나 쌓으러 행사에 참여하러 다녔을 때 외에는 별로 학회나 협회 활동으로 도움이 되는 것도 없고, 또한 바빠서 활동에 많이 참여하지도 못합니다. 아무래도 학회 및 협회 활동은 직접적인 돈벌이가 안 되다 보니 점차 참여를 뜸하게 하게 되는 것 같습니다.

〈학회 및 협회 평생회원 가입 활동 사례〉

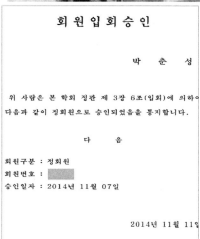

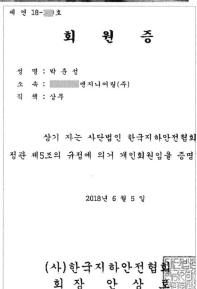

여기에 몇 가지를 더 첨언해 드리고자 합니다. 기술사를 보유하고 계신 분들은 「기술사법」에 의하여 '기술사사무소'를 개설할 수 있는데, 막상 제가 기술사사무소를 개설해 보려고 여기저기 알아보니 저와 같은 조건에서는 기술사사무소를 개설하여도 전혀 업무에 도움이 되는 게 없었습니다.

제가 저희 건설 분야를 기준으로 기술사사무소에 대해 알아본 바로는 구조, 토질 등과 같은 설계와 직접적으로 연관된 기술사 종목이라면 기술사사무소 개설을 통해 조금이라도 도움을 받을 수 있는 게 있지만, 직접적으로 설계를 수행하지 않는 기술사 종목이라면 구태여 기술사사무소를 개설해 봤자 그다지 별 도움 되는 게 없습니다.

직접 설계를 수행하시는 기술사라면 각종 지자체 등에서 발주하는 소규모 용역에 대해 입찰 우선권이 주어지는 등 소소하나마 혜택이 있는데, 저와 같은 시공, 안전, 품질 등이 주력 분야인 기술사는 기술사사무소 개설을 통해 받을 수 있는 혜택이 전혀 없었습니다. 또한, 설계업종 역시도 어차피 최종 용역에 선정되는 것은 공개경쟁 입찰이기에 아무리 기술사사무소를 등록하여 가점이 있다 하더라도 수행실적이 더 많고 보유 인력도 더 많은 법인 설계회사가 선정에 더 유리하지, 규모 작은 기술사사무소가 선정될 가능성은 매우 희박합니다.

그래서 기술사사무소를 설립해도 법인으로 크게 키우실 생각이 아니시라면 기술사사무소 등록은 그다지 별 활용성은 없다고 하겠습니다. 또한, 결정적으로 기술사 사무소를 개설하는 비용 역시 적은 돈이 아닙니다. 대략 수백만 원이 필요한데, 저의 경우에는 그 돈을 내었을 때 돌아오는 가치가 현저히 적다고 판단했기에 기술사사무소 등록은 하지 않았습니다.

그런 판단의 근거를 좀 더 상세히 말씀드리자면, 저는 항만건설 시공 분야 최고의 기술자로서 항만 및 해안 기술사 자격도 보유하고는 있으나 설계 경력은 없기에 항만설계 업종으로 기술사사무소를 개설하는 것은 무의미하다고 판단했고, 그 대신 다수의 실무경력과 역량을 보유하고 있는 건설안전 및 토목품질 종목을 주력으로 기술사사무소를 개설해 보고자 여기저기 알아봤었습니다.

한참 동안 알아본 결과, 제가 추진하려는 건설안전 및 토목품질 종목에서는 기술사사무소가 별 활용도가 없다는 결론을 얻게 되었습니다. 심지어 당시 기술사회 담당 직원에게도 전화를 걸어서 상담을 받아보았지만, 그 담당 직원조차도 설계가 아닌 직종에 대해서는 기술사사무소 개설 시 별다른 혜택이 없다고 설명해 주시는 것이었습니다.

이런 사유로 저는 기술사사무소는 등록하지 않았지만, 이 글을 읽고 계시는 분이 혹여 토질이나 구조 등의 설계를 주 직무로 하시는 기술직이시라면 기술사사무소를 개설하여 활용해 보시는 것도 나쁘지는 않을 것 같습니다.

○ 사업자 등록은 필수

처음 프리랜서를 도전하시는 모든 분이 그러하시겠지만, 저 역시도 회사를 그만두고 처음 개인사업자를 등록할 때 매우 많은 어려움과 두려움이 있었습니다. 예를 들자면, '사업자로 등록해 버리면 소득이 없어도 각종 세금 같은 게 많이 나오는 것 아닌가?' 뭐 주로 이런 걱정들이었습니다. 하지만 막상 겪어 보니 이제는 확연히 알겠습니다. 소득이 있는 곳에 세금이 있는 것이지, 소득도 없는데 세금을 뜯어가지는 않습니다.

우리나라는 자본주의 국가입니다. 즉, 자본을 가장 중요한 핵심가치 중 하나로 여기는 것이지요. 자본주의 국가에서는 자본가가 매우 핵심적인 구성원입니다. 사회 구성원 중에서도 그 역할과 비중이 가장 큰 집단이지요. 그렇기에 대다수의 서민 입장에서는 다소 억울할 수 있겠지만, 현실적으로 모든 제도와 시스템은 자본가에게 더 유리하도록 형성되어 있는 것입니다. 제도와 시스템이 자본가에게 더 유리하게 되어 있다는 것이 구체적으로 어떤 의미인지 쉽게 말씀드리면, 개인사업자를 등록했어도 소득이 없다면 세금을 낼 필요가 없다는 것입니다. 소득이 있어야만 그에 합당한 만큼의 세금을 내는 것이지요.

따라서 세금 문제는 전혀 두려워하실 필요가 없습니다. 또한, 프리랜서 활동을 하시게 되면 대부분의 기관이 먼저 세금을 원천징수 공제한 후 나머지 세후 금액으로 입금해 줍니다. 그러니 종합소득세 정산신고 시 뜯겼던 세금을 오히려 일부라도 환급받는 경우가 더 많지, 추가로 납부하는 경우는 별로 없습니다.

세금이 무서워서 사업을 못 하신다는 것은, 집값은 무섭게 오르고 있는데 재산세 내는 게 무서워 평생 무주택자로 살겠다는 것과 똑같은 이치입니다. 인플레이션으로 물가 상승이 생기고 이로 인해 현금의 가치는 매년 2~3%씩 떨어지는데, 집을 소유하지 않고 전·월세로만 산다는 것은 마치 내가 보유한 현금을 매년 2~3%씩 꺼내어 내 손으로 불을 질러 태워 없애버리는 것과 다를 바 없습니다. 부동산은 실물자산, 즉 현물이기 때문에 다소 등락의 폭은 있겠지만, 궁극적으로는 최소한 물가 상승률 만큼은 오를 수밖에 없습니다. 그러니 현금 대신 부동산 같은 실물자산을 보유하고 있는 것이 최소한 내 자산의 가치를 물가 상승률 만큼은 지켜낼 수 있는 가장 현실적인 방법인 것이지요.

프리랜서 업무유형 중 간혹 세금을 공제하지 않고 입금해 주는 곳도 일부 있기는 합니다. 그래서 이런 모든 유형의 다양한 소득들을 합하여 매년 5월에 실시하는 종합소득세 정산기간에 정리하면 되는 것입니다. 종합소득세 정산신고를 할 때 본인이 직접 국세청 홈택스에 접속해 하나하나 확인하며 일일이 신고해도 되겠지만, 저와 같은 프리랜서에게 시간은 곧 돈이기 때문에 저는 본인이 직접 세금 신고하는 이 방법은 별로 추천해 드리지 않습니다.

저도 프리랜서 초창기에는 세무사 비용 몇 푼이라도 아껴보겠다고 종합소득세 신고에 직접 도전해 본 적이 있는데 정말 하루 꼬박 아무것도 못 하고 책상 앞에 앉아 홈택스 화면을 쳐다보며 붙들고 있어야 했습니다. 더 큰 문제는 세법이 하도 복잡하여 하루를 꼬박 붙들고 했음에도 제대로 세금 신고를 완료하지 못했다는 것입니다. 제 시간당 평균 인건비가 약 17만 원인데, 제가 빼앗긴 시간을 돈으로 환산하면 저는 약 200만 원 정도는 손실을 본 것입니다.

여담이지만, 정부에서는 일부러 일반 국민들이 세금에 대해 잘 모르게 하려고 이렇게 세법을 복잡하게 꼬아서 만들어 놓은 것 같습니다. 국민이 무지해야 통제도 쉽고, 세금 걷는 것도 쉬울 테니 말이지요. 또한 세금 관련 상담을 받고자 세무서에 전화라도 걸어 보면 전화는 또 왜 그리 안 받는 것인지? 상담원과 통화하기가 아주 하늘의 별따기입니다.

돈 벌기에도 부족한 시간인데, 이렇게 세금 신고한다고 시간을 빼앗겨 돈을 못 벌고 있을 필요는 없습니다. 아웃소싱, 즉 세금 전문가에게 돈 주고 맡기면 되는 것이지요. 종합소득세 신고의 경우 일반적으로 세무사에게 수임료 20만 원 정도를 지급하면 알아서 정산신고를 대행해 줍니다. 현금 20만 원만 들이면 되는 것을 200만 원어치의 시간을 들인다는 것은 누가 봐도 비효율적인 행동이지요.

세무사를 선정 후 가지고 있는 원천징수 내역 등의 관련 자료들을 모두 세무사에게 넘기면, 세무대리인으로서 알아서 다 처리해 줍니다. 이런 경우에는 실력 있는 세무사를 만나는 게 중요한데, 주변에서 활동 중인 선배 프리랜서들에게 물어보면 바로 소개해 주실 것입니다.

5월에 종합소득세를 정산하여 신고하면 7월에 환급되는데, 특이 사유가 없는 한 추가납부 없이 일부라도 환급을 받습니다. 왜냐하면 국가에서 사전 원천징수 시 미리 넉넉하게 공제해 가기 때문이지요. 이 종합소득세 외에도 프리랜서로서 꼭 알아야 하는 세금 항목으로는 부가가치세가 있는데 이런 세금에 대한 내용들은 뒤에 별도의 소제목으로 세부적으로 설명해 드리겠습니다.

〈세무사를 통한 종합소득세 정산신고 사례〉

| 종합소득세 신고서 접수증 | | | | Hometax 국세청홈택스 |

| 사용자 ID | ▮▮▮ | 사용자명 | 세무법인 ▮▮▮ | |
| 접수번호 | 131-2019-2-5▮▮▮ | 접수일시 | 2019-05-10 09:47:00 | 접수결과 | 정상 |

■ 제출내역

상호(성명)	박춘성	사업자(주민)등록번호	▮▮▮-*******
신고서종류	종합소득세 정기확정신고서	접수방법	인터넷(작성)
첨부한서류	7종	신고구분	정기(확정) / 정기신고

국세청홈택스에 위와 같이 접수되었습니다.

사업자 등록과 관련하여 한 가지 더 알려드릴 것이 있습니다. 앞서 언급했다시피 우리나라는 자본주의 국가이기에, 세금만 꼬박꼬박 잘 낸다면 국민이 열심히 사업을 하겠다는데 정부에서는 이를 절대 반대하지 않습니다. 무조건 찬성입니다. 그러므로 현재 어느 직장에 소속되어 있다 하더라도 겸직으로 개인사업자 등록을 하여 사업을 해도 법적으로는 전혀 문제가 없습니다. 공무원과 같이 법으로 금지조항이 명시되어 있는 일부 특수한 몇몇 경우를 제외하고는 겸직, 이중 취업 모두 엄연한 합법입니다.

저 또한 직장 생활을 할 때는 이런 걸 미리 알지 못해서 개인사업자로 등록하면 이중 취업으로 법에 걸리는 줄로 알고 퇴직 절차가 마무리된 이후로 사업자 등록을 미루었는데, 추후에 알아보니 법적으로는 아무 제약이 없었습니다. 다만 대기업 등 일부 회사에서는 회사의 내규(취업규칙 등)에 겸직금지 조항이 쓰여 있어서, 사업자로 등록하게 되면 회사 내규 위반으로 징계를 받으실 수는 있겠습니다.

하지만 제가 경험해 보니 이 경우에도 꼼수는 있습니다. 사업자 등록되어 있어도 그 사업자로 인해 발생한 소득을 회사 측에 노출만 시키지 않는다면 회사에서는 소속 직원들이 사업자 등록을 했는지 여부를 먼저 알 방법이 없습니다. 구체적인 예를 들어, 사업자로 소득이 발생했고 이것을 연말정산할 때 실수로 회사 측에 관련 서류를 제출하는 등의 상황이라면 회사에서 인지할 수 있겠지만, 그렇지 않은 일반적인 경우라면 회사에서 작정하고 표적감사를 하지 않는 이상에는 알 길이 없을 것입니다.

따라서 어차피 조만간 회사를 퇴직하고 프리랜서로 나올 구상을 하고 계신다면, 회사 퇴직 전에 미리 사업자 등록을 해두어도 아무 상관 없으니, 미리 개인사업자도 등록해 보시고 그 사업자의 대표로서 명함도 멋들어지게 만들어 소지하고 다니시며 오너 마인드를 가질 수 있도록 스스로를 독려해 보실 것을 권해드립니다.

아마도 본인이 어느 한 사업장의 대표라는 자부심과 함께 회사에만 의존하려던 직장인 근성이 없어지고, 더욱 적극적인 자세로 남은 인생을 개척하고자 하는 의욕이 막 솟구치실 것입니다.

저는 프리랜서를 하려면 사업자 등록이 필요하다고 생각하는데, 그 이유를 몇 가지 설명해 드리겠습니다. 우선 본격적으로 프리랜서 활동을 시작하게 되면 거래한 대다수의 민간 기업에서는 세금계산서 발행을 요청합니다. 이때 세금계산서를 발행하기 위해서라도 사업자 등록을 하시는 게 필수입니다.

만약 사업자가 없으시다면 사업자를 가지고 있는 다른 지인에게 부탁하여 세금계산서를 발행해야 하는데, 부탁하는 것도 한두 번이지, 평생 프리랜서로 살겠다는 사람이 수시로 그런 부탁을 한다는 것은 어불성설이라 생각합니다. 이런 측면에서라도 사업자 등록은 프리랜서로서의 필수 조건이라 할 수 있겠습니다.

사업자는 크게 법인사업자와 개인사업자로 구분할 수 있습니다. 그 중에서 처음 시작할 때는 우선 간편한 개인사업자로 시작해 보시길 권해드립니다. 앞서 말씀드린 것처럼 개인사업자는 소득이 없으면 세금도 없습니다. 그리고 각종 회계처리도 매우 간편합니다. 어지간해서는 1년에 한 번 하는 종합소득세 신고 한 번으로 모든 세금 문제가 다 처리됩니다. 또한, 세금계산서 발행도 훨씬 수월하고요.

반대로 법인사업자는 복식부기가 의무라서 매월 세무사에게 일정 기장료를 지급하며 장부를 작성해야 하는데, 만약 소득이 적고 불특정하다면 이 또한 사무실 임대료와 같이 경제적 부담으로 작용할 것입니다.

저도 아직은 법인사업자는 내어 보지 않아서 법인에 대해서 뭐라 더 구체적인 설명을 드리기는 어렵지만, 결국 어느 정도 규모가 성장하다 보면 개인사업자로는 소득을 올리는 데 한계가 있습니다.

제 경험에 비추어 보자면 저희 건설 분야 프리랜서 업계에서는 통상 월평균 소득 2,000만 원 정도까지가 개인사업자로서의 한계라 생각합니다. 만약 그 정도 소득으로 만족하신다면 구태여 법인사업자까지 등록하실 필요는 없다고 생각하며, 그 이상의 소득을 올리고 싶다면 구체적인 사업방향을 준비하여 향후 법인사업자로 전환하시면 될 것입니다.

혼자서 1인 법인을 설립하는 것도 가능합니다. 하지만 법인사업자는 법인 자체를 별도의 인격체 형식으로 가정하기 때문에 분명히 내가 열심히 일하여 번 돈일지라도 법인의 자산으로 되어 있다면 내 마음대로 꺼내어 쓸 수가 없다는 단점이 있습니다.

그래서 제 생각으로는 부동산 단기 투자 등의 목적에서는 개인사업자보다는 법인사업자가 세금 측면에서 더 유리할 수는 있겠지만, 이 책에서 주 대상으로 하는 기술직 프리랜서 업역에서는 1인 법인이 그다지 별로 큰 이점은 없다고 사료됩니다.

이런저런 것들을 종합하여 경험을 바탕으로 사업자 설립에 대한 저의 생각을 요약 정리하자면 다음과 같습니다. '개인사업자 등록은 필수다. 하지만 법인사업자 설립은 필수가 아니다.' 즉, 본인의 월평균 소득이 2,000만 원 이내라면 법인보다는 개인사업자로 활동하는 것이 여러 측면에서 더 유리하고 그 이상이라면 법인사업자 설립을 고려해 볼 필요가 있다고 생각합니다.

○ 프리랜서 세금의 유형

제가 프리랜서를 막상 해 보니, 세금에 관해 어느 정도 지식을 갖추지 못하면 앞에서 남기고 뒤에서 죄다 까먹는 것 같습니다. 모든 분이 공감하시겠지만, 우리나라의 세금체계는 투명한 유리지갑인 근로 소득자를 가장 좋아합니다.

마찬가지로 프리랜서 활동을 하더라도 사업소득에 대해서는 세금계산서를 발행해야 하니 모든 게 투명하게 공개될 것이고, 근로 소득 역시 대부분의 기관에서 원천징수 후 나머지 비용을 입금해 주기에 유리지갑임은 별반 다를 게 없습니다. 즉, 프리랜서도 국세청의 손쉬운 타깃인 것이지요.

저 역시 앞에서 조금 남기고 뒤에서 많이 까지는 경험을 호되게 당해 본 적이 있습니다. 어떤 기관에서 일을 좀 많이 주어서 신나는 마음으로 열심히 일한 적이 있는데, 그때 한 달 만에 약 1,000만 원의 근로소득세를 납부해야만 했었습니다. 세상에…. 근로소득세가 1,000만 원이라는 게 말이 됩니까?

〈프리랜서 활동 중 근로소득세 과다 징수 사례 - 2020년 1월〉

급상여명세서

사 원 명: 박춘성	
직 급: 교수	

공 제 내 역	공 제 액
국민연금	
건강보험	
고용보험	
장기요양보험료	
소득세	9,486,480
지방소득세	948,640

저도 아직 세금에 관해 정확히 잘 모르기는 하지만 프리랜서로서 살아남으려면 세금에 대한 기본지식 습득이 매우 중요하다고 느끼고 있습니다. 프리랜서로서 직접 처리해야 하는 세금유형은 크게 종합소득세와 부가가치세, 이렇게 두 가지로 볼 수 있습니다. 근로소득세는 어차피 기관에서 알아서 원천징수해 버리니 직접 처리할 일은 없습니다.

일단 알아서 원천징수되는 근로소득세는 어찌 막을 방법은 없으며 그 원천징수된 세금들을 직장인들이 연말정산하듯이 매년 5월에 모두 취합 정산하여 일부 환급받거나 또는 추가로 납부하는 것을 종합소득세 신고라 합니다. 줄여서 종소세라고 부르기도 합니다.

이 종합소득세는 매년 5월에 정산신고하고 7월에 환급 또는 추가 납부됩니다. 종합소득세에 대한 설명은 앞장에서 안내해 드린 바와 같이 복잡하게 직접 해 보겠다고 아까운 시간을 빼앗기는 것보다, 약 20만 원 정도를 주고 세무사에게 의뢰하여 적법하게 처리하는 게 가장 빠르고 쉽습니다.

다음으로 설명해 드릴 것은 부가가치세입니다. 줄여서 부가세라고 부르기도 합니다. 프리랜서 업무와 관련된 부가가치세는 사업자 등록을 하셔야만 세금계산서 발행이 가능할 것입니다. 물론 꼭 사업자 등록을 하지 않아도 개인으로서 세금계산서를 발행하거나 주변 지인에게 부탁하여 대신 발행하는 등의 방법은 있겠지만, 어차피 프리랜서로 활동하시는 거라면 이왕이면 개인사업자를 등록해두시는 게 여러 면에서 더 유리할 것입니다.

공공기관에서 수행하는 프리랜서 업무는 대부분 근로소득세를 원천징수한 후 나머지 비용을 입금해주니 추후 취합하여 종합소득세로 신고하면 처리가 끝나지만, 민간 기업 등에서 수행하는 프리랜서 용역은 대부분 용역계약의 형식으로 비용을 임금해 주니 이에 따른 세금계산서 발행을 요구합니다.

세금계산서를 발행하면 용역 금액 외에 10%의 부가가치세가 민간 기업으로부터 더 붙어서 입금되는 것이지요. 그러면 그 10%의 부가가치세를 쓰지 말고 잘 모아두었다가 6개월에 한 번씩 국세청에 신고하고 반납해야 합니다.

세금계산서 발행과 관련해서는 사업자 등록이 되어 있다면 본인 사업자 명의로 전자세금계산서를 발행하면 될 것이고, 만약 사업자 등록이 안 되어 있다면 부득이 주변에 사업자로 등록되어 있는 지인에게 부탁하여 발행해야겠지요.

만약 일을 발주한 민간 기업에 세금계산서 발행을 못 한다고 그냥 부가세를 빼고 현금으로 입금해달라는 등의 배 째라는 식으로 대응하신다면, 그 한 번 정도는 민간 기업에서 어찌어찌 꼼수를 내어 처리해 주겠지만 다음번부터는 어지간해서는 다시는 프리랜서 일을 주지 않을 것입니다. 그렇기 때문에 본격적으로 사업체를 운영하지는 않더라도 개인사업자를 등록해두시면 이럴 때 유용하게 활용이 가능한 것입니다.

〈사업자 등록증의 업종 업태 예시〉

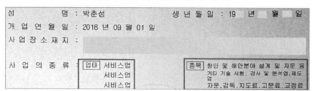

〈전자 세금계산서 발행 예시〉

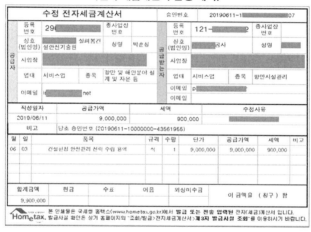

개인사업자를 등록하는 방법이나 전자 세금계산서를 발행하는 방법은 매우 쉽습니다. 인터넷을 조금만 검색해 봐도 쉽게 안내받을 수 있기에 이 글에서는 세부 방법까지는 설명하지 않고 큰 흐름 정도만 말씀드리겠습니다.

세금계산서는 용역이나 재화를 공급한 후 거래처의 요청이 있을 때

수시로 발행하면 될 것이고, 이렇게 세금계산서를 발행하면 거래처에서는 협의가 이뤄진 용역비에 부가가치세 10%를 포함하여 110%의 금액을 입금해 줄 것입니다. 이를 매년 1월과 7월, 이렇게 반기별로 거래처에서 받은 부가가치세를 취합하여 국세청에 납부하면 됩니다.

이때 거래처와 비용 협의 시 주의해야 할 사항은 부가가치세를 어찌할 것인지 명확히 협의해야 한다는 것입니다. 만약 부가세에 대해 명확히 언급하지 않고 총금액으로만 비용을 협의했다면, 그 거래처에서는 총금액에 부가세가 포함된 것으로 인지하고 그만큼 덜 지급할 수 있습니다. 그러니 반드시 '부가세 별도' 또는 '부가세 포함'이라는 부연 설명을 해 줘야 하겠습니다.

이렇게 부가세를 포함하여 110%의 비용이 입금되면 간혹 몇몇 사람은 별생각 없이 그 돈이 모두 자기 돈이라 착각하고 다 써 버려서 정작 부가세는 제때 납부하지 못하고 체납자가 되어버리는 경우도 간혹 있는데, 엄밀히 말하면 그 10%의 부가세는 국가의 돈을 잠시 내가 보관하고 있는 것뿐이지, 절대 본인의 돈이 아닙니다.

그래서 저의 경우에는 세금계산서를 발행하고 입금을 받게 되면 10%에 해당하는 부가세는 별도의 부가세 전용 통장에 차곡차곡 모아두고 아예 없는 돈으로 치부해버립니다. 그리고 1월과 7월의 부가세 납부 시기에 그 통장에 모아둔 부가세를 그대로 납부해 버리는 것이지요. 그편이 실수도 예방할 수 있고 훨씬 마음도 편합니다.

근로소득세를 제외한 프리랜서로서 발생하는 세금유형을 다시 한 번 간략하게 요약 정리하면 다음과 같습니다.

① 종합소득세(종소세): 전년도 대상액을 다음 해 5월에 정산 신고. 전문성이 필요하

기에 세무사에 의뢰하여 처리할 것을 추천.

② 부가가치세(부가세): 세금계산서 발행 시 발생하며 1월과 7월 반기별 정산 신고. 간단하므로 직접 국세청 홈택스로 처리 가능.

참고로 제가 경험해 보니 세금이라는 것은 국가의 주요 재원이기에 합법적인 면세나 절세 방법에 대해서는 절대 국세청에서 먼저 알려주지 않으나, 국세청이 나에게서 받아 가야 하는 세금에 대해서는 어지간해서는 친절하게 우편이나 메일, 문자메시지 등으로 미리 안내해 줍니다. 그러니 안내받은 일정에 맞춰서 알아보고 처리하면 될 것입니다.

○ 목표관리, 프리랜서도 기업이다

직장 생활을 해 보신 분은 잘 아시겠지만, 일반적인 회사에서는 매해 연초에 개인 및 부서의 한 해 목표를 설정하고, 여름에 중간평가를, 연말에 최종 실적평가를 통해 그 한 해의 인사고과를 결정합니다. 제가 근무했던 건설회사를 예로 들자면, 3월 초에 그해 개인의 목표와 부서의 목표를 정량적으로 수립하고 이를 달성하기 위한 구체적 계획까지 작성한 후, 7월에 중간평가, 10월에 최종 인사고과를 진행했습니다.

그래서 그 정량적 기준을 초과 달성한 사람은 상위 등급의 인사고과를 받아 승진에 유리한 가점을 받는 것이고, 반대로 목표를 달성하지 못한 사람은 인사고과 등급이 깎이는 것은 물론이고 최악의 경우에는 실적 부진으로 권고사직의 대상이 되기도 합니다.

프리랜서도 어찌 보면 하나의 기업체입니다. 당연히 기업으로서 이런 연간 계획도 수립하고 정량적으로 추적 확인을 하는 마음가짐이 필요하겠습니다. 그렇기에 저의 경우에는 매년 연초에 다음 예시와 같이 한 해의 정량적인 목표를 세워놓고 이를 달성하기 위한 구체적 방안까지 계획을 구상해 둡니다.

<박춘성의 2019년도 목표 예시 - 2019년 1월 수립>

구분	목표	구체적 실천 방안
2019년	독서(매주 2권)	항상 책을 들고 다니며 5분 이상 짬 나면 독서
	영어 학습(영어단어/회화)	네이버 영어 단어 매일 5개 암기/영어회화 한 페이지씩 학습
	체중 감량(?kg 이하)	저녁 절주/다이어트식
	연봉 세후 1.8억 원 초과 달성	매월 1,500만 원 이상의 수익 달성/자기 PR(규모의 경제)/콘텐츠 개발(책 등)
	교수 임용	대학교수 임용 수시확인 지원
	산업안전지도사 합격	기업진단지도 과목 매일 아침 1시간씩 공부
	토질및기초기술사 합격	지도사 공부 시간 외에 여유가 있을 때마다 토질기술사 학습
	Kosha18001 심사원 교육 이수	
	4월 이전 제네시스 할부금 완납	빚 최소화, 청산
	첫 가족 해외여행	책, 콘텐츠 등 비근로 소득으로 가족여행
	책 출간	
	추가 투자(아파트? 대출 선납?)	

그리고 이 목표를 달성하기 위해서 매일 새벽 4시에 눈을 뜨면 가장 먼저 서재 책상 앞에 앉아 벽에 붙여놓은 이 목표를 한번 쭉 읽어 내려가며 매일 머릿속에 각인하고 다짐을 새롭게 가집니다. 자기 자신을 세뇌하는 것이지요. 그렇게 반년 정도가 흘러 6월이 되면 그간의 진행성과를 스스로 중간평가하고 다음 예시와 같이 목표를 다시금

현실적인 수준으로 일부 조정합니다.

〈박춘성의 2019년도 목표 중간평가 예시 - 2019년 6월〉

구분	목표
2019년	독서(매주 2권)→정상 진행 중
	영어 학습(영어단어/회화)→진행 중
	체중 감량(?kg 이하)→부진, 독려 필요
	연봉 세후 1.8억 원 초과 달성→정상 진행 중
	교수 임용(산중교수? 산업현장교수?)→진행 중
	~~산업안전지도사 합격~~→계획 수정(삭제)
	~~토질및기초기술사 합격~~→계획 수정(삭제)
	~~Kosha18001 심사원 교육 이수~~→계획 수정(삭제)
	~~4월 이전 제네시스 할부금 완납~~→달성
	~~첫 가족 해외여행~~→달성
	책 출간→진행 중
	~~추가 투자(아파트? 대출 선납?)~~→달성
	투자 대출 100% 선납 완료→계획 수정(추가)

중간평가를 하면서 조기 달성된 목표들은 정량적 수치를 더 높여서 목표를 상향시킨다거나 다른 목표를 추가하여 더욱 강화하고, 아예 달성이 불가능하게 된 목표들은 리스트에서 삭제 선을 그어 지워 버립니다.

어차피 제 개인의 목표인데, 목표 내용을 중간에 수정한들 누가 뭐라 하겠습니까? 본인이 마음 가는 대로 바꾸면 되는 것이지요. 이런 과정을 거쳐 6월 중간평가에서 목표를 현실화하여 조정한 다음 연말에 다음 사례와 같이 그해의 실적을 최종평가합니다.

〈박춘성의 2019년도 목표 최종평가 예시 - 2019년 12월〉

구분	목표
2019년	독서(매주 2권)→달성
	영어 학습(영어단어/회화)→달성
	체중 감량(?kg 이하)→실패
	연봉 세후 1.8억 원 초과 달성→초과 달성
	교수 임용(산중교수? 산업현장교수?)→달성
	산업안전지도사 합격 →계획 수정(삭제)
	토질및기초기술사 합격 →계획 수정(삭제)
	Kosha18001 심사원 교육 이수 →계획 수정(삭제)
	4월 이전 제네시스 할부금 완납 →달성
	첫 가족 해외여행 →달성
	책 출간 →달성
	추가 투자(아파트) →초과 달성(4채)
	주담보 와 대출 완납 →계획 수정(삭제)
	투자 수익으로 1천만 원 이상 확보→초과 달성

사람이 목표를 세운다고 해서 무조건 목표를 전부 달성하는 것은 아닙니다. 현실적으로 신이 아닌 이상에야 100% 달성은 절대 불가능하지요. 하지만 목표조차 없는 사람과 비교해 보면 그 성취도는 비교도 안 될 정도로 높을 것입니다. 어디로 가야 할지 목적지를 정확히 알고 있어야 그 목적지를 향해 나아갈 수 있습니다.

예를 들어, 부산이 목적지라면 KTX를 타고 가든, 버스를 타고 가든, 걸어서 가든 목적지를 뚜렷하게 알고 있으니 어떻게든 부산 방향으로 접근할 것입니다.

그래서 목적지에 도착하면 좋겠지만, 설사 목적을 이뤄내지 못한다고 하더라도 그동안 들인 노력이 나에게 득이 되면 득이 되었지, 결코 손실이 되지는 않을 것입니다. 이처럼 분명한 목표가 있어야만 삼천포로 빠지지 않고 그 목표를 향해 한 걸음씩 나아갈 수 있을 것입니다.

하지만 목표조차 없는 사람은 도대체 어느 방향으로 가야 할지조차 모를 것입니다. 부산으로 가야 함에도 불구하고 포천, 수원, 파주, 인천, 하남 등 평생 같은 자리만 빙글빙글 맴돌고 있을 것입니다.

100% 완료는 불가능하더라도 이렇게 구체적인 자기만의 목표를 정해놓고 이를 꾸준히 정량적으로 관리해 나간다면, 못해도 당초 목표의 70~80% 정도는 달성이 가능할 것입니다. 비록 100%는 아니어도 이렇게 달성한 70~80%의 성과는 어디 가는 게 아닙니다. 남 주는 게 아니지요.

모두 본인의 삶에 긍정적인 효과를 주지, 부정적 효과를 주지는 않을 것입니다. 그러므로 진정한 프리랜서로서 살고 싶다면 우선 본인의 목표부터 구체화해야 할 것입니다.

마치 회사에서 연간 사업계획을 수립하고 연말 수행실적을 관리하듯이, 개인에 대한 연간 목표는 물론이고 5년 후 목표, 10년 후 목표, 평생 목표 등으로 구분하여 아주 구체적으로 목표를 세우고 이를 정량적으로 관리해야 할 것입니다.

<**박춘성의 2020년도 이후의 인생 목표**>

구분		목표
2020년	자기계발	독서(이틀당 한 권)→정상 진행 중
		영어 학습(영어 단어/회화)→정상 진행 중
		체중 감량(?kg 이하)→정상 진행 중
	고정소득	연봉 세후 2.2억 원 달성→코로나19로 3~4월 소득 감소, 노력 중
		연내 두 번째 책 출간(기술직 프리랜서)→정상 진행 중
		~~유튜브 시작(기술직 프리랜서 콘텐츠)~~→계획 수정(삭제)
		비근로 소득 500만 원 확보→정상 진행 중
	투자소득	분양권 단기전매 투자 1건 이상→정상 진행 중
		2채 이상 신규 투자(분양권 외)→정상 진행 중
		총자산 22억 원/순자산 11억 원 달성→코로나19로 소득 감소, 노력 중
	여가	~~두 번째 가족 해외여행~~→계획 수정(삭제, 코로나19 여파)
		~~연말(겨울) 제주 가족여행~~→조기 달성
2021년		총자산 26억 원/순자산 13억 원 달성
		기술거래사 취득
		직업능력개발훈련교사 1급 취득
2022년		총자산 30억 원/순자산 16억 원 달성
2023년		총자산 40억 원/순자산 20억 원 달성
		42평 ○○ 아파트 신규 입주, ○○ 아파트 전세 주기
		월 1,000만 원 이상 자본소득 실현
		경인 지역 전원주택 또는 농막 세컨드하우스
		멋진 대형차 신규 구매(국산 세단 중 최고급 차량)
2030년		경제적 자유 달성(월 2,000만 원 이상 자본소득 실현)
		순자산 100억 원 초과 달성
노년		대학교수/강의/컨설팅 활동/경제적, 시간적으로 여유 있는 노년

저는 사람은 그 사람이 평소 무의식적으로 생각하는 방향대로 인생이 흘러간다고 믿습니다. 그렇기에 무의식 상태에서도 항상 긍정적인 생각만 해야 할 것이고, 명확한 목표와 행복한 미래를 꿈꾸고 있어야만 합니다.

'자기 확신' 또는 '자기 세뇌' 등으로 표현할 수 있겠으며, 저의 경우에는 이를 위해 매일 새벽 운동을 하면서 아무도 없는 공원에서 소리 내어 외치는 저만의 기도문이 있습니다. 그해의 목표와 인생의 목표를 짧게 축약하여 정리한 저만의 새벽 기도문을 만든 것이지요.

〈나의 기도문 - 매일 새벽 운동 중에 외치며 다짐 중〉

1. 나는 건강하다. 나는 부자가 된다. 나와 우리 가족 모두 100세 넘어서까지 건강하고 부유하게 산다.

2. 우리 애들은 훌륭하게 성장하여 군 장교를 나오고 사회적으로 인정받고 돈도 많이 벌고, 예쁘고 착한 여자를 만나 평화롭고 행복한 삶을 산다.

3. 나는 올해 세후 연봉 2억 원 달성, 두 번째 책 출간, 순자산 11억 원을 달성한다.

4. 나는 2023년에는 순자산 20억 원 초과, 비근로 소득 월 1천만 원, G90 교체, 세컨드하우스를 달성한다.

5. 나는 2030년 이전에 순자산 100억 원 초과, 비근로 소득 월 2천만 원, 경제적 자유를 달성한다.

○ 금융관리, 예산계획이 필요

이번 장에는 프리랜서로서 예산관리에 대한 저의 생각을 말씀드리겠습니다. 제가 근무했던 건설회사의 경우, 신규 건설공사를 수주하면 착공하기 전에 이미 본사 예산실에서 철저한 '계획예산'을 세워둡니다. 그 예산대로만 수행된다면 회사 입장에서는 수익이 꽤 많을 것입니다.

그리고 실제로 착공하게 되면 현장에 투입된 직원에 의해 다시 한 번 좀 더 구체적으로 '실행예산' 계획을 수립합니다. 회사에 돈을 많이 남겨다 주어야 능력 있다고 인정받고 승진도 할 수 있을 것이기에 대부분 계획예산보다도 더 팍팍하게 쪼아서 실행예산을 짭니다.

건설현장의 업무가 계획대로 잘 진행되지만은 않겠지요. 예상치 못한 각종 악성민원, 안전사고 등 예산을 깎아 먹는 돌발 변수가 매우 많이 발생합니다.

그럼에도 불구하고 공사를 수행하면서 실행예산계획대로 잘 관리하여 앞서 본사에서 세워둔 계획예산보다도 더 절감시켜 프로젝트를 완료했다면 그 현장 직원들은 유능한 사람으로 인정받아 승진할 것이고, 반대로 실행예산 초과뿐만 아니라 계획예산까지도 초과해버린다면 아주 무능한 인간으로 본사에 밉보이게 될 것입니다.

이와 같이 어떤 일을 하는 데 있어서 실적을 평가하기 위해서는 예산계획이 있어야지만, 추후 수행실적을 정량적으로 평가할 수 있습니다.

프리랜서도 분명한 1인 기업입니다. 당연히 이와 같이 예산계획을 세워두고 그 예산을 절감하거나 수익을 더 높일 방법을 부단히 연구하고 노력하는 금융관리를 해야 더욱 발전하는 성과가 있을 것입니다. 그렇기에 단순한 가계부 정도의 개념이 아니라 회사에서 사업 예산을 짜듯이 치열하고 치밀하게 예산계획을 수립하고 이를 달성하기 위해 노력해야 할 것입니다.

저는 불행인지 아니면 다행인지, 고등학교 시절의 어린 나이 때부터 혼자서 생활해 오다 보니 이렇게 예산계획을 세우고 가계부를 쓰면서 소득과 지출을 체계적으로 관리하는 것이 매우 익숙합니다. 특히 직장 생활을 하면서 앞의 사례와 같은 건설공사 현장의 체계적인 예산관리 업무도 경험해 보니 더욱 치밀한 예산계획 수립 및 금융관리가 가능해졌습니다.

그래서 저는 항상 향후 5년 치의 예산계획을 미리 수립해두고 있습니다. 책의 지면상 그 5년 치 금융계획을 모두 보여 드릴 수는 없지만, 우선 2020년의 예산계획 부분만 샘플로 보여드리자면 다음과 같습니다.

〈2020년도 예산계획 사례〉

구분		항목	1월	2월	3월	4월	5월	6월	7월	8월	9월	10월	11월	12월
소득	수입	근로소득	2365.6	1200.0	1400.0	1400.0	1400.0	1400.0	1400.0	1400.0	1400.0	1400.0	1400.0	1400.0
		비근로소득												
	이월	전월이월	552.0	2351.7	2648.7	3106.7	3373.7	3940.7	4429.7	5049.7	5602.7	6196.7	6856.7	7523.7
	합계		2917.8	3551.7	3448.7	4506.7	4773.7	5340.7	5829.7	6449.7	7002.7	7596.7	8256.7	8923.7
	세금	특별세금								34.0	34.0			
		소계	0.0	0.0	0.0	0.0	0.0	0.0	0.0	34.0	34.0	0.0	0.0	0.0
	생활비	보장보험	40.8	50.0	50.0	50.0	50.0	50.0	50.0	50.0	50.0	50.0	50.0	50.0
		공과금	26.8	45.0	45.0	45.0	45.0	45.0	45.0	45.0	45.0	45.0	45.0	45.0
		기본 생활비	94.4	170.0	170.0	170.0	170.0	170.0	170.0	170.0	170.0	170.0	170.0	170.0
		추가 생활비	7.0	40.0	40.0	40.0	40.0	40.0	40.0	120.0	40.0	40.0	40.0	40.0
		교육비		80.0	80.0	80.0	80.0	80.0	80.0	80.0	80.0	80.0	80.0	80.0
		여행/행사	138.0	35.0	35.0	435.0	35.0	35.0	35.0	35.0	35.0	35.0	35.0	35.0
		소계	307.0	420.0	420.0	620.0	420.0	420.0	420.0	500.0	420.0	420.0	420.0	420.0
	넘려 비용	업무추진	106.4	80.0	80.0	80.0	80.0	80.0	80.0	80.0	80.0	80.0	80.0	80.0
		영업(투자)	67.9	40.0	40.0	40.0	40.0	40.0	40.0	40.0	40.0	40.0	40.0	40.0
		개인용돈	3.3	15.0	15.0	15.0	15.0	15.0	15.0	15.0	15.0	15.0	15.0	15.0
		자기계발	2.0	20.0	20.0	20.0	20.0	20.0	20.0	20.0	20.0	20.0	20.0	20.0
		자유지비	98.4	10.0	10.0	10.0	110.0	10.0	10.0	10.0	10.0	10.0	10.0	10.0
		기타	-4.7											
		소계	273.3	165.0	165.0	165.0	265.0	165.0	165.0	165.0	165.0	165.0	165.0	165.0
	합계		580.3	585.0	585.0	985.0	685.0	585.0	585.0	699.0	619.0	585.0	585.0	585.0
잔액	지급 가능액		2337.5	2966.7	2863.7	3521.7	4088.7	4755.7	5244.7	5750.7	6383.7	7011.7	7671.7	8338.7
저축/대출		원금	58.6	57.0	57.0	57.0	57.0	57.0	57.0	57.0	57.0	57.0	57.0	57.0
		이자	83.7	89.0	98.0	89.0	89.0	89.0	96.0	89.0	89.0	96.0	89.0	89.0
		청약저축	2.0	2.0	2.0	2.0	2.0	2.0	2.0	2.0	2.0	2.0	2.0	2.0
		계	144.3	148.0	157.0	148.0	148.0	148.0	155.0	148.0	148.0	155.0	148.0	148.0
잔액		결산	2193.2	2818.7	2706.7	3373.7	3940.7	4607.7	5089.7	5602.7	6235.7	6856.7	7523.7	8190.7
투자		목련동 3	43.5		1100.0					40.0		39.0		
		호반써밋						178.0						
		천안 2	-200.0	770.0	-1500.0									
		시흥장현	-2.0											
		기타 투자												
잔액			2351.7	2648.7	3106.7	3373.7	3940.7	4429.7	5049.7	5602.7	6196.7	6856.7	7523.7	8190.7

(8월 투자 칸 주석: 농협 신용대출 환납 후 카행 미통 만들기)

예산계획 수립 시에는 안전성 확보를 위해 소득 부분은 최대한 보수적으로 추정해야 할 것입니다. 반대로 지출 부분은 가급적이면 현실적으로 추정해야 합니다. 그래야 예산이 초과하는 상황을 방지할 수 있습니다. 이렇게 총 5개년 치 예산을 미리 수립해두고, 월 단위로 실제 수입과 지출 내역을 정리하는 방식입니다.

이 샘플을 예시로 들어서 설명해 드리자면, 현재 이 글을 쓰고 있는 시점이 2020년 1월 말이다 보니 1월의 수치만 실제 현황이고 나머지 2월부터 12월까지는 모두 계획예산입니다.

사람마다 본인이 추구하는 성향과 좋아하는 관리기법이 다르기에 이 세부적인 예산 수립 방법은 각자 본인의 취향을 반영하여 편리한 방법으로 관리하면 될 것입니다. 다만 프리랜서도 분명한 1인 기업으로서 철저한 예산계획 수립과 이를 실제 비교 분석하는 금융관리 활동이 꼭 필요하다는 것이 이번 장에서 제가 말씀드리고 싶은 것이었습니다.

○ 시간관리, 시간 가계부 활용

세상에서 가장 소중한 것은 시간입니다. 돈 주고도 살 수 없는 것이지요. 저는 프리랜서를 선언하면서 나름대로 저만의 시간 기준을 세워둔 것이 있습니다. 최소 시간당 5만 원 이상 소득이 있는 일만 하겠다는 것입니다. 만약 시간당 5만 원 이상이 안 된다면 그 일은 안 하고 차라리 그 시간에 책을 읽거나, 공부를 하거나, 운동을 하는 등 저의 발전을 위한 자기계발에 투자하는 편이 더 이득이라고 생각했습니다.

프리랜서를 처음 시작한 초창기에는 주로 시간당 5만 원에서 10만 원 사이로 인건비가 형성되었는데, 서당 개 3년이면 풍월을 읊는다고, 요즘은 프리랜서 3년 차가 넘어가니 다행히도 몸값이 좀 상승했습니다. 시간당 평균 소득을 계산해 보면 약 17만 원 정도로 3년 만에 몸값이 많이 뛰었습니다. 물론 연예인 등 유명인사가 벌어들이는 돈과는 비교조차 안 되지만, 돈을 많이 주는 그 어떤 대기업이라 할지라도 그 직장인들보다는 몇 배 이상 더 큰 소득규모라 생각합니다.

제가 소속되어 있던 대기업 건설회사의 경우를 예로 들자면 부장 직급 월급이 많아야 세후 900만 원 정도였습니다. 이를 월평균 24일 근무(건설현장은 월 6일 휴무임)로 나눠 보면 하루 일당은 약 37만 원, 또 이를 10시간(건설현장 근무시간은 07시부터 18시까지입니다)으로 나눠 보면 시간당 채 4만 원이 되지 않습니다. 이렇게 따지고 보면 제가 현재 기술직 프리랜서로서 벌고 있는 시간당 소득은 대기업 부장급 임금의 4배 이상이니, 아마도 대기업의 임원급 이상 연봉 수준은 된다고 생각합니다.

이런 고소득 비법의 모든 것은 바로 철저한 시간관리에서부터 시작됩니다. 시간을 못 지키는 사람은 아무것도 할 수 없습니다. 제가 하는 프리랜서 직무 중에서 가장 비중이 큰 건설기술인 직무교육 분야만 해도, 교육기관의 담당자들이 가장 싫어하는 교수 유형이 늦게 도착하고 일찍 끝내버리는, 즉 시간약속을 잘 안 지키는 사람입니다. 저역시 교육원 전임교수로서 교육사무 업무를 많이 해 봤기에 심히 공감하는 내용입니다.

시간을 안 지키는 유형은 상황에 따라 크게 두 가지로 대별되는데, 첫 번째 유형은 약속을 종종 까먹는 깜박이 유형입니다. 평상시에 메모 및 기록을 잘 안 하시는 분들이 이런 유형입니다. 이분들은 절대 프리랜서를 하시면 안 됩니다. 하신다고 해도 누가 소개해 주거나 추천해 주지 않을 테니 프리랜서로는 생업을 유지하시기 어려울 것입니다.

두 번째 유형은 일정은 기억하고 있으나, 교통체증 등의 이유로 늦는 경우입니다. 어쩌다 한 번 지각하는 것은 이해할 수 있지만 반복되는 잦은 지각은 이해가 안 될 것입니다. 본인의 시간이 중요한 만큼 상대방의 시간도 중요한 법입니다. 그 상대방의 시간을 지켜 주는 것이 가장 기본적인 예의라 할 수 있겠습니다.

저는 이렇듯 매우 중요한 시간관리를 위해 3중으로 관리를 하고 있습니다. 우선 약속이 잡히는 즉시 스마트폰의 스케줄 앱에 다음 사례와 같이 일정을 기록해 둡니다. 혹여 헷갈려서 겹치는 시간대에 중복하여 다른 일정을 잡으면 안 되기에 실시간으로 확인하기 위해서 그러는 것입니다.

〈스마트폰을 활용한 주간 스케줄관리 사례〉

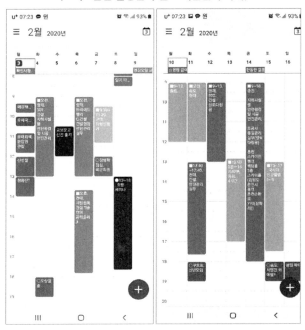

스마트폰 스케줄 앱의 설정은 사람마다 보기 편한 방법으로 하시면 되겠습니다만, 저의 경우에는 주간 단위 스케줄을 애용합니다. 월간 단위는 세부 스케줄을 한눈에 확인하기 어렵고, 일간 단위는 그날의 일정 외에 앞뒤 날의 일정을 확인하기가 번거로워 주간 단위로 스케줄을 관리합니다.

해당 업무가 있을 때 그 시간만큼을 미리 업무유형별 고유색상으로 음영 표시하고 소요되는 이동시간까지 반영하여 조금 여유 있게 시간을 비워둡니다. 그러다 보니 대부분의 일정에서 조금 미리 도착하여 시간이 남는 경우가 많은데, 이럴 때를 대비해서 항상 읽을 책을 들고 다닙니다.

얼마나 좋습니까? 일찍 도착하여 상대방에게 신뢰감도 주고, 여유 시간에 책을 읽어서 견문도 넓힐 수도 있는 일석이조의 방법입니다. 일정은 유형에 따라 한눈에 구분할 수 있게 색상으로 분류합니다. 저의 활용 예를 들자면 다음과 같습니다.

- 연두색: 강의

- 노란색: 심의, 자문

- 보라색: 공부 및 독서 등 자기계발

- 빨간색: 투자 관련 임장, 계약 등

- 하늘색: 별로 중요하지 않은 임시일정 및 단순 메모

이렇게 스마트폰에만 일정을 기록할 경우, 만약 스마트폰이 분실되거나 배터리가 방전되었을 때 일정 확인이 어렵습니다. 그래서 이를 보완하고자 제 사무실의 탁상달력에 다음 사례와 같이 수기 메모를 병행해 둡니다.

그리고 가장 중요한 시간관리 방법이 하나 더 있는데, 이 모든 게 결국에는 돈을 벌기 위한 활동이다 보니, 돈을 입금받았는지까지 추적 확인하는 것도 중요합니다. 즉, 일정관리에 수금관리 기능까지도 병행해야 하는 것입니다.

그래서 앞서 몇 번 설명해 드린 바 있는 엑셀(XLS) 파일을 이용하여 수행한 업무의 일시, 장소, 내용, 예상소득, 실제 수금액 등을 병행 기록해 둡니다. 그래서 최종적으로 수금까지 완료해야지만 그 일정에 표시해둔 음영을 없애는 개념이지요.

저는 이렇게 철저한 시간관리를 위해 3중으로 일정을 기록 관리하여 혹여 발생할 수 있는 착오를 방지하도록 체계적으로 시간을 활용하고 있습니다.

○ 자기관리, 첫인상에서 결정된다

보기에 좋은 떡이 먹기도 좋다고 합니다. 기술직 프리랜서로서 실력이 가장 중요하지만, 그다음으로 중요한 것은 외적으로 보이는 모습,

즉 첫인상이 두 번째로 중요하다고 생각합니다. 아무리 실력이 있어도 후줄근한 주름진 면바지나 청바지를 입고 며칠 동안 감지 않은 것처럼 보이는 엉겨 붙은 떡진 머리로 다니는 사람과 깔끔하게 정장을 차려입고 헤어젤로 머리를 단정히 빗어 넘긴 사람은 첫인상에서 호감도가 다를 수밖에 없습니다.

물론 애플의 스티브 잡스나 페이스북의 저커버그와 같이 매번 똑같은 편안한 복장으로도 충분히 실력을 인정받고 돈을 많이 벌어들이는 사람도 있지요. 하지만 그들은 주로 결정을 내리는 업무만 보는 기업의 오너이지, 직접 상대방을 대면하며 설득시켜야 하는 프리랜서가 아닙니다.

프리랜서라는 신분은 참 오묘합니다. 본인 스스로가 경영자이기도 하지만, 영업 담당자이기도 하고, 회계 담당자이기도 하며, 기술 실무자이기도 합니다. 그렇기에 프리랜서는 여러 자기관리 분야 중에서도 강렬한 첫인상을 줄 수 있도록 깔끔한 외형관리에도 꼭 신경을 써야 합니다.

외형관리 중 가장 중요한 첫 번째 사항은 복장이겠지요. 옛말에 옷이 날개라고 했습니다. 남성분의 경우에는 기본적으로 어두운색 계열의 정장을 착용하시면 무난할 것입니다. 거기에 다소 불편하시더라도 한여름이 아니고서는 넥타이를 매고 다니시는 게 깔끔한 이미지 형성에 더 좋을 것입니다.

여기까지는 기본 매너이고 다음 단계로는 한층 더 본인을 빛나게 해 줄 액세서리를 각자 필요에 따라서 보완하시면 더 좋을 것입니다. 품격 있어 보이는 아날로그 손목시계와 본인을 더욱 프로페셔널한 전문가로 보이게 만들어 주는 전문 학회나 협회 등의 번쩍이는 배지, 사람들의 시선을 집중시키기 위한 행거치프 또는 부토니에 등…. 열거해 보자면 끝도 없습니다.

저 역시 그렇게 패션 감각이 뛰어난 사람은 아니다 보니 제가 말씀 드릴 수 있는 선은 여기까지인 것 같습니다. 이 이상은 뷰티 전문가의 상담과 조언을 받아 보시기를 권해드립니다. 다만, 깔끔한 외모는 첫 인상에 매우 큰 영향을 주며 이는 프리랜서로서 사업 수주에 꽤 큰 영향을 미친다는 것을 말씀드리고 싶었습니다.

〈저자가 애용 중인 기술사회 배지 및 행거치프 예시〉

몇 가지를 더 추가로 말씀드리고자 합니다. 외모관리에서 체중관리 역시 매우 중요합니다. 날렵한 턱선과 몸매 역시도 꽤나 호감을 줄 수 있는 외형 요소이지요. 솔직히 저는 날렵하지 못하고 체중이 꽤나 나가는 편이라 체중에 대해서 누구에게 조언을 해 줄 만한 입장이 절대 아님을 잘 알지만, 그래도 제 경험이 혹여 도움이 될 수 있다면 좋을 듯하여 의견을 드려 봅니다.

가장 완벽한 성형은 다이어트라고들 합니다. 저도 잘 알지만, 건설 현장에서 십수 년 동안 근무하면서 매일 밤 영업과 접대를 위해 술을 퍼마시는 삶에 찌들어 살다 보니 습관적으로 밤마다 술이 생각나는 안 좋은 식습관이 생겼습니다.

회사를 그만둔 지금은 그래도 노력하여 술을 많이 줄였습니다. 주종도 소주에서 막걸리로 바꾸고 주량도 매일 2병씩 마시던 것을 1병 정도 마시는 것으로 많이 개선했지만, 그래도 원체 술 자체를 좋아하다 보니 거의 매일 집에서 저녁 식사 중에 가볍게 반주를 곁들입니다. 이러다 보니 체중이 빠지지 않더라고요.

그러던 중에 우연히 간헐적 단식에 대해 알게 되었고, 관심이 생겨 도서관에서 관련 책을 찾아보았습니다. 그 책은 상당히 과학적으로 간헐적 단식의 효과와 원리에 관해 설명해 놓았습니다.

이 글은 다이어트 방식을 홍보하려는 목적이 아니기에 제가 적용하는 식이조절 방법까지 세세하게 설명하지는 않겠으나, 저는 이 간헐적 단식 방법을 활용해 일주일에 21끼 먹던 식습관을 12끼로 대폭 줄일 수 있었습니다.

워낙 반주를 좋아하다 보니 이런다고 해서 살이 갑자기 쭉 빠지지는 않았지만, 그래도 좀 더 사람다워진(?) 모습이 될 수 있었고, 앞으로도 계속 이런 방식을 고수하여 그나마 보기 좋은 외형을 갖추도록 부단히 자기관리를 할 예정입니다.

마지막으로 말씀드릴 외형관리의 핵심요소는 차량에 대해서 말씀드려 보고자 합니다. 어쩌면 몇몇 분은 이 글을 읽으시면서 저에게 속물이라고 뭐라 하실 수도 있겠습니다만, 어차피 이 책 자체가 저의 경험과 생각을 가감 없이 진술하게 공유하려는 내용이기에 꾸밈없이 저의 경험 사례를 하나 말씀드려 보겠습니다.

제가 건설기술인 교육기관의 전임교수로서 교육사무 업무를 수행하던 시기의 일화입니다. 당시 모 대기업 건설회사의 연수원에서 그 회사 품질관리자 직원들을 대상으로 출장교육과정을 진행했는데, 외래 출강을 오시는 교수님들이 모두 연수원 내부의 길을 잘 찾지 못하다 보니, 교수님마다 제가 직접 건물 입구로 마중 나가 강의장을 안내해 드렸습니다.

일주일 동안 열 분도 넘는 외래교수님을 마중 나갔는데, 어떤 분은 지하철과 버스 등 대중교통을 타고 내려서 연수원 입구에서부터 손에 서류 가방 하나 들고 터덜터덜 걸어오셨습니다. 그리고 또 어떤 분은 '모닝'부터 '소나타'급 정도의 중소형 자가 차량을 타고 오셨습니다. 그리고 몇몇 분은 'BMW'나 '벤츠', '제네시스' 같은 고급 차량을 타고 오셨습니다.

솔직히 그렇게 만나본 여러 교수님 중, 대중교통이나 저렴한 차량을 이용하신 분들께는 첫 만남임에도 불구하고 아무래도 다소 편하게(?) 대했고, 고급 차를 타고 오신 분들께는 같은 상황이 주어지더라도 아무래도 한 번 더 말을 조심해서 꺼내는 저의 모습을 스스로 느낄 수 있었습니다.

그리고 똑같이 처음 보는 교수님들일지라도 고급 차를 가지고 오신 분은 왠지 모르게 더 강의를 잘할 것만 같고 실력도 더 좋으실 것만 같았습니다. 그만한 실력과 능력이 되니 이런 고급 차를 몰 것이라고 첫인상에서 지레짐작했던 것입니다.

제 경험에 의하면 정상적인 사람이라면 대략 큰 테두리에서는 보는 시선과 관점이 엇비슷할 것입니다. 저도 이럴진대, 다른 사람이 저를 볼 때도 똑같은 느낌을 받으리라 생각합니다. 저의 이런 경험 때문에 저 역시 충분한 실력이 있음에도 외형으로 인해 첫인상에서 좋지 않은 인상을 남길까 싶어서 프리랜서 업무 중에는 국산 차 중에서 나름 대로 높은 등급에 속하는 고급 차량을 주로 이용하게 되었습니다.

〈차량도 중요한 외형요소 중 하나〉

이 차량을 운전한 지도 벌써 3년 정도 되었는데 일반적인 직장인 중에서 제 나이 또래가 타기에는 다소 비싼 차량으로 인식되어 있다 보니 처음에는 부담도 조금 있었지만, 그래도 이로 인해 여러 프리랜 서 업무 중 첫인상에서 상대방에게 가점을 받는 것을 고려하면 꽤 괜 찮은 투자였다고 생각합니다. 차를 타면서 느끼는 감각으로는 승차감 만 있는 게 아니라 하차감도 있는 것입니다. 차 문을 열고 하차했을 때 주변 사람들이 보는 시선이 바로 하차감의 핵심요소입니다.

대표적으로 복장과 액세서리, 외모, 차량 등에 관해서 제 생각을 정 리해 봤는데, 이처럼 외형관리 또한 프리랜서로서 매우 중요한 자기관 리 핵심요소 중 하나라고 말씀드리고 싶습니다.

○ 사람관리, 인맥이 재산이다

"갈까 말까 할 때는 가라."

"살까 말까 할 때는 사지 마라."

"말할까 말까 할 때는 말하지 마라."

"줄까 말까 할 때는 줘라."

"먹을까 말까 할 때는 먹지 마라."

이 글은 어떤 저명하신 대학교수님의 인생 교훈이라고 널리 알려진 명언입니다. 저 역시 매우 공감하고 항상 실천하려고 노력하는 주옥 같은 글입니다. 저는 이 중에서 특히 첫 번째 항목인 "갈까 말까 할 때는 가라."라는 내용이 가장 중요하다고 생각합니다. 살다 보면 각종 결혼식, 장례식 등의 모임이 매우 빈번하게 발생합니다. 이럴 때 본인과 별로 친하지 않더라도 여건만 가능하다면 가급적이면 참석하는 게 옳다고 생각합니다.

제가 이렇게 생각하게 된 이유는 실제로 프리랜서 활동을 하면서 인간관계의 중요성을 아주 절실히 느꼈기 때문입니다. 직장인이었을 때는 이리 하든 저리 하든 잘리지만 않으면 어찌 되었든 월급은 나오지만, 프리랜서는 일이 끊기면 바로 소득이 없어져 버립니다.

그래서 일을 계속 수주하고 정례화시켜 고정소득으로 만들어야 하는데, 이 모든 게 다 주변 사람들의 추천과 소개가 있어야만 가능합니다. 즉, 프리랜서는 혼자서 할 수 있는 게 아무것도 없습니다. 혼자서 할 수 있는 것을 구태여 찾아보자면 자격증이나 학위 취득 등의 자기계발 정도뿐이라 하겠습니다.

결국 프리랜서로서 돈을 벌고 안정적인 삶을 살기 위해서는 인간관계가 가장 중요한 것입니다. 그 인간관계를 잘 유지하기 위해서는 이런저런 경조사를 잊지 말고 잘 챙겨야 할 것이고, 그중에서도 특히 슬픈 일(조사)은 더욱더 확실히 잘 챙겨야 할 것입니다.

왜냐하면 경사스러운 일들은 부득이한 경우에 참석하지 못하더라도 별로 기억에 남지 않지만, 상을 당하는 등의 슬픈 일을 당했을 때는 찾아와서 위로해 준 사람들 하나하나가 매우 기억에 잘 남기 때문입니다. 이는 제가 저의 부친이 돌아가셨을 때 직접 겪고 느낀 것이기도 합니다. 그렇기에 저도 주변 지인의 이러한 슬픈 일이 있을 때는 꼭 진실한 위로와 성의를 표하고자 노력하고 있습니다.

이런 경조사 참여 자체도 어찌 보면 나만의 인적 네트워크를 확립하고 이를 공고히 하기 위한 과정이라고 할 수 있습니다. 프리랜서는 항상 사람관리를 잘해야 합니다. 일을 주는 것도 사람이고, 돈을 주는 것도 사람이기 때문입니다. 그래서 인적 네트워크를 좋게 형성하고 유지하기 위한 저만의 몇 가지 특화된 방법을 말씀드려 보겠습니다.

우선 다 큰 성인이 업무적인 관계로 만났을 때 첫인사는 누가 뭐래도 상호 간의 명함 교환일 것입니다. 그래서 앞에서도 언급했지만, 본인의 명함을 멋들어지게 잘 만들어야 할 것이며, 항상 깔끔하게 세련된 명함 케이스에 보관하고 다니는 것이 가장 기본적인 대인관계의 방법입니다.

그리고 상대방과 명함을 교환한 후 받은 명함을 소중히 케이스에 넣어 보관하는 모습을 보이는 것도 그 상대방에게 신뢰를 주는 예의 있는 행동이라 할 수 있으며, 결정적으로 저는 명함을 받은 분들께는 꼭 하루가 지난 후에 어제 만나 뵈어서 반가웠다는 등의 안부문자를 보내드립니다.

안부문자에는 별 깊은 내용은 없습니다. 그저 단순히 그날 인사했던 상황을 다시금 떠올리게끔 간략한 제 소개와 사업이 잘되시기를 기원한다는 인사말, 그리고 다음번에 또 뵙기를 희망한다는 마무리 인사와 함께 그날 건네 드렸던 제 명함을 사진 파일로 다시 한번 첨부하여 문자로 발송해 드립니다. 그렇게 하면 그 상대방은 아무래도 저를 한 번 더 생각해 주고, 제 업무와 관련된 일이 있을 때 다른 사람들보다는 저를 더 먼저 떠올리고 연락을 주지 않을까 싶습니다.

예전에는 명함을 받으면 일일이 명함첩에 꽂아두었기에 필요할 때 명함을 찾아내는 등의 명함관리가 꽤나 번잡했었는데, 요즘은 스마트폰 앱이 워낙 좋은 게 많다 보니 매우 편리해졌습니다. '리멤버' 등 명함을 관리해 주는 앱을 설치하여 명함을 사진으로 찍어서 저장해 두면 검색도 쉽고, 다른 이에게 전달도 쉬우며, 또 그 명함 주인이 이직하거나 승진하는 등 명함에 적힌 내용이 바뀌었을 때 자동으로 앱에서 알려주기 때문에 매우 편리하게 인맥관리가 가능합니다.

〈명함 교환 후 다음날 안부문자 발송 사례 예시〉

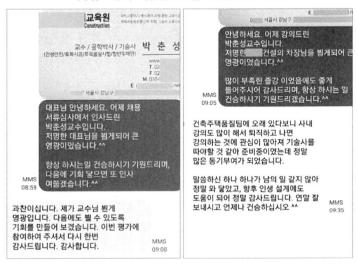

그리고 프리랜서로서 인맥관리의 또 다른 중점 사항은 같은 업계의 프리랜서분들과 친밀한 교우관계를 유지하는 것입니다. 과부 마음은 홀아비가 가장 잘 안다고 하듯이, 프리랜서로서의 고충과 애로사항은 같은 프리랜서가 가장 잘 알아줍니다. 그리고 이렇게 돈독한 관계를 유지해두면 서로 업무도 공유하는 경우가 많습니다.

각 프리랜서는 본인이 직원을 채용하여 법인을 차리지 않는 이상 할 수 있는 업무량에는 한계가 있기 마련입니다. 잘나가는 프리랜서 역시도 정말 눈코 뜰 새 없이 바쁘시겠지만, 그래도 혼자서 모든 일을 다 처리하지는 못하기 마련입니다. 그렇게 바쁜 와중에 또 다른 일거리 요청이 들어온다면 상식적으로 믿고 맡길 만한 동료가 있다면 다른 모르는 사람에게 일을 넘기는 것보다는 잘 아는 동료 프리랜서에게 그 일을 넘겨드리고 싶을 것입니다.

그렇게 서로 일거리가 여유 있을 때는 일거리도 소개해 주고, 각 상대방의 전문 분야에 대해서 도움이 필요할 때는 서로 도움도 받고 하며 이렇게 상부상조하는 문화가 형성되는 것이지요. 따라서 프리랜서는 인맥관리가 매우 중요하며, 그중에서도 특히 동종 업계의 프리랜서분들과 상호 간에 친밀한 교감을 형성하는 것이 가장 중요한 관리 항목이라 말씀드릴 수 있겠습니다.

〈많은 가르침 받고 있는 김성남[5]), 김수영[6]), 최인걸[7]) 교수님과 함께 - 사진순〉

〈많은 가르침 받고 있는 김성남[5]), 김수영[6]), 최인걸[7]) 교수님과 함께 - 사진순〉

○ 시사상식 섭렵은 필수

모든 사업이 다 그렇지만, 프리랜서 역시 활동을 하다 보면 부득이하게 다양한 분야의 많은 사람을 만나야 합니다. 예를 들자면, 기술자문 및 설계심의에 참여하여 동료 위원들과 대화를 나눈다던가, 어떤 특정한 성향을 가진 기관이나 단체에서 특강을 한다거나 하는 등입니다. 그러다 보면 주변에서 다양한 분야에 대한 이야기가 오갈 텐데, 그중에서 내가 잘 모르는 분야를 주제로 이야기가 오갈 때 아무 말 없이 꿀 먹은 벙어리마냥 가만히만 있으면 그 사람의 수준은 딱 거기까지인 것이지요.

물론 본인이 먼저 주도적으로 대화를 이끌어 나가는 게 가장 좋은 것이지만, 본인의 전문 분야가 아니기에 그렇게까지는 못하더라도 상대방이 말을 걸어오면 최소한 적절한 맞장구는 칠 수 있어야 할 것입니다.

---

5)   김성남: 대한민국 산업현장교수단 건설교수협의회 사무총장.
6)   김수영: 건설품질솔루션(건설품질시험기술서비스) 원장.
7)   최인걸: ㈜유신 인천지사장(대한민국 산업현장교수).

여유 있게 쉬엄쉬엄 살려고 프리랜서를 하는 것인데 대체 왜 이래야 하냐고 생각하실 수도 있겠는데, 그 여유 있는 프리랜서의 삶을 영위하기 위해서는 지속해서 일거리가 들어오도록 유지 관리하는 게 매우 중요합니다.

프리랜서도 사업가입니다. 1인 기업. 이 세상에 영업 없이 돌아가는 회사를 본 적 있으신가요? 영업은 모든 사업의 기본 중의 기본입니다. 그리고 사람 심리는 다 똑같습니다. 대부분의 사람은 일을 맡길 때 가급적이면 생판 모르는 사람보다는 한 번이라도 안면이 있는 사람을 더 신뢰하여 먼저 일을 주게 되어 있습니다.

즉, 상대방이 다른 분야에 관해서 말을 걸어올 때 최소한의 상식으로라도 응대를 해 주셔야지 그 사람이 향후 기억을 떠올리고 일거리가 있을 때 연락을 줄 확률이 높다는 것이지요.

이제부터가 본론인데, 그런 다양한 유형의 사람들과 원만한 의사소통을 하기 위해서는 가장 기본적으로 넓은 시사상식을 알고 있어야 합니다. 본인이 관심 있는 분야는 당연히 잘 알고 계시겠지만, 내가 관심이 없는 분야라도 최소한의 용어와 최근 이슈 정도는 알아들을 수 있도록 상식을 넓혀야 한다는 것입니다. 그러한 시사상식을 쌓는 데는 매일 아침 10분만 투자하면 됩니다.

저의 경우에는 이런 상식을 쌓기 위해서 경제 신문을 매일 봅니다. 여러 종류의 신문을 읽어 봤지만, 스포츠 신문은 너무 스포츠 및 연예 이야기만 있어서 상식 쌓기에는 별로 도움 안 되었으며, 제 분야와 관련된 '건설경제' 신문도 구독해 봤는데 너무 건설 한 분야에만 내용이 치우쳐져 있어서 골고루 시사상식을 쌓기에는 제약이 있었습니다.

그렇기에 여러 시행착오 끝에 현재는 경제 신문을 보고 있으며 이 방법으로 상당한 상식 쌓기의 효과를 보고 있습니다. 그래서 여러분께도 경제 신문 구독을 우선 추천해 봅니다.

저는 프리랜서 시작 이후부터 최근까지 수년간 종이 신문을 구독하여 봤었는데, 최근부터는 그냥 스마트폰을 이용해서 인터넷 경제 신문을 보는 것으로 방향을 바꿨습니다. 그 계기가 두 가지가 있었는데, 우선 신문을 구독해 보신 분은 잘 아시겠지만, 신문사별로 각각 어느 정권 쪽에 편향된 시각의 편파 기사를 많이 게재합니다.

흔히들 보수 계열을 대변하는 신문사가 더 많지만, 일부 신문사는 반대로 진보 계열을 대변하는 신문사도 있습니다. 제 개인적인 의견이지만, 딱 정확한 중도 성향의 신문사는 보지 못한 것 같습니다. 그렇기에 저 스스로 중심을 잡고 이런 신문사 성향에 따른 편파 기사에 휘둘리지 않기 위해 어느 한 개체만 보지 않고, 같은 사건이라도 다양한 시각에서 접근해 보고자 종이 신문을 끊고 인터넷 뉴스를 보고 있습니다.

두 번째 이유가 더 중요한데, 최근 읽었던 책 중에 저에게 신선한 충격을 안겨준 책이 있습니다. 『포노 사피엔스』라는 책이었는데, 스마트폰의 발명 이후 인간의 삶이 급진적으로 변화했으며, 이러한 스마트폰의 역량을 그대로 활용하는 세대들이 구인류인 '호모 사피엔스'를 대체할 신인류 '포노 사피엔스'라는 내용을 담은 책입니다. 그 책을 읽어 보니 구구절절 맞는 말이었습니다.

저 역시도 제 자녀가 너무 스마트폰만 들여다보고 있는 것 같아서 혼내기도 했는데, 그 책을 읽고 생각해 보니 아이들과 저는 살아갈 세

대가 다릅니다.

저는 성인이 되어서야 처음으로 휴대폰이라는 것을 접해 봤고 스마트폰 역시 서른이 되어서야 처음 접했습니다. 저희 아이들은 태어날 때부터 스마트폰을 끼고 장난감처럼 가지고 놀면서 자라 왔으니 그 세대들에게 스마트폰은 저의 느낌보다도 훨씬 더 친숙할 것이고, 훨씬 더 다양하고 많은 기능을 사용할 줄 알 것입니다.

물론, 스마트폰을 너무 많이 보면 시력이 나빠지는 등의 부작용도 분명히 있습니다. 하지만 이 또한 인류가 진화하는 과정에서 발생하는 불가피한 변화의 한 갈래라 생각합니다. 예로 들자면, 자동차가 발전하면서 인류는 걷고 뛰는 활동이 줄어들어 과거에 비해서 체력은 약해졌지만, 대신 시간절약과 활동영역의 확장을 통해 엄청난 발전을 이루었습니다.

즉, 신인류인 포노 사피엔스에게는 그런 부작용 따위는 가벼운 성장통에 지나지 않을 뿐이고, 그런 부작용보다도 훨씬 더 긍정적인 발전 효과가 있으리라 생각합니다.

그 책을 읽고 나서 느낀 바가 매우 컸고 저 역시도 늦었지만 이제라도 이 신인류로 진화하기 위해서 스마트폰도 최신 기종으로 바꾸고 가급적 일상생활에서 스마트폰의 강점을 최대한 활용하고자 매사 궁리하게 되었습니다.

〈경제 신문 구독 사례〉

새벽 4시, 연봉 2억 프리랜서가 되는 시간

선택은 각자의 몫입니다. 스마트폰을 이용해 더욱 발전된 신인류로 진화할 것인지, 아니면 단순한 게임 기능만 이용해 스몸비(스마트폰 좀비) 폐인으로 전락할 것인지? 각자 알아서 결정을 내리시면 되겠으나, 이 장에서 제가 말씀드리고자 하는 핵심 내용은 경제 신문(뉴스)을 훑어보는 데는 매일 아침 10분 정도만 투자하면 되고, 그렇게만 해도 시사상식을 섭렵하여 교우관계를 폭넓게 할 수 있고, 이러한 것들이 궁극적으로는 성공적인 프리랜서가 되기 위한 방법 중 하나라는 것입니다.

끝으로, 신문 구독과 관련하여 옛 직장 생활 당시의 기억이 떠올라 잠시 넋두리를 써 봅니다. 불과 4~5년 전의 일인데, 당시에 저는 30대 후반으로서 아직 퇴직까지는 생각해 보지 못했던 시기였지만 책은 이제 막 많이 읽기 시작했던 때였습니다. 그중 재테크 관련 책을 많이 읽다 보니 경제 신문을 읽는 습관이 필요하겠다 싶어 야심 차게 종이 신문을 구독했습니다. 그런데 도저히 아침에 신문 읽을 시간이 없더라고요.

다들 공감하시겠지만, 30대 후반의 과장 직급이면 회사에서는 허리 위치에 해당합니다. 일단 출근하면 정신없이 일들이 밀려와 신문 읽기는커녕, 매일 야근과 술자리 접대까지, 사무실에 출근한 이후에 신문을 본다는 것은 꿈도 꿀 수 없었습니다.

그럼 출근 전의 시간에는 읽을 수 있었을까요? 변명으로 들릴 수 있겠지만, 저는 그때도 항상 새벽 4시에 일어나서 바로 건설공사 현장사무실로 출근하였고, 아무도 출근하지 않는 새벽 시간에는 오롯이 기술사 및 석·박사학위 공부에 모든 시간을 몰입했었습니다.

제 나름대로의 기준으로 봤을 때 새벽 시간에는 신문 구독보다 훨씬 더 중요하고 가치 있다고 느낀 전공 공부를 해야 했기에 그 시간에는 신문을 볼 수 없었습니다. 그러다 보니 신문 구독 신청은 했지만, 도저히 읽을 짬이 없어서 한 달 만에 구독을 취소했던 기억이 납니다.

아마도 이 책을 읽고 계시는 많은 직장인분이 저의 과거 일화와 비슷한 상황이실 것이라 생각합니다. 그렇기에 차마 현업 직장인 분들에게까지 무조건 경제 신문을 읽으시라고는 권유는 못 드리겠네요. 하지만 이미 프리랜서를 시작하셨거나 곧 시작하실 분이라면 반드시 매일 아침 10분씩이라도 투자하여 경제 신문을 읽어 시사상식을 폭넓게 쌓아두실 것을 적극적으로 권해드립니다.

〈건설현장 사무실에 매일 새벽 4시부터 출근하여 공부하던 시절〉

새벽 4시, 연봉 2억 프리랜서가 되는 시간

○ 자기계발의 핵심, 독서

독서, 누구나 필요하다는 것은 잘 인지하고 있지만, 실제로 책을 가까이하는 사람은 그리 많지 않습니다. 특히나 저희 기술직군에 종사하는 직장인분들은 더욱 책을 잘 안 읽습니다. 읽어 봤자 전공과 관련된 기술 서적 정도일 것입니다. 제가 앞서 2019년에 저술한 『새벽 4시, 꿈이 현실이 되는 시간』을 읽어보신 분들은 잘 아시겠지만, 저 역시도 직장 생활을 하는 동안에는 전공 관련 기술 서적 외에는 책을 거의 읽지 않고 살아왔습니다.

고등학생 및 군 복무 시절에는 비록 무협지나 판타지 소설일지라도 조금은 책을 읽었는데, 힘든 회사생활에 치여 20대 때는 야근하느라, 회식하느라, 연애하느라 바쁘다고 책을 멀리했고, 30대 때는 먹고살기 위해 기술사 공부와 대학원 석·박사학위 공부에 목숨을 걸고 파고들다 보니 책을 읽지 못했습니다.

그러다 잘나가던 직장 생활 중 사내 정치 싸움에서 패배(?)하여 좌천까지 당하는 인생의 격변기를 겪게 되면서 회사를 당장이라도 때려치우고 싶은 마음은 굴뚝같은데, 회사를 떠난 후 도대체 무엇을 해서 먹고살 수 있을지를 전혀 알지 못하여, 회사를 때려치우지도 못하고 마음만 답답해했던 기억이 납니다.

그때의 그 절박한 심정들이 기폭제가 되어, 회사가 주는 월급 외에 직접 돈벌이를 할 수 있는 방법이 뭐가 있을지 연구해 보고자 서점에 들락거리기 시작했습니다. 근 마흔이 다되어 그렇게 시작하게 된 독서가 저의 삶에 매우 큰 변화와 발전을 선사해 주었습니다. 사실 이렇게 프리랜서로 전향하게 된 계기 역시 많은 자기계발 서적들을 읽으며 느꼈던 독서의 힘 덕분이었습니다.

이렇게 시작된 독서가 이제는 일상의 습관으로 자리 잡아 지금은 평균 2~3일에 한 권 정도는 읽고 있습니다. 저 나름대로 현재와 같이 독서에 대한 의욕을 지속적으로 유지하기 위해 저 스스로 정한 일정 독서량을 달성하면 상을 주고는 하는데, 그 방법은 책 한 권을 읽을 때마다 스스로에게 1만 원씩 적립하는 것입니다.

저는 주로 도서관에서 책을 대여해서 읽고, 간혹 정말 읽고 싶은 신간이 나왔을 때나 책을 사기에 책값이 별로 들지 않습니다. 그래서 도서관에서 빌린 책 한 권을 읽을 때마다 그냥 책을 사는 데 돈 썼다고 생각하고 권당 1만 원씩 적립하는 것이지요.

다시 책을 읽기 시작한 2016년 12월부터 지금 이 책의 초고를 쓰는 현재까지 저의 누적 독서량은 근 500여 권에 달합니다. 1만 원씩 곱하면 약 500만 원이 제 독서 통장에 적립되어 있는 것이지요. 저는 이 돈을 모아서 단순 소비성 지출이 아닌 경매나 공매를 통한 토지 매수 등 자산의 증식에 사용하고 있습니다.

소액 지분 토지는 이 정도 돈만으로도 투자가 가능하고, 단독 지분의 쓸 만한 토지는 여기에 다른 투자금을 좀 더 보태야겠지요. 그래 봤자 어차피 모두 똑같은 제 돈을 가지고 말장난만 하는 것이지만, 이렇게 기준을 정하니 목표도 생기고 투자도 계속하게 되어 일석이조의 효과를 얻는다고 생각합니다.

그리고 그렇게 매수한 토지들은 현재 초등학생인 우리 아이들에게 증여해 줄 것입니다. 재테크에 관심이 있으신 분들은 잘 아시겠지만, 미성년 자녀에게는 10년 주기로 2천만 원까지는 비과세 증여가 가능합니다. 그 제도를 최대한 활용해 저의 아이들에게 합법적으로 일정

자산을 비과세로 물려주려 합니다. 저는 절대 제가 겪었던 가난한 청년기의 삶을 아이들에게 물려주지 않을 것입니다.

그렇게 사 모은 토지들은 그냥 처음부터 없었던 것으로 생각하고 안 팔고 내버려 두려고 합니다. 땅값은 절대 떨어지지 않으니까요. 정상적인 자본주의 국가라면 인플레이션 현상으로 매년 공시지가가 오를 수밖에 없기에 절대 손해 보지 않는 투자라 생각합니다.

그리고 그 땅 중에서 경치가 좋고 교통이 편리한 곳에는 이동식 농막 가설 주택을 설치해 두어 우리 가족의 주말 별장으로 쓰려고 합니다. 날 좋을 때 주말마다 아이들과 놀러 가 텃밭도 일구고 자연 속에서 화로에 고기도 구워 먹으려 합니다.

이 글을 쓰다 보니 불현듯 생각났는데, 이 이야기가 아마도 다음번 책인 '생계형 기술사, 그 세 번째 이야기'의 주제가 되지 않을까 싶습니다. 경치 좋은 곳에 농지를 구매해서 개간하고 농막을 설치하는 과정들을 사진 자료들과 함께 알기 쉽게 풀어서 설명하는 주제로 다뤄 볼까 합니다.

그렇게 10년, 20년, 30년…. 긴 시간이 지나면 언젠가 그 토지들도 개발될지 모르지요. 혹시 누가 압니까? 그 토지가 신도시 핵심 지역으로 개발될지…. 그렇게만 된다면, 저의 아이들을 완전히 로또를 맞은 것이지요. 상상만 해도 즐겁습니다.

비록 규모는 크지 않더라도 만약 개발 핵심 지역에 들어가 있다면 큰 보상이 가능할 것이고, 개발이 안 된다 치더라도 매년 지속적인 토지 공시지가 상승으로 시중의 은행 이자보다는 훨씬 더 큰 자산 증식 효과가 있을 것입니다. 어떠한 경우에도 절대 손해 보지 않는 장사이지요. 이러한 재테크나 투자에 대한 내용은 다음번에 집필할 책에서 상세히 다뤄보도록 하겠습니다.

어쨌든 중요한 것은 스스로 동기를 부여하며 지속해서 많은 책을 읽어나가겠다는 의지입니다. 옛 성현께서 말씀하셨습니다. "누구든 다양한 분야로 2천 권의 책을 읽는다면, 삶의 이치와 성공하는 방법을 깨우치게 될 것이다."라고 말입니다. 이 말에 저는 적극적으로 동의합니다.

독서의 힘으로 제 인생이 엄청나게 혁신적으로 변화하고 발전하였습니다. 그렇기에 프리랜서를 준비하시는 분들이라면 독서를 통해 저처럼 다양한 분야의 상식을 넓히시길 바랍니다. 실제 실행으로 옮겨서 독서를 통한 혁신적인 삶의 변화를 느껴 보시기를 강력하게 추천해 드립니다.

끝으로 저만의 독서 방법 특징을 몇 가지 말씀드려 보겠습니다. 사람마다 본인 성향이 다르고 관심사가 다르니 그저 '이런 방법도 있구나.' 하는 정도로 참조만 하시길 바랍니다.

첫 번째로, 제가 수많은 책을 읽어 본 결과, 가급적이면 외국인이 저술한 책보다는 내국인이 저술한 책을 우선적으로 보실 것을 권합니다. 아무리 좋은 외국의 명 저서라 할지라도 우리나라와는 삶의 문화와 생활방식이 다르다 보니 다소 이해하기 어렵고 적용하기 어려운 부분들도 꽤 있습니다. 반대로 국내 작가가 쓴 책은 아무래도 문화와 생활양식이 같으니 더 이해가 쉽고 실생활에 적용하기도 수월할 것입니다.

두 번째로, 책을 읽고만 끝내는 게 아니라, 한 권 당 배워야 할 점 한 가지 이상을 찾아내어, 이를 기록하고 반드시 실행에 옮겨 보는 것입니다. 책 한 권당 한 가지 좋은 습관만 내 것으로 만들어도, 책 100권을 읽었다면 100가지 좋은 습관이 형성되는 것입니다.

다시 한번 강조하는데, 프리랜서로서 성공하고 싶으시다면 꼭 책을 가까이하시길 바랍니다.

〈독서 목록 및 한 줄 요약평 관리 사례〉

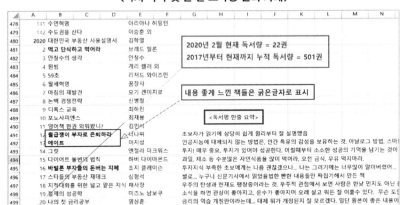

7

프리랜서 활동의
어두운 면

○ 프리랜서로서 좋지 않은 기억들

저는 개인적으로 프리랜서 활동을 시작하면서 매우 많은 부분에서 큰 만족과 행복감을 느끼고 있습니다. 구체적으로 예를 들자면 소득 증가는 기본이고, 한적한 평일에 일정이 없는 날에는 배낭 하나 둘러 매고 등산을 하러 간다거나 유명 관광지를 조용히 둘러본다거나 하는 이른바 시간의 자유가 가장 큰 만족을 주는 것 같습니다.

과거 직장인이었을 때는 꿈도 못 꿀 호사들이지요. 이렇듯 전반적으로 모든 면에서 삶의 질이 더욱 좋아졌습니다. 하지만 저도 사람인지라 프리랜서 활동을 하면서 간혹 일시적으로나마 불쾌감 또는 자괴감 등을 느꼈던 경우가 있기는 했습니다. 어차피 프리랜서로 활동하시다 보면 자연스레 느끼시게 되겠지만, 그래도 단점을 명확히 인지하고 시작해야 당혹스럽지 않으니 제가 경험했던 사례들을 몇 개 말씀드리도록 하겠습니다.

첫 번째 사례로는 정부기관 및 지자체의 요청을 받고 외부 전문가로서 심의·자문·점검 등을 수행하면서 느꼈던 점입니다. 미리 말씀드리는데, 이는 모두에게 해당하는 객관적인 사실이 아니라 어디까지나 순전히 저 혼자만의 주관적인 생각임을 다시 한번 알려드립니다.

제가 프리랜서로서 활동해 본 결과 국토교통부, 해양수산부, 환경부 등의 중앙정부부처와 공단, 공사 등의 공공기관에서는 저와 같은 외부 전문가에 대한 예우가 꽤 좋은 편입니다. 그 분야의 전문가로 인정해 주시고 실질적으로 자문을 구하는 자세로 예의를 갖추어 주십니다.

그런데 일부 지자체의 말단 공무원 중에는 종종 외부자문위원들을 마치 관공서에 빌붙어서 먹고사는 3류 업자(?) 대하듯이 대하는 경우가 종종 있습니다. 특히 도청이나 시청 같은 상위 기관보다는 구청같이 규모가 작으면 작을수록 불손한 공무원분들이 더 많았던 것으로 기억합니다.

담당 주무관분이 무심히 전화를 걸어와 마치 하청업자 대하듯이 다짜고짜 이것저것 물어보고 요구하는데, 그럴 때는 썩 기분이 좋지 않습니다. 물론 저는 배울 만큼 배운 사람(?)인지라 그 자리에서 주무관님 면전에서 대놓고 불쾌감을 드러내지는 않았지만, 속으로는 굉장히 거북했던 기억들이 있습니다.

제 경험상 기술직 프리랜서 활동 중에서 가장 금액이 적은 업무유형은 한국산업인력공단과 관련된 업무입니다. 자세히 어떤 업무를 수행했다고는 보안서약상 말씀드리지는 못하지만, 통상 하루 일당이 채 20만 원도 안 되는 경우가 대부분이었습니다.

하지만 그래도 산업인력공단의 업무는 저 스스로도 최고의 전문가로 인정받았다는 자부심을 느낄 수 있고 그만한 명예도 주어집니다. 또한, 공단 담당자분도 친절히 예우를 잘해 주십니다. 그렇기에 돈을 떠나서 명예를 위해 시간 여유만 된다면 많이 참여하고 있습니다.

그런데 구청 등의 소규모 지자체에서 요청하는 각종 점검 등 자문 활동은 경우마다 금액이 조금씩 다르기는 하지만, 정말 적으면 반나절에 5만 원 정도로 싼 곳이 수두룩합니다. 그런데 요구하는 것은 매우 까다로운 경우가 많습니다. 이것저것 과다하게 의견서를 작성해 달라는 요구도 많았고, 심지어 몇몇 구청에서는 자문료도 제때 지급해 주지 않는 경우도 다수 있었습니다.

통상 업무수행 후 2주 내외로 자문료를 지급해 주는데, 한 달을 기다려도 지급되지 않기에 담당 공무원께 조심스레 문자를 보내보면 회신도 없이 소위 씹어버리는(?) 경우도 부지기수였고, 이에 또 한 달 정도를 기다렸다가 다시 전화로 문의하면 다소 짜증 섞인 목소리로 금방 처리하겠다고 대충 대답하는 경우도 몇 번 있었습니다.

물론 모든 구청이 다 그런다는 것은 아닙니다. 돈을 많이 주는 곳은 2시간 정도 자문을 해드리는 데 20~30만 원 정도를 주는 곳도 있고, 매우 친절하고 예의를 갖춰서 대해 주시는 공무원분도 많습니다. 다만 일부 극소수의 공무원분만 이렇다는 것입니다.

저는 가급적이면 적을 만들지 말자는 주의이기 때문에 어지간하면 불의를 보고도 꾹 잘 참는(?) 편인데, 서울시 내 ○○구청의 건축과 9급 주무관님께는 한번 엄청 화를 낸 적이 있었습니다. 당시는 제가 한창 바빴던 시기였는데, 급하게 구청에서 관할구역 내 공사현장에 대한 긴급안전점검 요청해 주셨고, 그 지역이 마침 볼일이 있어서 들린 장소의 인근에 있었기에 잠시 시간을 쪼개어 안전점검에 참여했는데, 그 이후로 연락도 없고 자문료도 안 주는 것이었습니다.

비록 얼마 안 되는 돈이지만 기분이 나빴습니다. 지역사회의 안전을 위해 봉사하는 마음으로 바쁜 시간을 쪼개어 도와드렸는데, 그 얼마 안 되는 돈조차도 제때 주지 않으시고, 문자메시지로 문의해 봐도 답변이 없었습니다. 결국 기다리다가 전화를 해 보니 바쁘다며 그냥 기다리고 있으면 자문료를 지급해 주겠다고 해놓고 또 몇 개월 동안 아무 연락이 없었습니다.

게다가 말씀하시는 어투(뉘앙스)는 왜 이리 틱틱거리며 불친절하신 건지? 제가 무슨 3류 하청업자도 아니고…. 한 3개월이 지나도 이런 식으로 시큰둥하게 반응하기에 결국 화를 참지 못해, "담당 부서장님을 바꿔 달라. 아니면 구청장님에게 직접 민원을 제기하겠다."라고 강하게 항의하자 바로 다음 날에 처리되었던 사례가 있었습니다.

<몇몇 공무원의 자문료 미지급 및 불성실 대응 사례>

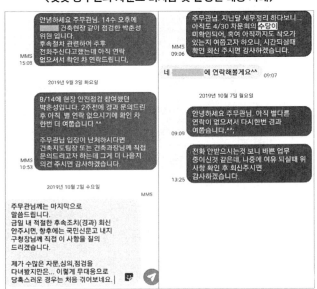

다음 사례로는 강의나 자문을 요청해놓고 일정 직전에 일방적으로 취소를 통보해버리는 기관의 갑질입니다. 이른바 노쇼(No-show)라고도 하지요. 저의 경우에도 두 군데 교육기관에서 이런 노쇼 사례를

당해 본 적이 있습니다.

한 번은 어떤 기관에서 대기업 직원들을 대상으로 하는 건설안전 교육을 저에게 출강 요청을 주었는데, 기쁜 마음으로 출강하기로 약속을 하고 강의 교안 준비 및 리허설 등 많은 준비를 해두었습니다.

그런데 출강 바로 전날 저녁이 다 되어 담당자에게 문자가 와서 내일 교육은 다른 사람이 강의하는 것으로 변경되었다고 일방적으로 통보하는 것이었습니다. 일단 교안을 작성하고 리허설한다고 들인 시간도 손실이지만, 그날에 요청이 왔던 다른 일정을 놓친 것도 큰 손실입니다. 저희 프리랜서들은 통상 2~3주 전에 일정을 미리 잡는데, 의뢰 들어온 많은 요청을 선 일정이 있다고 모두 거절했는데 제 입장에서는 이도 저도 아닌 아주 난처한 상황이 된 것이지요.

이렇게 기관에서 일방적으로 취소하는 경우는 많지는 않으나 종종 발생하기는 합니다. 이런 일정 취소는 제 경험으로 봤을 때 공공기관 보다는 민간기관에서 더 많이 발생하는 것 같습니다.

아무래도 민간사설 교육기관은 경제성 논리가 우선하다 보니, 강사진을 선정할 때 그 강사의 실력보다는 법적인 강사자격 조건만 부합된다면 가급적 단가가 싼 사람을 우선으로 찾을 것입니다. 그 때문에 이렇게 갑작스럽게 일정을 바꾸는 경우도 생기는 것 같습니다.

저도 처음 프리랜서 활동을 시작할 때는 공공기관이든, 민간기관이든 가리지 않고 일을 받아서 했지만, 요즘은 어느 정도 프리랜서로서 일거리가 안착되다 보니, 이러한 경험들 때문에 가급적이면 민간기관 보다는 공공기관의 일을 더 우선적으로 선택하게 되었습니다.

비록 흔치 않은 경우지만, 간혹 이와 같은 프리랜서 활동의 어두운 면도 일부 있습니다. 여기서 꼭 말씀드리고 싶은 중요한 것이 있는데, 이처럼 담당자의 불친절이나 일방적으로 노쇼를 당하시는 경우에도 가급적이면 흥분하지 마시고 화를 가라앉히도록 노력하는 마음의 수련이 필요하다는 것입니다. 물론 저도 아직은 미숙하여 소위 '욱하는' 경우가 있었지만 마음을 다스리고자 지속해서 노력 중입니다.

왜 화를 참아야 하냐면, 제 경험상 사람은 언제, 어디서 다시 만나게 될지 모릅니다. 그렇기에 항상 적을 만들면 안 됩니다. 그 상대방이 자신의 잘못은 전혀 생각하지 않고 저에 대한 험담만 과장해서 꾸며서 주변 사람들에게 퍼트리는 경우가 생길 수도 있습니다. 자신의 잘못은 쏙 빼버리고 저의 험담만을 퍼트리면 그 업계 실무자들 사이에서 암묵적으로 형성된 블랙 리스트(?)에 등재될 수도 있는 것입니다.

또한, 순간적인 감정을 통제하지 못하고 욱하여 질러버리면 정말 그 기관과는 인연이 끝나버린다고 생각해야 할 것입니다. 저 또한 앞서 예시로 알려드린 것처럼 딱 한 번 욱해서 지른 결과, 이제 그 해당 구청에서는 연락이 오지 않습니다. 물론 연락이 와도 제가 먼저 거절하겠지만….

어쨌든 그렇기에 화가 나도 가급적 꾹 참으셔서 일이 없을 때는 그 기관의 일이라도 받아서 하시면 되고, 본인의 능력을 인정받아서 일이 여기저기 많아지면 그때부터는 그 기관의 요청은 적당히 좋은 말로 거절하시면 되는 것입니다. 이것이야말로 진정한 복수죠.

그래서 항상 좋은 인사말로 마무리하고 "나는 다시는 당신들과 일하지 않을 것이다."라는 등의 단정적인 발언을 해서는 안 됩니다. 항상 "잘 알겠습니다. 난처하지만 이번은 어쩔 수 없지요. 대신 다음번에 잘 좀 부탁드리겠습니다."라는 식으로 좋게 마무리할 수 있는 넓은 아량과 여유를 만드셔야 하겠습니다.

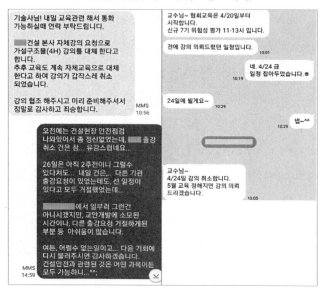

〈교육기관의 일방적 교육 취소 통보 사례〉

○ 프리랜서? 단가 높은 일용직일 뿐

좋게 표현하자면 고소득 프리랜서이지만, 나쁘게 표현하자면 단가 높은 일용직이라 할 수도 있습니다. 일용직의 특징은 고용의 연속성이 보장되지 않는다는 것이지요. 즉, 일거리가 있을 때는 돈을 잘 벌 수 있지만, 일거리가 없을 때는 돈을 벌 수 없습니다.

그 대표적인 사례가 2020년 초반에 전 세계적인 이슈가 된 코로나19 감염병 사태라 할 수 있겠습니다. 이 코로나19 사태를 겪으면서 느꼈던 부분들이 참 많은데, 그 내용은 뒤에서 별도의 항목으로 자세히 말씀드리겠습니다(혼선 방지를 위해 부연하여 설명해 드리면, 이 책의 초고는 2020년 2월에 완성되었고, 이후 6월까지 3번의 퇴고를 거치며 내용을 일부 보완했습니다).

비록 프리랜서 활동은 일반 직장인보다 더 경제활동 수명이 길기는 하지만, 그렇다고 늙어 죽을 때까지 무한하게 할 수 있는 것은 아닙니다. 통상 40대 후반부터 50대 후반까지가 가장 많이 불러 줄 때이고, 60살이 넘어가면서부터는 불러주는 곳이 조금 줄어들겠지만, 그래도 본인이 실력만 있으면 꾸준히 프리랜서로서 활동하시면서 일반 직장인 이상의 소득은 가능합니다.

하지만 60대 중반 이후부터는 본인이 자신을 여기저기에 적극적으로 홍보하고 다니며 또한 젊은 사람들에게 뒤처지지 않기 위해 계속 새로운 지식을 받아들이는 등의 부단한 노력을 하지 않는다면 이제는 더 이상 일을 수주하는 데 어려움이 있을 것입니다. 그리고 일이 들어와도 예전처럼 장시간 서서 강의하는 등의 일은 아무래도 체력적으로 어려우실 것이니 소소하게 설계심의나 기술자문, 또는 각종 협회 및 학회 활동 정도만 가능하지 않을까 싶습니다.

게다가 이런 사례는 그나마 건강하게 잘 살아있을 때나 가능한 상황인 것이고, 만약 중간에 중병이 걸린다거나 사고를 당하거나 해서 병원에 입원하게 된다면 정말 아찔한 상황이 되어 버릴 것입니다. 프리랜서는 결국 일용직 노동자이기에 본인이 일을 못 하게 되면 더 이상 소득이 없어지므로 가족의 생계까지 위협받게 되는 것이지요.

어지간한 정규직 직장인들은 이와 같이 병원에 입원하게 된다면 우선 개인 연차를 사용할 것이고 연차가 모두 소진되면 다음에는 병가를 사용할 수 있기에 어찌 되었든 3~6개월 정도는 병원에 입원해 있어도 기본급이라도 받을 수 있을 텐데, 프리랜서는 일을 안 하는 순간 바로 소득이 '0'이 되어 버립니다. 바로 소득 절벽 상태가 되어 버리는 것입니다.

본인의 시간을 사용하여 돈으로 바꾸는 것을 통상 '노동 소득'이라고 합니다. 근로를 통하여 얻는 소득이기에 '근로 소득'이라고도 합니다. 그 시간에 몸으로 힘쓰는 일을 했든, 몸에 달려 있는 머리로 고심하는 일을 했든, 어찌 되었든 그 시간만큼 몸을 써야지만 소득이 발생하는 것이지요. 그런데 소득의 유형에는 꼭 이렇게 내 시간과 몸을 팔아야만 돈을 벌 수 있는 소득만 있는 게 아닙니다. 내가 일하지 않아도 돈을 벌 수 있는 방법, 이른바 '비근로 소득(불로소득)'도 있지요.

이런 비근로 소득의 유형에는 여러 가지가 있겠지만 대표적인 것이 임대수익과 투자수익 등입니다. 즉, 자본을 이용해 투자하여 소득을 발생시키는 구조이기에 다른 말로는 '자본소득'이라고도 하지요. 그렇기에 우리 프리랜서들은 열심히 근로해서 벌어들인 고임금의 근로 소득을 차곡차곡 잘 모은 다음에 이를 잘 투자하여 시세차익이나 임대수익 형태의 자본소득으로 변환시키는 노력을 꾸준히 해 두어야 할 것입니다.

요즘 해외 젊은이들 사이에서는 파이어(fire)족[8] 문화가 유행이라던데, 어찌 보면 저 역시 목표는 그들과 비슷합니다. 바로 '조기 은퇴'입니다. 저의 평소 생활비 지출을 보자면 파이어족이라 말하기 어려울 정도로 다소 여유 있게(?) 쓰고 있지만, 그래도 현재 소득 정도로 봤을 때 이것저것 쓰고 나서도 매년 1억 원 정도는 저축이 가능합니다. 만약 이 돈을 가만히 은행 예금으로만 넣어둔다면 어떻게 될까요?

그것은 내 소중한 돈을 매일 야금야금 조금씩 찢어서 불태워 버리

---

8)   30대 말이나 늦어도 40대 초반까지는 조기 은퇴하겠다는 목표로 회사 생활을 하는, 20대부터 소비를 극단적으로 줄이며 은퇴 자금을 마련하는 이들을 가리킨다.

새벽 4시, 연봉 2억 프리랜서가 되는 시간

는 것과 다를 바 없습니다. 은행에서 지급하는 금리는 불과 1% 내외인데, 매년 물가 상승률은 3% 수준으로 오르기 때문이지요. 게다가 더 웃긴 것은 부동산(아파트 등) 상승률은 물가 상승률 산정 시에 포함되지 않는다고 합니다. 그러니 물가 상승률이 3%로 집계되는 것이겠지요. 만약 서민들의 가장 큰 지출 항목인 집값 상승률까지 포함한다면 물가 상승률은 아마도 최소 5% 이상은 넘을 것입니다.

즉, 은행에 가만히 돈을 넣어두고 있으면 매년 2%만큼 내 돈의 가치가 하락하는 것이라 할 수 있겠습니다. 쉽게 설명해서 제 연봉이 근 2억 원이니, 이 중에서 1억 원을 은행에 넣어두면 1년이 지난 후에는 약 1%의 이자가 붙어서 1억 1백만 원이 됩니다.

※ 1억 원+1% = 1억 1백만 원

연평균 약 3%만큼 물가 상승이 일어난다고 가정하면 돈의 가치가 300만 원 하락한 것이기에, 1년 후 그 금액은 현재가치 기준으로 환산하면 9천 8백만 원이 되어 있는 것입니다.

※ 1억 원+1%-3% = 9천 8백만 원

물론 은행에도 넣어두지 않고 현금으로 쥐고 있는 것보다야 좋은 방법이겠지요. 현금으로 쥐고 있으면 그나마 1%의 이자조차 못 받을 것이기에 고스란히 매년 3%의 물가 상승률만큼 돈을 불태워버리는 것이니까요. 그렇기에 차곡차곡 돈을 모으다가 어느 정도 금액의 종잣돈이 형성되면 은행 예금이 아닌 현물에 투자해야 하는 것입니다.

현물, 즉 물가와 연동되어 최소한 물가 상승률만큼은 같이 따라서 오르는 것들. 물론 운이 좋으면 더 오를 수도 있고요. 어찌 되었든 최소한 손해는 발생하지 않게 되는 것입니다. 그러므로 프리랜서의 고용 안정성 불안에 대해서는 이렇듯 프리랜서 활동을 통해 벌어들인 근로소득을 일정 종잣돈이 형성되는 대로 부동산이나 주식 등의 자본소득으로 전환하려는 노력으로 그 위험률을 현저히 낮추고, 안정적인 은퇴 후 생활을 준비할 수 있습니다.

〈근로 소득을 자본소득으로, 부동산 자산 현황 - 2020년 3월 기준〉

순	투자유형	물건명	투자시기	수익실현시기	기간(년)	실투자금	현재 수익	수익률	비고
1	APT(구축)	송	15.07	보유 중	5	24,926	10,000	8.0%	실거주
2	APT(구축)	옥	17.03	보유 중	3	4,373	0	0.0%	최근 상승 중
3	APT(구축)	옥	17.03	보유 중	3	2,989	0	0.0%	최근 상승 중
4	APT(구축)	옥	17.06	보유 중	3	2,806	0	0.0%	최근 상승 중
5	APT(구축)	구	17.05	19.03	2	3,869	1,142	14.8%	매도 완
6	APT(구축)	연	17.03	18.03	1	1,166	254	21.8%	매도 완
7	APT(구축)	차	19.12	보유 중	1	2,159	500	46.3%	최근 상승 중
8	APT(구축)	차	19.12	보유 중	1	2,264	500	44.2%	최근 상승 중
9	APT(분양권)	호	19.05	보유 중	1	6,207	18,000	580.0%	효자 종목
10	APT(분양권)	장	19.07	보유 중	1	4,803	15,000	312.3%	효자 종목
11	토지	논산 땅	19.04	보유 중	1	585	200	34.2%	큰아들 증여
12	토지	강화 땅	19.07	보유 중	1	371	0	0.0%	둘째아들 증여
13	토지	남해 땅	19.07	보유 중	1	482	0	0.0%	공유물 분할예정
14	토지	횡성 땅	19.04	19.07	0	805	298	123.4%	매도 완
15	토지	함양 땅	19.04	19.09	1	259	17	13.1%	매도 완
			20년 3월 기준 총 투자수익		3	58,064	45,911	26.4%	

○ 소득 감소, 코로나19 팬데믹

2020년이 시작된 지 얼마 지나지 않아 코로나19 바이러스에 의한 전 세계적 공포와 충격, 이른바 팬데믹(대유행) 현상이 발생했습니다. 우리나라도 역시 직격탄을 맞았습니다. 기술직 프리랜서로서 이 코로나19라는 초유의 사태를 겪으면서 제가 느꼈던 부분들을 있는 그대로 한번 서술해 볼까 합니다.

코로나19는 1월 후반부터 '우한 폐렴'이라는 명칭으로 뉴스에 간간히 소개되기 시작했습니다. 그때까지만 해도 단순히 중국의 한 도시에서의 소소한 뉴스거리라 생각했습니다. 그렇게 며칠이 흘러 2월 초순이 되자 국내에도 일부 감염 인원이 발생하면서 조금씩 이슈화되기 시작했습니다. 2월 후반에 들어서는 신천지 교인들에 의한 집단감염으로 정부에서는 부득이 감염병 관리를 위한 '심각' 단계를 선포하게 되었고, 이후 모든 공식 외부활동을 중단시켜버렸습니다.

이 책의 앞부분을 보시면 저의 기술직 프리랜서로서 주요 소득 유형이 대부분 정부 및 지자체, 또는 그 산하 공공기관과 법정직무교육기관 등이라는 것을 알고 계실 것입니다. 물론 건설안전 컨설팅 등 민간 업무도 조금 있지만, 이런 민간 업역의 비율은 얼마 되지 않았습니다.

중앙정부에서 공식 지침을 내려 각종 자문회의, 심의, 교육 등 모든 업무를 중단시켜 버렸습니다. 일부 준공공의 성격을 갖는 민간기관에도 정부에서는 '명령'이라고 표현하지는 않았지만, '강력권고'라는 용어를 사용해 가며 모든 대외업무를 중단할 것을 촉구했습니다.

말이 좋아 '강력권고'이지, 시키는 대로 안 따르면 어마어마한 보복 조치(?)가 불 보듯 뻔합니다. 그러니 그런 준공공 민간기관도 부득이 모든 대외 업무를 중단시켜 버렸습니다. 이른바, 우리나라의 프리랜서 시장이 완전히 멈춰 버린 것입니다.

2월 말까지는 그래도 조심스레 마스크를 착용하고 위생수칙을 지켜가며 외부 일정을 소화했습니다. 하지만 심각 단계 발령 이후에는 그 많던 일정이 순식간에 모두 취소되어 버렸습니다.

〈코로나19로 인한 프리랜서 업무 취소 사례〉

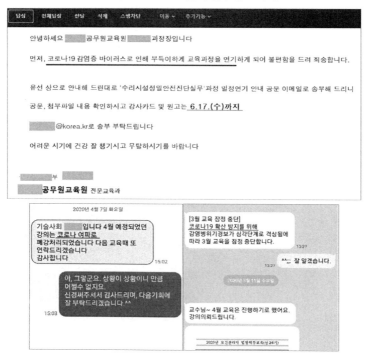

직장인의 삶과 비교하여 바쁘다고 할 바는 아니었지만, 나름 잘나가는 프리랜서로서 평일은 바쁘게 일정을 잡고 살아왔는데, 일순간모든 업무가 중단되어 버리니 상당히 당혹스러웠습니다. 일이 끊긴다는 것은 소득도 끊긴다는 것인데, 저 역시 한 집안의 가장인지라 가족의 생계가 슬슬 걱정되기 시작했습니다.

저는 부동산 등 자본 투자를 병행해 오다 보니 수중에 들고 있는현금자산이 많지는 않았지만 그래도 비상금 용도로 1천만 원 정도는보유하고 있었기에 당장은 별문제가 없었지만, 코로나19 사태가 장기화되면 꽤나 곤란한 상황에 처할 우려가 있었습니다. 부동산의 특징은 환금성이 떨어진다는 것인데, 제가 현금이 필요하다고 당장 내다 팔 수 있는 게 아니기 때문인 것이지요.

그래서 코로나19로 외부 일정이 취소된 초반에는 며칠 동안 머리를 싸매고 많은 생각을 해 봤습니다. 프리랜서의 가장 큰 장점은 바로 시간적 자유이지요. 직장인은 본인의 시간을 팔아서 월급을 받는 것이기에 근로 시간에는 다른 생각을 할 수 없지만, 프리랜서는 본인의 시간을 본인의 생각대로 운용할 수 있답니다. 이렇게 시간을 들여서 고심해 보니 어느 정도 대응 방안이 떠올랐습니다. 결론은 매우 간단했습니다.

'사람들을 못 만나게 하니, 사람을 만나지 않고 돈 벌 수 있는 일들을 하자!'

그래서 3월부터는 주력 업무 분야를 전환하여 재택으로 할 수 있는 일들을 계속 찾아내기 시작했습니다. 뭐든지 오랫동안 생각하면 해결책이 떠오르기 마련입니다. 그렇기에 생각할 수 있는 시간을 가질 수 있는 것이 매우 중요한 것이고요. 생각의 결과로 다음과 같은 업무유형들을 좀 더 활성화하기로 하였습니다.

- 「건설기술진흥법」에 의한 '안전관리계획서' 작성 용역
- 「산업안전보건법」에 의한 '유해위험방지계획서' 작성 용역
- 기타 건설공사 품질 및 안전 관련 각종 계획서 등 문서 작성 용역
- 건설기술인 인터넷 원격교육 영상 촬영 활성화 등

이렇게 방향을 정하고 주변에 널리 홍보했습니다. 이때 제가 꾸준히

관리해 온 네이버 블로그가 홍보 창구로서 매우 큰 활약을 했습니다. 그래서 평소에 SNS 활동을 꾸준히 하고 있어야 한다는 것입니다.

다행히도 좋은 홍보 효과가 있어서 이전의 정상적인 프리랜서 활동 당시보다는 소득이 많이 줄었지만, 그래도 일반 대기업 직장인들보다는 훨씬 높은 소득을 올릴 수 있었습니다.

있는 그대로 말씀드려 보고자 합니다. 이전 정상적인 프리랜서 활동 당시에는 월평균 세후 1,500만 원 정도의 소득이었다면, 코로나19로 인해 외부업무가 모두 중단된 3~5월에는 월평균 세후 900만 원 정도를 벌었습니다. 저는 세후 900만 원이라는 금액도 결코 적은 금액은 절대 아니라고 생각합니다. 그 정도만 해도 일반적으로 최상위권 대기업의 부장 직급이나 되어야 받을 수 있는 돈일 것입니다.

그런데, 여기에 한 가지 더 고려해야 할 게 있습니다. 바로 그 돈을 벌기 위해 제가 들인 시간입니다. 엄밀히 계산해 보니 순전히 업무처리를 위해 제가 근로한 시간은 이전과 엇비슷했습니다. 하지만 재택 방식이다 보니 멋들어지게 외관을 꾸미는 시간이나 이동시간 또는 미리 일찍 도착하여 기다리는 시간 등 이런 자투리 시간들이 모두 절감되는 것입니다.

이해하기 쉽게 시간 대비 소득을 요약 정리해 보자면, 이전에는 월평균 20일 정도 일을 하고 1,500만 원을 벌었다면, 코로나19로 인한 재택 업무 기간에는 월평균 10일 정도 일을 하고 900만 원을 번 것입니다. 이렇게 따져 보니 결코 손해 보는 장사가 아니었습니다. 그리고 900만 원이라는 돈도 결코 적은 게 아니고, 게다가 코로나19의 영향으로 자녀들도 학교를 못 나가니 자연스레 가족과 함께 여행 다니는 시간이 늘어났습니다.

그래서 3~4월 동안에는 참으로 많은 국내 여행을 다녀왔습니다. 제주도에도 4일간 다녀오고, 정선, 평창, 태백 등 동해안 일대도 3일간 다녀왔으며, 단양, 남이섬, 춘천, 화천, 양구 등으로 엄청나게 많은 여행을 다녀왔습니다.

아마 제가 여태껏 살아오면서 국내 여행을 갔던 장소보다 더 많은 곳을 이번 코로나19 강제 봄방학(?) 때 가 본 것 같습니다. 그만큼 많은 시간 동안 사랑하는 아이들과의 추억을 남길 수 있었다는 장점도 있었습니다. 문득 이런 생각이 들었습니다.

'차라리 지금이 더 낫지 않을까?'

한 달에 20일 일하고 1,500만 원을 버는 것보다, 한 달에 10일만 일하고 900만 원만 벌어도 충분히 생활이 가능하고, 가족과 즐거운 시간을 더 여유 있게 보낼 수도 있고….

코로나19로 정말 심각하게 생계의 위협을 느끼신 분들도 많으실 텐데, 너무 배부른 소리를 하는 것 같아서 여기까지만 하겠습니다. 여하튼 코로나19는 제가 이런저런 많은 생각을 하게 된 계기는 분명합니다.

이번 코로나19 사태를 겪으며 한 가지 확실하게 느낀 점이 있습니다. 역시 직장인보다는 프리랜서가 정답이라는 것입니다. 뉴스를 볼 때마다 항공업계, 관광업계, 제조업계 등 모든 산업계에서 인원을 감축한다고들 합니다. 결국 그 직장인들은 경영진이라는 남의 손에 본인과 가족의 생계를 좌지우지 당하는 상황인 것이지요.

프리랜서는 최소한 망하더라도 자기 손으로 망하는 것이지, 남의 손으로 망하지는 않습니다. 그리고 본인의 실력만 있다면 소득은 다소 줄지언정, 시간을 잘 활용하여 어떻게든 먹고살 방법을 찾을 수는 있습니다.

〈코로나19로 처음 도입된 공공기관의 온라인 기술자문회의 사례〉

○ 소득 절벽, 난생처음 입원

저는 여태껏 마흔 살 넘게 살아오면서 병원에 입원해 본 적이 단 한 번도 없었습니다. 다른 사람들 문병을 하러 가거나 매년 받는 종합검진의 경우를 제외하면 큰 대학병원에 갈 일도 전혀 없었습니다. 소소한 몸살감기 증세는 동네 의원에서도 충분히 진료가 가능했으니까요. 물론, 어지간히 아픈 것으로는 그런 의원조차 안 갔습니다. 스스로 자연적으로 치유되도록 놔둬야 면역력이 향상된다고 생각하기 때문입니다.

그러던 중 2019년 여름에 한 번 호되게 앓은 적이 있습니다. 당시 여름철에 유행하던 전염병인 급성 A형간염에 걸린 것이었지요. 그때는 프리랜서 3년 차로서 월평균 소득이 1,500만 원 정도로 안정적인 틀을 잡아가던 시기였습니다.

이번 장에서 말씀드리고 싶은 내용을 결론부터 먼저 말씀드리자면 저는 그 질병으로 6일간 입원했고, 퇴원 후에도 바로 프리랜서 일이 들어오는 것은 아니기에(통상 2주 전에 일정이 잡히니까요) 약 2주간 일을 하지 못했습니다. 2주 동안 강의, 컨설팅, 자문 등 그 어느 일도 할 수 없었습니다. 그때 절실히 느꼈던 감정이 있습니다.

'프리랜서는 그저 단순한 고소득 일용직일 뿐이었구나.'

〈질병으로 인한 소득 절벽 사례 - 2019년 7월〉

날짜	시간	지역	대상	내용
7/10 수	틈틈히	비상근	건설재료품질시험원	원장 급여
	상시	인천	프리랜서	유해위험방지계획서 검토
	오전	양재	품질관리자	연약지반 신공법 소개 및 주요
7/11 목	9~12시	인제	건안기회, 태영건설	안전관리자 보수교육
7/12 금	전일	송도	현대건설	컨설팅
7/15 월	서면	익산	국토관리청	지하안전영향평가 자문
16~22			입원 여파로 일 끊김 (소득절벽)	
7/23 화	오전	양재	품질관리자	건진법 안전
7/24 수	오전	건대	설계시공기술자	연약지반 신공법 소개 및 주요
	15~18시	종로	안전관리자 보수	중대산업사고사례연구
7/25 목	10~17시	양재	정밀안전진단 건축	콘크리트재료특성, 안전관리, :
7/26 금		석모도	해수부	국민안전감독
7/29 월	14~16시	강남	기술사회	공학윤리
7/30 화	전일	양재	인강 촬영	안벽 상부공사

앞서 설명해 드렸지만, 프리랜서 역시 본인의 몸을 통해 근로 소득을 받는 고임금 일용직일 뿐입니다. 결과적으로 내가 몸을 쓰지 않아도 돈을 벌 수 있는, 즉 내가 아파서 입원하거나 심지어는 죽는다고 해도 계속 돈이 들어와 우리 가족이 안정적 생활을 영위할 수 있는 준비를 해 놔야 한다는 것을 아주 절실히 깨우쳤습니다. 그래서 그 전부터도 투자를 통한 자본소득에 관심이 많았지만, 그 입원을 계기로 더욱더 자본소득 확보의 중요성을 깨우쳤던 것입니다.

그때의 병원 입원을 계기로 또 하나 절실히 느낀 점이 있습니다. '본인의 전문 분야가 아니라면 절대 확답하면 안 되겠다.'라는 생각입니다. 발병 초기에는 급성간염인 것을 몰랐으니 단순히 몸살감기로 생각하고 약국에서 약만 사다 먹다가, 근 일주일이 지나도 증세가 더 심해지기에 동네 의원에 갔는데 그 의원에서도 단순 몸살감기로 진단하고 감기약을 처방해 줄 뿐이었습니다. 그러다 이틀이 더 지난 토요일 심야였는데, 증세가 급격히 악화되어 윗배(간 부위)를 쿡쿡 찌르는 듯한 심한 통증이 와서 다른 가족이 깰까 봐 새벽 1시에 조용히 스스로 119를 불러 인근 대학병원 응급실에 실려 갔습니다.

병원에서는 대여섯 시간 동안 이것저것 검사를 하더니만 급성 A형간염이라고 진단을 내렸고, 당시 일요일 새벽이어서 내과 전문의는 없이 당직 근무 중이던 응급의학과의 30대 초반 젊은 의사(레지던트로 추정)가 의학 소견을 말해주었습니다. 그런데 어이없게도 제가 곧 죽을 수도 있으니 가족들과 함께 마음의 준비를 하고 있으라는 것이었습니다.

그 젊은 의사가 말하기를, 본인의 경험에 의하면 이렇게 급성으로 증상이 오는 경우 2주 이내로 사망할 확률이 매우 높고, 운 좋게 사망하지는 않더라도 장기 기증을 받아서 간 이식을 받지 못한다면 정상적인 삶은 불가능할 것이라고 매우 무덤덤하게 툭 내뱉는 것이었습니다.

당시 제가 받았던 충격은 실로 엄청났습니다. 과연 내가 여태껏 무엇을 위해 이렇게 열심히 살아왔던가를 되돌아보게 되었고, '이대로 내가 죽는다면 우리 가족은 어떻게 먹고살 것인가?'라는 걱정이 밀려오며 어린 자녀와 세상 물정 모르는 아내가 진심으로 매우 걱정되고 괴로웠습니다.

최악의 경우에는 죽지도 않고, 그렇다고 살아있는 것도 아닌 중증환자 상태가 되어서 엄청난 병원비만 발생시키는 상황이 된다면, 우리

가족의 암울한 미래가 뻔히 보이는데 이렇게 스스로 움직일 수 있는 지금이라도 밖에 나가서 지나가는 차에 치이는 등의 불의의 사고로 세상을 떠나야만 그나마 장기적으로 비용이 덜 발생해 우리 가족들이 조금이라도 덜 불행하게 살아갈 수 있는 것 아닌가 하는 생각까지도 들었습니다.

제 평소의 지론은 '죽을 용기가 있으면 살아서 뭔들 못하겠냐?'였지만, 이건 상황이 다른 문제였습니다. 물론 용기가 부족하여 실행에는 옮기지는 못했지만, 그 레지던트 의사의 말을 들은 일요일 아침부터 월요일 오전 내과 전문의(주치의)의 정례 회진 때까지 꼬박 만 하루를 매우 심각한 고민과 걱정으로 괴로워했습니다. 너무도 황망하여 눈물조차 나오지 않았습니다. 병실이 8층이었는데, 여기서 창문을 열다가 실족한 것인 양 뛰어내려 버릴까도 생각해 봤는데, 창문이 이런 사고 예방을 위해 간신히 환기만 될 정도로 조금만 열리는 구조라 이 또한 생각만 하다가 말았습니다.

그렇게 지옥 같았던 일요일 하루가 지나고 월요일 오전이 되어 주치의로 배정된 내과 교수(전문의)가 회진을 들어왔습니다. 저는 정말 심각하고 우울한 상황인데 내과 교수는 아주 일상적이고 사무적인 말투로 "속 불편하겠지만 식사 잘 드시고 푹 쉬다 가세요."라고 하는 것이었습니다. '쉬다 가라니? 쉬면서 죽음이나 기다리란 것인가?' 울컥하는 마음에 따져 물었습니다.

어제 응급실의 젊은 의사가 2주 이내로 사망할 수 있다고 빨리 간 이식을 알아보라고 했는데 대체 왜 이리 태평하게 말씀하시는지를 따졌습니다. 제 질문을 들은 내과 교수는 저를 쳐다보며 황당하다는 표정을 지었습니다. 그러더니 잠시 후 설명을 해 주었는데 본인이 내과 전문의로 20년 넘게 간염 환자들을 치료해 봤지만, 급성간염으로 사망까지 간 경우는 극히 드물다고 합니다.

다만 별도의 치료제는 없다 보니 간염균에 대해 스스로 항체가 생길 때까지 고단백 식사와 영양제를 먹고, 잠 푹 자고 쉬다 보면 건강한 사람들은 통상 3~4일 정도, 일부 면역이 약한 허약체질의 사람들은 최대 2주 정도 지나면 대부분 항체가 생겨 증상이 완화되어 퇴원한다는 것이었습니다. 그러니까 이상한 상상은 하지 말고 한 일주일 푹 쉬다 가라는 것입니다.

〈6일간의 병원 입원 사례〉

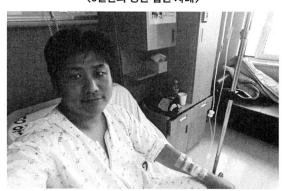

저야말로 진짜 황당했습니다. 하지만 너무 기뻤습니다. 마치 죽다 살아난 기분이었습니다. 그 후 실제로 3일 정도 지나니 통증이 완화되며 일상생활에 전혀 지장이 없게 되었습니다. 그래서 이틀 더 입원 상태로 지켜보다가 별문제 없어서 6일 만에 무사히 퇴원했고, 퇴원하자마자 정상적인 일상 활동이 가능했습니다.

그 당시에는 그 응급실의 젊은 레지던트 의사가 얼마나 미웠던지, 마음 같아서는 퇴원하는 날에 응급실로 찾아가서 면상을 한 대 후려

갈기고 싶었지만 저는 배울 만큼 배운 사람인지라(?) 꾹 참아 넘겼습니다. 또 최근 분위기가 응급실에서 의료진에게 폭행을 가하면 거의 100% 감옥 가는 분위기인지라….

이 경험을 통해 또 하나의 큰 교훈을 얻었습니다. '본인의 전문 분야가 아니라면 절대 확답하지 말아야겠다.'라는 생각이었습니다. 그 응급의학과의 돌팔이 젊은 레지던트 의사처럼 본인이 그 분야를 세부 전공한 것도 아니고 임상 경험이 많은 것도 아니면서 어디서 몇 마디 주위들은 짧은 경험을 바탕으로 마치 전문가인 양 행세하는 것은 정말로 나쁜 짓이라 생각했습니다.

저에게도 많은 기술자분이 전문적인 자문이나 조언을 요청해 주시는 경우가 많은데, 제가 자신 있는 전문 분야에 대해서만 답변해 드려야지, 그 돌팔이 의사와 같이 잘 모르는 분야를 자기가 전문가인 양 떠들면 상대방에게 심각한 타격을 줄 수 있다는 것을 절절히 느껴 봤기에, 이제는 제 전문이 아닌 분야는 다른 전문가를 소개해 드리거나 아니면 제가 그 분야의 법령이나 자료를 열심히 공부하여 전문가에게 의견을 들은 후 답변해 드리고 있습니다.

결론적으로 비근로 소득 구축과 전문성 확보의 중요함을 몸소 뼈저리게 느꼈던 기억들이었습니다. 이를 다시 정리하자면, 저와 같은 프리랜서에게는 코로나19와 같은 범사회적 문제보다는 질병, 사고와 같은 개인 일신상의 문제가 더 심각한 위협이 된다는 것입니다.

○ 고인 물은 썩기에 끊임없는 변화가 필요하다

프리랜서의 또 다른 단점은 한시도 편히 쉬기가 어렵다는 것입니다. 직장인의 경우, 부서장급 위치에 올라서면 구태여 본인이 직접 일을 하지 않고 밑의 직원들에게 시키기만 하면 됩니다. 하지만 프리랜서는 누구에게 시킬 사람이 없습니다. 하나하나 모두 본인이 직접 해야만 하는 것입니다. 바로 이러한 부분들이 직장인으로 오래 근무하시다가 높은 직급으로 퇴직하신 분들이 결국 회사를 나온 이후에 이런 프리랜서 활동에 정착하지 못하시는 가장 결정적인 요인이기도 합니다.

제가 속한 건설 분야를 예로 설명해 드린다면, 대기업에서 현장소장이나 본사 팀장까지 하시고 회사를 나온 분들이 꽤나 많으실 텐데, 그런 분들이 대부분 퇴직하시면서 저와 같은 프리랜서 활동에 잠시나마 관심을 가지십니다. 그리고 실제로 저에게 많은 상담 요청을 주시기도 하고요.

저는 어차피 합리적인 보수를 받고 상담을 해드리는 것이기에 제가 알고 있는 것들을 그대로 다 설명해 드립니다. 그리고 몇몇 기관에는 프리랜서로서 강의 등의 업무도 소개해 드립니다. 그럼에도 불구하고 그렇게 고위직으로 오래 계셨던 분들은, 대부분 결국 프리랜서 활동을 포기하고 다시 하도급사 현장소장이나 감리단으로의 이직을 선택하십니다. 물론 여기에는 각자 여러 가지 이유가 있겠지만, 제가 그분들과 면밀히 상담해 보니 대체로 다음과 같은 세 가지의 공통된 이유가 꼭 끼어 있었습니다.

첫째, 강의 교안 작성 등 직접 문서를 만들 능력이 없습니다.

많은 분이 프리랜서 활동을 가장 두려워하시는 가장 큰 이유였습니다. 몇몇 분은 회사에서 퇴직당하시고도 아직 정신을 못 차리셨는지, 강의 교안을 본인이 대충 아이디어만 정리해 주면 교육원 직원들이 멋들어지게 PPT 등으로 만들어 주는 것 아니냐고 반문하시는 경우도 있었는데, 황당했습니다. 아직도 본인이 현장소장, 감리단장, 발주처 감독관인 것으로 착각하시는 것 같습니다.

이런 분들이 공통으로 하시는 말씀이, 자신도 왕년에는 문서 작성을 꽤나 잘했다는 말입니다. 그럼 뭐합니까? 현재는 못 만드시는데…. 하나같이 말씀하시는 게 비슷합니다. 실무에서 손 뗀 후 영업활동이나 부서장으로서 지시 등의 업무만 하다 보니 지금은 도저히 그런 문서들을 직접 만들지 못하겠다고 하소연하십니다. 강의 교안 하나 만들 능력이 안 되시면 프리랜서 일은 절대 못 하시는 것이지요. 제가 겪어본 수많은 퇴직자분이 바로 이 이유로 프리랜서 업계를 얼쩡거리시다 금방 포기하고 다시 월급쟁이 인생으로 돌아가셨습니다.

둘째, 시대의 흐름에 맞춰서 변화하지 못합니다.

부동산 중개를 예로 들어서 설명해 보겠습니다. 예전에는 공인중개사 자격이 없어도 그냥 아무나 부동산 중개를 할 수 있었지요. 동네에서 인지도 많으신 어르신 한 분이 복덕방이라고 간판 하나 내걸고, 평소에는 동네 어르신들과 장기나 바둑을 두고 있다가 누군가 집 좀 구해 달라고 하면 집을 알아봐 주시고 복비를 받으셨지요. 하지만 지금은 공인중개사 자격이 없으면 이런 부동산 중개를 할 수 없습니다. 즉, 변화된 요즘 시대에 맞춰서 부동산 중개를 통해 '복비'가 아니라 '중개수수료'를 받으시려면 공인중개사를 취득해야만 하는 것입니다. 변화된 시대 흐름을 쫓아가야만 먹고살 수 있는 것이지요.

그런데, 이런 변화의 흐름을 쫓아가기는커녕, 아예 역류하시는 분들도 많습니다. 간단한 예로 50대 중후반의 나이에 인터넷조차 제대로 활용하시지 못하시는 분들도 수두룩합니다. 인터넷 활용이 대체 왜 필요하냐고 반문하실 수도 있겠지만, 앞서 설명해 드렸다시피 어지간한 교육기관에서 강의하시려면 반드시 고용노동부의 HRD-Net에 접속하여 교·강사 등록을 우선 하셔야만 합니다. 또한, 각종 자문위원 등의 활동을 하신다 해도 해당 사이트에 접속하여 양식을 내려받아 작성 후 등록 및 제출하셔야 합니다.

이런 작업은 상당히 까다로운 작업들입니다. 결국 본인의 의지가 있어도 이런 복잡한 시대의 변화 흐름을 잘 이해하지 못하고 이에 맞춰 변화하지 못하면 결국에는 도태되고 말 것입니다.

셋째, 경험은 있지만, 지식은 없습니다.

고위직으로 있다 보니 밑의 실무자들이 이것저것 준비하여 보고를 올리면 그에 대한 가부 여부 판단을 내리시는 경우가 많다 보니, 누가 뭘 만들어서 가져오면 '이게 맞다.', '저건 틀리다.'라는 판단은 경험적으로 잘하십니다. 하지만 정작 본인이 직접 그 분야에 대해 자료를 찾아보고 정리하여 어떤 결과물을 만들어 내는 것에는 매우 취약하십니다. 맨날 누가 만들어 오는 것을 보기만 해 봤지, 본인이 깊게 그 내용을 파고들어 본 적이 없는 것입니다. 즉, 경험은 많지만, 지식은 부족하다 할 수 있겠습니다.

지식이 얕으니 누가 손에 자료를 쥐여주지 않는 이상 혼자서는 아무것도 못 하는 사람이 되어서 어디 강의나 자문을 나가더라도 꿀 먹은 벙어리마냥 아무 말도 하지 못하고 계시는 경우가 많습니다. 자문회의 같은 곳에서 그렇게 뻘쭘하게 있다가 옆에서 누군가 어떤 내용을 제시하면 그저 쓸데없이 "그게 맞다.", "틀리다." 따지며 시비나 거시고, 그러다 보면 그 기관의 담당자는 다음부터는 그분을 다시는 부르지 않을 것입니다.

이렇듯 프리랜서를 희망하시다 포기하시는 대표적인 세 가지 유형에 대해서 간략히 설명을 드려봤습니다. 앞의 내용을 보아서 익히 이해하셨겠지만, 프리랜서라는 직업은 절대 편안하지만은 않습니다. 끊임없이 변화를 모색하고 시대의 흐름에 뒤처지지 않도록 노력해야 하는 업종입니다. 예전의 경험과 지식만을 가지고 평온히 안착하고 있으면, 고인 물이 썩어 버리듯이 결국 본인 역시 도태되어 버릴 것입니다. 그래서 계속 시대의 흐름에 맞춰서 변화하려는 노력이 필요한 것입니다.

기술직으로서 예전에 직장 생활을 하실 때는 자격증이라 하면 단순히 기사, 기술사 등의 국가기술 자격증만을 알고 계셨을 텐데, 찾아보면 이것 외에도 국가에서 공인된 유망하고 유용한 자격증들이 여러 가지 있습니다. 직장 생활을 할 때는 어차피 그런 자격을 가지고 있어봐야 수당이 더 나오는 것도 아니니 신경 쓰지 않았겠지만, 이제는 프리랜서로서 이런 유용한 자격증도 계속 공부하고 도전해 보심이 도태되지 않는 삶을 사는 데 많은 도움이 되리라고 생각합니다. 사람 머리도 물과 같아서 계속 흐르게 하지 않고 고여만 있으면 썩어버립니다. 하루에 단 30분 만이라도 주기적으로 계속 공부를 하셔야 머리가 굳지 않기에 그런 측면에서도 이런 자격 취득 등의 노력을 추천해 봅니다.

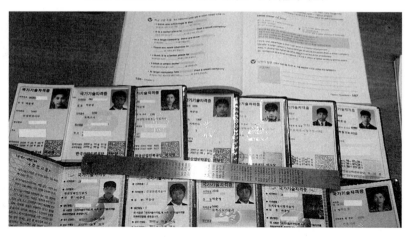

앞서 말씀드린 유용한 자격증을 몇 가지만 간략히 소개해드리겠습니다. 우선 '직업능력개발 훈련교사'라는 자격이 있습니다. 줄여서 '직훈교사'라고도 호칭하는데, 이해하기 쉽게 설명해 드리자면 폴리텍대학이나 마이스터고 또는 직업훈련학원 등에서 기술직군 학생들을 가르치는 교사를 할 수 있는 자격입니다. 최근 관련 법령이 강화되고 있어 각종 직업훈련 기관에서는 이 자격을 보유한 사람을 강사로 선임하도록 법으로 규정되어 있기에 기술직 프리랜서로서 이 자격을 취득해 두시면 매우 많은 활용성을 얻으실 수 있습니다.

특히, 이 자격을 취득 후 HRD-Net에 교·강사 등록 시 이를 입력해 두시면, 교·강사의 전문성을 100점 만점으로 나타내는 전문성 점수에서 10점이나 높게 가점을 받으실 수 있어, 이 자격을 소지한 사람은 교육기관에서의 선호도가 높은 편입니다.

교육과정 및 신청방법 등은 매년 조금씩 변경되기 때문에 이 책에서 명확히 말씀드리지는 않겠지만, 관심이 있으신 분은 관련 키워드로 인터넷을 검색해 보시면 쉽게 확인하실 수 있으며 자격 취득의 난이도는 그렇게 어렵지 않습니다. 제가 취득했던 2018년도의 사례를 보면 주말에 총 10일간 오프라인 수업에 참여하고 간단한 지필시험만 통과하면 취득이 가능했으며, 그 지필시험 난이도도 상당히 쉬워서 교재를 정독으로 2회 정도만 읽어 보면 누구나 합격할 수 있는 수준이었습니다.

〈저자가 보유 중인 직업능력개발훈련교사 자격들〉

※ 7종 보유: 토목시공, 토목설계감리, 측량, 산업안전관리, 건축시공, 건설공사관리, 방재

　　다음으로 기술거래사 자격을 소개해보겠습니다. 이 자격은 특허 및 신기술 이전 등과 같은 업무를 3년 이상 수행한 경력이 있어야만 지원 가능한데, 저의 경우에는 전 직장을 퇴직한 후 개인 사업을 개설한 지 아직 만 3년이 되지 않았기에 현재까지는 취득하지 못하고 있습니다(이미 그만둔 회사에 가서 경력확인 도장을 찍어 달라고 하기가 겸연쩍어 이전 회사 경력은 인정받지 못하고 있습니다).

특허 및 신기술 관련 업무 경력이라 해서 많은 분이 본인과는 관련이 없다고 생각하실 수 있는데, 그 관련 경력이라는 게 어떻게 작성하느냐 따라 다를 수 있습니다. 예를 들어, 건설회사의 경우, 신기술 신공법이 설계에 반영되어 있어서 그것을 시공 중에 적용 및 관리해 봤다는 것도 신기술과 관련된 업무라 할 수 있는 것이지요.

이 자격을 보유하고 있으면 기술이전 사업 등에 참여하실 수 있는데, 쉽게 생각하여 공인중개사를 예로 들어보면 되겠습니다. 우리나라에는 법적으로 반드시 공인중개사를 통해서만 부동산을 거래하라는 규정은 없습니다. 상대방과 직거래를 해도 무방합니다. 하지만 대다수가 업무의 전문성과 안전성을 위해 공인중개사를 통하여 거래하시지요. 기술거래 또한 마찬가지입니다. 아직은 기술거래사를 통해 거래하라는 법령은 없지만, 머지않아 부동산 중개와 같이 하나의 특화된 전문 업역으로 자리매김할 것이라 예상합니다.

자격 취득은 매우 간단합니다. 이 자격 또한 매년 제도가 조금씩 변경되다 보니 정확한 취득 방법을 이 책에서 설명해 드리지는 않겠지만, 제가 알아보았던 2019년도를 기준으로 말씀드리자면 4일간의 집체교육만 받고 간단한 지필시험만 합격하면 되는 절차였습니다. 시험 난이도는 어렵지 않아서 집체교육 대상으로 선정되는 게 어렵지, 교육 대상으로 선정만 되면 누구나 다 시험에 합격한다고 합니다. 즉, 이 자격은 취득 난이도가 높다기 보다는 3년간의 해당 필수 경력 조항 때문에 교육대상자로 선정되는 게 좀 어렵다고 보시면 되겠습니다.

마지막으로 기술사 자격이 있으신 분들은 국제기술사에 도전해 보실 것을 추천드려 봅니다. 솔직히 저도 국제기술사 자격을 보유하고 있지만 별 활용도는 없습니다. 본인이 해외로 이민이라도 가기 전까지는 별로 써먹을 일이 없습니다. 다만, 변호사도 국제변호사가 있고 면허증도 국제운전면허가 있듯이, 기술사 역시 국제기술사가 있다는 것이고, 취득 또한 매우 쉬운 편이라 이를 취득한 후 명함이나 이력서에 한 줄 더 써넣어두면 대외적으로 본인의 가치를 한층 더 업그레이드할 수 있는 좋은 아이템이라 생각합니다.

기술사분들 중에서도 국제기술사를 잘 모르시는 분들이 많습니다. 그렇기에 명함에 국제기술사라고 쓰여 있으면 이게 어떤 것이냐고 물어보시는 경우가 많습니다. 그럴 때는 간단하게 "국제변호사와 비슷한 것이다."라고 답변해 드리면 저 스스로도 저 자신이 좀 수준 높아 보이는 것 같아서 저도 모르게 어깨가 으쓱거리기도 합니다.

〈국제기술사 자격〉

기술직 프리랜서로 활용할 수 있는 여러 가지 부수적인 자기계발 활동 중 상대적으로 난이도가 쉬운 이 세 가지 자격을 우선 추천해드려 봤습니다. 하고, 안 하고는 본인의 선택이지만, 이렇듯 프리랜서라고 해서 단순히 편하게 놀고먹을 수만은 없다는 것을 설명해드리고

싶었습니다. 프리랜서도 끊임없는 자기계발을 통해 변화에 적응하서
야만 살아남을 수 있는 냉정한 시장인 것입니다.

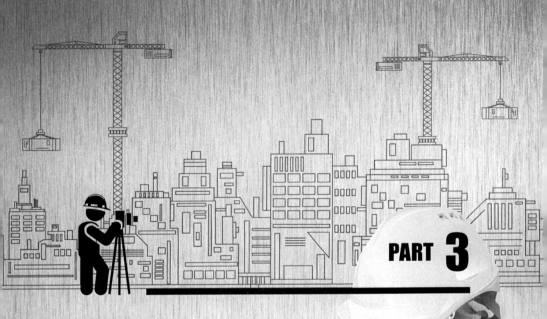

PART 3

미래,
자유로운 삶을 위해

시간적·경제적
자유를 찾아서

○ 의사보다 기술사

제목이 다소 자극적일 수 있어서 조심스럽지만, 어차피 제 개인적인
생각과 경험을 옮겨 적은 책이니, 그냥 저의 평소 생각을 있는 그대로
서술해 보겠습니다. 2019년 12월에 공식 발표된 보건복지부의 '보건의
료인력 실태조사' 결과를 보면 의사 직종의 월평균 소득은 1,342만 원
으로 집계되었다고 합니다.

〈보건복지부 보건의료인력 실태조사 결과〉[9]

---

9)　　출처: 『한국일보』.

물론 각 전문 의료분야마다 다를 것이고 개별 의사의 실력에 따라서 또 차이가 있겠지만, 단순히 자료의 숫자 그대로를 기준으로 하여 저의 생각을 말씀드려 보겠습니다. 월 소득 1,342만 원이라면 웬만한 직장인에게는 꿈과 같은 숫자라 할 수 있을 것입니다. 아무리 대기업이라도 임원 직급은 되어야 이 정도 수준을 벌 수 있겠지요.

하지만 기술사로서 프리랜서 활동을 하시면 그 기술사 프리랜서의 월 소득도 결코 이에 못지않다고 감히 자신 있게 말씀드립니다. 뭘 믿고 그리 말씀드리냐고 하면, 바로 저 자신이 그 살아있는 증거이고, 저 말고도 저처럼 이렇게 기술사로서 다양한 프리랜서 활동을 하시는 많은 프리랜서 동료분들 또한 그 증거입니다.

프리랜서이다 보니 월급쟁이처럼 딱히 고정된 소득이 없기에 매달 똑같은 금액을 버는 것은 아니지만, 저의 최근(2019년) 1년간의 소득현황을 기준으로 말씀드리면 월평균 세후 1,527만 원의 소득을 올렸습니다. 만약 세금 공제 전으로 계산한다면 월평균 약 1,650만 원이 됩니다. 그러면 단순히 계산해 봐도 의사의 월평균 소득 1,342만 원보다 308만 원 초과하여, 기술사로서의 소득이 의사의 소득보다 1.23배 더 높다고 할 수 있겠습니다.

이렇듯 단순히 숫자만 놓고 본다면 기술사 하나만 있어도 본인이 프리랜서로서 잘만 활용하면 의사보다도 소득이 높다고 할 수 있겠습니다. 그리고 이는 월평균 소득인 것이지, 이것을 일평균 소득, 시간 평균 소득으로 세분화시켜 보면, 의사와 저의 평균 근로시간에서는 현저히 큰 차이가 있을 것입니다. 큰 병원에 소속된 월급쟁이 의사는 정해진 근무시간을 준수해야 할 것이고, 자영업으로 개업한 의사도 통상 아침 10시부터 저녁 6시까지는 매일같이 진료를 봐야 할 것입니다.

하지만 기술사 프리랜서인 저는 전년도 기준으로 월평균 92시간을 근로했습니다. 이를 하루에 8시간 근로한 것으로 나눠 보면 불과 한 달에 12일만 근로한 꼴이 됩니다. 이렇게 시간당 소득으로 환산해 본다면 돈벌이 수준은 의사보다 기술사가 절대 떨어지지는 않는다고 할 수 있습니다.

업역마다 그 업역을 대표하는 궁극의 자격증이 있습니다. 의료계에는 의사 자격이 있으면, 법조계에는 변호사 자격이 있고, 이공계에는 기술사 자격이 있습니다. 이 기술사 자격은 이공계 최고의 자격증인 것이지요. 저의 상황은 앞에서도 그대로 설명해 드렸지만, 저 외에도 이렇게 기술사 자격을 보유하고 기술직 프리랜서로 각종 강의, 자문, 심의, 컨설팅 등의 업무를 다양하게 수행하시는 분들이 많이 계십니다. 그분들의 평균 소득은 저보다 높았으면 높았지, 절대 적지는 않을 것입니다.

그러므로 이공계에서 기술직으로 종사하면서 해당 분야의 기술사를 취득하는 것은 전문성을 공인받는 것은 물론이거니와 본인의 몸값 상승에도 아주 큰 효과가 있으므로 기술직이라면 이 기술사 자격증 취득에 꼭 도전해 보실 것을 권해드립니다. 앞에서 설명해 드린 것처럼 이 기술사 자격을 잘만 활용하시면 의사의 평균 소득보다도 높은 소득을 올릴 수 있다고 감히 자신합니다.

하지만 아무리 기술사 자격을 보유하고 있더라도 본인이 실력이 없으면 절대 이런 소득을 올릴 수 없겠지요. 꼭 기술사가 있다고 해서 그 분야의 전문가라는 것은 아닙니다. 본인의 실력이 있어야겠지요. 그런 면에서 기술사 취득은 어느 한 분야의 종점이 아니라, 더 높은 수준으로 올라갈 수 있는 새로운 시작점이라고 생각하시고 항상 본인의 전문 지식을 더욱 함양하기 위해 지속해서 노력해야 할 것입니다.

○ 경제적 자유의 첫걸음

더 이상 노동을 하지 않아도 자동으로 부수적인 소득이 발생해 가족 생계유지에 지장이 없는 상태, 즉 평소 소요되는 한 달 생활비 이상의 돈을 일하지 않고도 벌 수 있는 상태를 경제적 자유의 첫 단계라 정의할 수 있을 것입니다. 그렇기에 경제적 자유를 얻기 위한 가장 첫 단계로, 우선 매달 필요한 생활비 금액을 먼저 확인할 필요가 있겠지요. 저의 가정의 경우에는 공과금 및 생활비 등 각종 제반 비용을 다 합산해 보니 월평균 550만 원 정도를 지출하고 있습니다(투자 목적 대출 및 이자 비용은 제외).

반면에 제가 강의 등의 근로를 하지 않고도 자동으로 입금되는 비근로 소득은 월평균 400만 원 정도입니다. 그중 약 200만 원은 책 판매 인세 등의 제 지적 콘텐츠를 상품화해서 발생한 비근로 소득이며, 나머지 약 200만 원은 이 책에서는 설명해 드리기 어려운 저만의 특수 비법에 의한 비근로 소득입니다. 이런 비근로 소득을 감안하면 제 근로 소득에서 약 150만 원만 생활비로 보태면 나머지 대부분은 고스란히 저축이 가능하다는 것이 되겠지요.

제 근로 소득은 매달 조금씩 들쭉날쭉하나, 근 3년간의 프리랜서 활동으로 누적된 데이터를 종합 분석해 보면 월평균 소득을 대략 추정할 수 있습니다. 이런 소득과 지출의 현황 파악을 바탕으로 앞서 충분히 설명해 드렸다시피 저는 항상 현재로부터 5년 앞까지 내다본 5

개년 월 단위 금융계획을 수립하고 있고 이를 수시로 보정하며 관리하고 있습니다.

그러니 언제, 어떤 사유로 목돈이 필요할 것이고, 그때까지 예상 가능한 소득은 얼마이니 얼마를 더 준비해야 할 것이라는 등의 모든 계획이 금융계획 엑셀 파일을 열면 한눈에 확인할 수 있는 것입니다. 금융계획 수립방법에 대해서는 사람마다 각자 선호하는 형식과 방식이 다를 것입니다. 저는 이렇게 엑셀 파일을 이용해 금융계획을 수립하고 있지만, 다른 프로그램이나 아니면 수기작성 가계부가 더 편하신 분은 본인이 편하신 방법대로 하시면 되겠습니다.

어찌 되었든 이 장에서 말씀드리고 싶었던 중요한 핵심사항은, 경제적 자유를 달성하기 위해서는 단순히 뜬구름 잡는 듯한 어정쩡한 돈 관리가 아니라, 구체적으로 기록하고 검토하고 보정하는 체계적인 돈 관리 시스템을 구축해야 한다는 것입니다. 기본적으로 가계부를 써봐야지만 내 소득과 지출을 파악할 수 있고, 이게 파악이 되어야지만 소득과 소비 패턴을 개선해 장기적으로 경제적 자유를 이루기 위한 금융계획을 세우실 수 있습니다.

다시 말해, 이 금융계획이 먼저 만들어져야지만 장기적 안목으로의 투자가 가능한 것입니다. 그러므로 가계부와 금융계획은 마치 자동차를 운전하여 처음 가 보는 길을 찾아갈 때, 올바른 방향을 알려주는 내비게이션과 같은 역할을 한다 할 수 있겠습니다.

투자는 여러 가지 방법이 있고 또 여러 가지 유형이 있습니다. 저 또한 아직 완전한 경제적 자유를 이룬 것도 아니고, 그렇다고 투자의 전문가도 아니기에 어떤 분야와 어떤 종목에 투자하시라고 추천해드릴 수는 없습니다. 하지만 투자의 절대 불변의 진리가 하나 있는데, 그것은 바로 '복리의 마법'입니다. 이 책을 읽으시는 분들은 대부분 직장인이시기에 모두 아실 만한 상식이라 생각되므로 더 깊은 내용은 설명하지 않겠지만, 여기서 제가 강조하고 싶은 것은 바로 이 '복리의 마법' 효과를 극대화하기 위해서는 장기투자가 필요하다는 것입니다.

부동산 투자를 예로 들자면, 얼마 안 되는 자잘한 시세차익을 벌기 위해 1~2년 주기로 부동산을 자주 사고팔게 되면 실질적인 수익은 감소할 수밖에 없습니다. 왜냐하면 취득세, 양도소득세 등 각종 세금이 매우 높은 비율로 산정되기 때문이지요. 특히 양도소득세가 관건인데, 투자를 잘해서 좋은 지역에서 값이 상승하여 시세차익을 크게 내도, 짧은 기간만 보유하고 매도하게 되면 양도소득세 역시 기간이 짧은 만큼 더 높은 비율로 납부해야 합니다. 즉, 세금을 떼고 나면 별로 남는 게 없게 되는 것이지요.

하지만 장기간 보유하면 보유할수록 양도소득세율은 낮아지기에 더 큰 수익을 남길 수 있습니다. 그리고 대부분의 투자자는 투자 물건을 팔면 그 돈으로 또 다른 투자 대상을 찾아 나섭니다. 결국 '차' 떼고 '포' 떼고 나면, 세금만 많이 내어 국가에 헌신(?)하는 애국자 역할만 하게 되는 것이지요.

정말 투자를 잘하시는 숙련된 투자 고수의 경우에는 이렇게 자주 사고팔지도 않지만, 짧은 기간에 되팔더라도 많은 수익을 남길 수 있도록 투자 법인 제도 등의 편법을 사용하기도 하는데, 그분들에 비해 상대적으로 투자 경험과 실력이 부족한 일반인들은 이런 단기매매보다는 장기보유를 통한 절세 혜택을 노리는 것이 더 손쉽고 좋은 경제적 자유를 이루는 아주 기본적인 하나의 방법이라고 생각합니다.

○ 현물에 투자해야 한다

프리랜서는 직장인에 비해서 상대적으로 소득이 들쭉날쭉합니다. 저도 2019년을 기준으로 가장 많이 번 달에는 세후 2,485만 원을 벌었지만, 가장 적게 번 달에는 세후 825만 원을 벌었습니다. 무려 3배까지 편차가 있었습니다. 가장 적게 번 달의 소득도 웬만한 직장인 월급보다도 많지만, 그래도 편차가 너무 크다 보니 금융관리에 애로사항이 조금은 있기도 합니다.

이처럼 불특정한 소득 차이가 크게 발생하다 보니 항상 소득이 적게 들어올 경우를 감안해 안정적인 삶을 살 수 있도록 근로 소득 외에 고정적인 비근로 소득을 많이 확보해야 합니다. 이런 비근로 소득을 올릴 방법으로는 앞서 설명해 드렸지만 크게 본인의 전문지식을 활용하여 비근로 소득을 얻는 방법과 부동산 또는 주식 등에 투자하여 수익을 얻는 방법으로 대별할 수 있겠습니다.

이 중에서 전문지식을 활용하는 방법에 대해서는 앞서 글로 설명 가능한 내용은 모두 설명해 드렸으며, 글로 설명이 안 되는 내용은 부득이하지만 개별 상담을 통해서만 알려드릴 수 있습니다.

그럼 또 다른 비근로 소득의 유형인 투자 수익에 대해서 안내해 드려 보겠습니다. 일반이 쉽게 접할 수 있는 투자대상에는 크게 주식과 현물투자가 있겠습니다. 여기서 '현물'이라 함은 '현재 실질적으로 존재하는 물건'을 의미합니다. 대표적인 예로 황금, 토지, 건물, 오일, 보석 등이 해당할 것입니다.

많은 투자대상 중에서 저는 나름대로 안전성을 중시하는 소심한 성격인지라, 최악의 경우 휴짓조각이 되어버리는 주식은 많이 꺼리는 편입니다. 그래서 나름대로 저만의 기준을 세워서 주식이 아닌 현물에 투자하는데, 그러한 여러 다양한 현물 중에서도 저는 별도의 관리가 불필요하고 안정적으로 장기간 소유할 수 있는 부동산을 주 투자대상으로 보고 있습니다.

이러한 현물투자의 가장 큰 장점은 아무리 시간이 지나도 가격이 물가 상승률만큼은 맞춰서 올라간다는 것입니다. 물론 그중에서도 좋은 입지의 부동산은 강력한 상승기류를 잘 타면 물가 상승률 이상으로 가격이 급등하는 경우도 있겠지만, 그것은 '덤'이라 생각하고, 최소한 물가 상승률 만큼은 보존되기 때문에 절대 손해는 없다고 생각하는 것입니다.

반대로 부동산 투자의 가장 큰 단점은 아무래도 자금이 필요할 때 현금화하는 데 시간이 좀 걸린다는 것이겠지요. 그나마 가장 상품성이 좋은 아파트의 경우에도 매수자를 찾아서 계약을 맺고 잔금을 치르기까지 통상 2~3개월은 넘게 소요될 것입니다.

제 짧은 투자 경험에 의하면 부동산의 가격은 상승과 하락의 사이클을 순환하며 나타내지만, 상승기에는 꽤 급격하게 많이 상승하되 하락기에는 완만하게 약간의 하락만 합니다. 그렇기에 상승·하락 그래프를 긴 시간 동안 보고 그려 보면 궁극적으로는 우상향으로 상승하는 형상을 나타내게 됩니다.

운이 좋으면 보유 중인 부동산 인근에 철도나 도로 건설 등의 호재로 가격이 엄청나게 폭등하기도 하지만, 그런 운이 없더라도 정말 해괴망측한 쓰레기 같은 입지만 아니라면 최소한 물가 상승률만큼은 가격이 올라가기에 자산의 가치가 보전된다고 할 수 있겠습니다.

부동산 투자에 대해서는 제가 투자했던 물건별 수익률 현황 등의 많은 자료가 있지만, 이 책의 주제는 프리랜서이지, 재테크가 아니므로 투자에 대한 제 생각은 여기까지만 말씀드리겠습니다. 제 글을 보고 부동산 투자에 관심이 생기신 분들은 시중에 이미 투자와 관련된 서적들이 엄청 많으니 일반 시중에서 관련 분야 베스트셀러를 찾아서 읽어 보시기를 추천해 드리겠습니다.

○ 노후자금 준비(공제회 활용)

저는 앞서 언급했던 급성 A형간염으로 인한 소득 절벽을 경험하며 많이 고민하게 되었습니다. 가장 큰 첫 번째 고민은 소득 절벽 상황에 대한 불안감이었고, 이는 안정적인 보험 가입과 다수의 비근로 소득 창출을 통해 아주 심각한 중병이 아닌 이상에는 어느 정도 대비가 되리라 생각했습니다.

그다음으로 고민한 것은 노후의 삶에 대한 생활비 고민이었습니다. 이 프리랜서 활동은 일반 직장인들보다는 수명이 길기는 하겠지만, 그렇다고 80~90살 넘어서까지 평생 할 수 있는 것은 아니니까요. 모든 일에는 다 때가 있듯이, 아무리 경험 많고 저명한 전문가라 할지라도 현업에서 물러난 지 오래되면 알아서 은퇴해야 할 것입니다. 어느 정도 때가 되면 젊은 후배들에게도 자리를 양보해 주어야겠지요. 끝까지 자리를 놓지 않고 버틴다면 그야말로 '노욕'이자 '추태'라고 생각합니다.

그럼 과연 언제가 프리랜서로서의 적정한 은퇴 시점일까요? 사람마다, 전문 분야마다 각각 기준이 다르겠지만, 제가 수년간 프리랜서 활동을 하면서 경험한 바로는 개인사업 분야는 평생 끝없이 하실 수 있겠지만 그 외 강의나 자문, 컨설팅 등과 같이 기관에서의 불러 주는 프리랜서 활동은 65세 정도면 거의 끝물이라고 봐야 할 것 같습니다.

본인이 아무리 실력이 있고 경험이 많다 해도, 급속도로 발전하는 시대에 언젠가는 뒤떨어질 수밖에 없는 것이 현실입니다. 그리고 아무리 본인이 더 하고 싶어서 욕심을 부려도, 관련 기관에서 너무 연배가 높으신 분들은 알아서 걸러내어 잘 안 불러 주십니다.

정리해 보면 가장 활발하게 프리랜서 활동을 할 수 있는 시기는 40대 중반부터 50대 후반까지이고, 60대 들어서면 조금씩 일을 줄여야 할 것이며, 60대 중반 이후로는 외부 기관에서는 거의 안 불러 준다고 생각하고 개인 사업 분야에만 집중해야 할 것입니다.

이 장에서 말씀드리고자 하는 핵심 내용은 이렇게 기관에서 더 이상 불러 주지 않을 때까지 이 프리랜서 일을 계속하려 하시면 안 된다는 것입니다. 타의에 의해 강제로 은퇴(강퇴) 당하기 전에 미리미리 노후를 잘 준비해둔 후 스스로 자율 은퇴(자퇴)를 하는 것이 더 보기 좋겠지요. 그래서 현재 제가 생각 중인 저의 노후 계획을 이번 장을 통해 밝혀 보고자 합니다.

일단 저는 운이 좋게도 남들보다 이 프리랜서 업계에 약 15년은 일찍 들어왔습니다. 그래서 그 15년만큼은 더 많은 소득을 올릴 수 있을 것입니다. 하지만 저는 프리랜서로서 최대 성수기인 50대 초반까지만 바짝 벌어서 프리랜서로서 정점을 찍고, 남들보다 한 10년 정도 빠른 50대 중반에는 자율 은퇴를 하려 합니다.

물론 그렇다고 단칼에 모든 일을 다 중단하겠다는 뜻은 절대 아닙니다. 개인사업체를 운영하는 것은 취미 삼아서라도 지금처럼 평생 운영할 것이나 외부 강의, 자문, 컨설팅 등의 활동은 50대 중반 이후에는 서서히 줄여나가서 정말 운동 삼아서 가끔씩만 활동하겠다는 것입니다.

그리고 50대 후반 이후부터는 그동안 모아온 돈들을 안정적인 방식으로 투자 운용하고, 각종 비근로 소득 및 연금 등을 생활비로 사용하며, 공기 좋고 경치 좋은 곳에 전원주택을 짓고 현재 거주 중인 대도시의 자택과 번갈아 오가며 대도시의 첨단 혜택을 누리면서 한적한 시골에서 농사와 독서, 글쓰기 등의 여유 있는 자연의 혜택까지 같이 누리며 유유자적한 노년을 보내고 싶습니다.

그래서 아직 확정적으로 언급할 단계는 아니지만, 40대 초반인 현재부터 앞으로 15년 후에 있을 일들을 준비하기 시작했고, 그 일환으로 현 거주지에서 그리 멀지 않은 한적한 시골에 경치 좋은 전원주택지 땅을 우선 매수해 두었습니다.

〈여유 있는 노후를 위해 매수한 전원주택지 풍경〉

우선 땅을 매수한 후 주택형 컨테이너 하우스를 갖다 놓고 주말에 여유가 될 때마다 조금씩 꾸밀 것이고, 50대 중반이 되면 은퇴할 시점에 맞춰서 고풍스러운 아담한 전원주택을 짓고 도시에서의 일정이 없

는 날에는 이런 시골에서 아름다운 풍광을 즐기며 평화롭게 일상을 보내고자 합니다.

이번에 말씀드릴 내용은 노후자금 준비에 대한 소소한 의견입니다. 마음 같아서는 속 시원하게 하나부터 열까지 제가 준비 중인 모든 것을 다 알려드리고 싶으나, 사람마다 생각도 다를 것이며 제가 노후자금과 관련된 재무설계 전문가도 아니다 보니, 구체적으로 하나하나 말씀드리는 것은 주제넘은 짓이라 생각합니다.

그래서 단순하게 현재 제가 노후자금을 준비하고 있는 방법을 설명하고자 하니 필요하신 분들만 참조하시면 좋을 듯합니다. 참고로 여기서 언급하는 모든 비용은 다 현재의 가치를 기준으로 한 것이며, 저와 아내 둘이서 함께 노후를 보내는 것을 기준으로 계획하였습니다.

우선 기본적으로 모든 분이 국민연금에 가입되어 있으실 것입니다. 저의 경우에는 현재 불입하는 비용을 기준으로 추정해 보면 현재 가치 기준으로 아내의 국민연금과 합하여 노후에 월 150만 원 정도를 지급받을 것으로 예상합니다.

그리고 현재는 많은 수의 집을 보유하고 있지만, 노후를 앞두고서는 조금씩 매도하여 토지에 투자하거나 현금화시켜 현 거주지인 대도시에 최신 아파트 1채만을 남겨놓을 것입니다. 그리고 그 집을 담보로 주택연금을 신청하여 연금을 추가로 받을 것입니다. 그러면 현재 추정으로는 약 월 150만 원 정도는 추가 연금소득이 예상됩니다.

이렇게 국민연금과 주택연금만 더해도 최소한 월 300만 원의 평생 고정소득은 확보됩니다. 이 돈이면 공과금을 내고 생활비로 쓰고 나름대로 손주들과 친구들에게 한턱내는 등의 품위유지 활동은 충분히 가능하다 사료합니다. 최악의 조건이 이 정도이며 여기에 그동안 납입 완료된 보험들의 보장기능과 부수적인 시세차익, 투자수익 등의 비근로 소득 등을 모두 합산한다면 충분히 여유롭고 품위 있는 멋진 노년을 보낼 수 있다고 생각합니다.

추가로 첨언해 드리자면 저도 지금은 아직 가입 초기인지라 정확한 실효성에 대해 안내해 드릴 단계는 아니지만, 저희와 같은 프리랜서를 위한 특별한 혜택을 두 가지를 안내드려 보겠습니다.

우선 첫 번째로 소상공인 개인사업자들을 위한 '노란우산공제'입니다. '공제회'라는 용어가 좀 생소하실 수도 있는데, 사전적 의미를 찾아보면 '공동의 이해관계로 모인 사람들이 자금을 내어 운영하는 조합 형태'라 할 수 있으며, 이해하기 쉽게 예시를 말씀드리면 군인들을 위한 군인공제, 교직원들을 위한 교직원공제 등이 이와 유사한 혜택이라 할 수 있겠습니다. 즉, 개인사업자인 소상공인들도 법으로 보호받는 방법으로 높은 이율로 연금의 혜택을 받을 수 있는 것입니다.

〈노란우산공제 안내〉[10]

노란우산은?

소기업·소상공인이 폐업·노령·사망 등의 위험으로부터 생활안정을 기하고 사업재기 기회를 제공받을 수 있도록 중소기업협동조합법 제 115조 규정에 따라 운영되는 공적 공제제도 입니다.

도입배경

소기업·소상공인의 폐업 노령 등에 따른 생계위험으로부터 생활안정을 기하고, 사업재기의 기회를 제공하기 위해 사회안전망 구축의 일환으로 도입되었습니다.

제도의 특징

■ **법으로 보호받는 사회안전망**
   노란우산제도는 소기업·소상공인 지원정책에 따라 중소기업협동조합법에 의해 도입되었으며, 비영리특별법인인 중소기업중앙회가 운영하고, 중소벤처기업부가 감독하는 공적 공제제도입니다.

■ **채권자의 압류로부터 안전하게 보호**
   공제금은 법에 의해 압류가 금지되어 있어 폐업 등의 경우에도 안전하게 생활안정과 사업재기를 위한 자금으로 활용할 수 있습니

---

10) 출처: 노란우산공제회 홈페이지.

소상공인 사업자는 군인공제, 교직원공제 등과 같은 이 노란우산공제를 통해 시중 은행 예·적금이나 민간 연금보험보다 훨씬 높은 이율로 연금을 적립할 수 있으며, 연말정산 시 일정부분 소득공제도 가능하며, 긴급자금 필요시에는 저금리로 적립된 금액의 약 90%까지 대출 사용이 가능합니다.

또한 코로나19 사태와 같이 갑자기 소득이 줄어들면 그 기간만큼 납입을 보류시키는 것도 가능합니다. 저도 현시점에서는 이 노란우산공제에 가입한 지 불과 몇 개월이 되지 않았기에 더 자세히 설명해 드리는 것은 어렵겠으나, 개인사업자로 등록한 프리랜서가 이 제도를 최대한 활용하면 많은 용도로 다양한 활용이 가능하리라 생각합니다.

두 번째로는 기술직 프리랜서 중에서 기술사 자격을 보유하신 분들이시라면, 기술사회를 통해 '과학기술인공제'를 가입하시는 것을 추천해 봅니다.

〈과학기술인공제 안내〉[11]

---

11) 출처: 과학기술인공제회 홈페이지.

과학기술인공제는 앞서 안내해 드린 노란우산공제와 비슷한 것으로 과학기술인에 한해 가입이 가능한 공제입니다. 한국기술사회 회원인 경우에는 가입 대상에 해당하며, 각종 혜택 역시 기존의 여러 공제회 유형과 유사합니다. 이 역시도 제가 최근에야 유용함을 인지하게 되어 아직 가입한 지 얼마 되지 않아서 이 이상의 자세한 설명을 드리기는 어려움이 있습니다. 만약 다음의 가입 대상 조건에 해당하는 분들이시면 홈페이지에 접속하여 검색해 보시고 본인의 조건과 부합된다면 가입 및 활용해 보시기를 권합니다.

〈과학기술인공제 안내 - 가입 대상〉

회원의 자격(과학기술인공제회법 제6조)

가입 대상	관련 법률
과학기술분야 정부출연 연구기관의 임직원	과학기술분야 정부출연연구기관 등의 설립, 운영 및 육성에 관한 법률 제8조, 제18조, 제33조
특정연구기관의 임직원	특정연구기관육성법 제2조
기업부설연구소의 임직원	한국산업기술진흥협회 신고 (기초연구진흥 및 기술 개발지원에 관한 법률 제14조)
엔지니어링사업자의 임직원	한국엔지니어링협회 신고(엔지니어링산업진흥법 제21조)
기술사회 회원 및 임직원, 기술사사무소의 기술사 및 그 소속직원	기술사법 제6조 및 제14조
산업기술연구조합의 임직원	산업기술연구조합육성법 제8조
한국정보화진흥원 및 한국인터넷진흥원의 임직원	국가정보화기본법 제14조·정보통신망이용 촉진 및 정보보호 등에 관한 법률 제52조
과학기술분야 비영리법인의 임직원	민법 또는 다른 법률
과학기술관련 행정기관 소속 공무원	
연구개발서비스업자의 임직원	국가과학기술 경쟁력 강화를 위한 이공계지원특별법 제18조
첨단기술기업 및 연구소기업의 임직원	대덕연구개발특구 등의 육성에 관한 특별법 제9조, 제9조의3
소프트웨어사업자의 임직원	소프트웨어산업진흥법 제24조
프론티어사업단, 융합사업단, 글로벌사업단 등의 임직원	과학기술정보통신부장관 지정

저의 경우에는 노란우산공제와 과학기술인공제에 둘 다 각각 예금자가 보호되는 총액 5천만 원 범위 내에서 매월 납입하고 있으며, 55살을 만기로 설정해두어 제가 계획하는 50대 중반 자율 은퇴 이후에 국민연금, 주택연금과 함께 이 두 곳의 공제회에서 분할 지급되는 연

금을 가지고 윤택한 노후를 보내려고 합니다.

○ 프리랜서를 하면서 옛 인연을 다시 만나다

제가 프리랜서로 몇 년을 일해 보니 개인적으로 느끼는 가장 큰 장점은 잊고 지내던 옛 인연들을 다시 만날 기회가 많이 주어진다는 것입니다. 시간 여유가 많다거나 돈을 더 많이 벌 수 있다거나 등의 일반적인 장점은 앞서 여러 차례 말씀드렸고, 이런 인간적 측면에서의 장점도 이 프리랜서 활동의 매우 좋은 장점이라 생각합니다. 잊고 지내던 인연의 끈을 다시 이어준다는 것.

수많은 직장인분이 그러하듯이, 저 역시도 근 20년을 직장인으로 살아오면서 선배, 후배, 동료 등 수많은 인연이 있었습니다. 그러한 수많은 인연 중에서 최소한 제가 속한 건설 분야의 인연들은 다양한 프리랜서 활동을 하다 보면 우연히 종종 마주치기도 합니다.

이 또한 아주 재미있고 즐거운 이 업종의 큰 장점입니다. 20대의 사회 초년생이었을 때 건설현장 최고 말단에서 같이 박박 기어 다녔던 옛 동료는 물론이고, 같은 현장에서 친하게 지냈던 선후배 등을 우연히 만날 기회가 많은데 참으로 세월이 빨리 흘러간다는 것을 느낄 수 있습니다.

그런 예전의 인연을 다시 만나게 되어 기억에 남는 특별한 일화 한 가지만 말씀드려 보겠습니다. 몇 해 전에 굴지의 설계감리 전문기업인 '㈜○○엔지니어링'에 건설기술인 법정직무교육을 출강 갔을 때의 일화입니다. 아침 일찍 강의실에 도착하여 강의시설을 둘러보고 있는데,

높으신 분들이 주로 앉는 상석에 웬 육군공병학교 마크가 찍힌 필통이 하나 놓여있는 것이었습니다.

〈육군공병학교 마크〉

'이게 여기 왜 있지?' 그런 생각을 잠시 하다가 말았고, 본 강의가 시작되어 한참을 열심히 강의하다 보니 그 필통의 주인공이 자꾸 눈에 들어오는 것이었습니다. 연배가 지긋하신 건설업계 대선배님이신 것 같은데, 왜 저런 분이 유치하게 공병학교 필통을 들고 다니시는 것인지?

그런데 그분을 자꾸 보면 볼수록 어디선가 봤던 것 같은 느낌이 들었습니다. 그래서 강의 중에 잠시 분위기도 전환할 겸, 수강생분들에게 제가 건설업계에 입문해서 지금까지 살아왔던 이야기를 재미있게 들려드렸습니다.

제가 살아온 이야기 중 군 복무 시절을 말씀드리던 중에 갑자기 생각이 나서 그 공병학교 필통의 주인공(알고 보니 그 회사 부회장님)께 혹시 공병학교와 어떤 인연이 있으시기에 그 필통을 아직도 들고 다니시는 것인지 물어봤습니다. 그분의 답변은 다음과 같았습니다.

"아, 여기 공병학교는 제가 학교장으로 있었던 곳입니다."
"헐~!"

정말 '헐~'이었습니다. 공병학교장이었다면 당시에도 준장(☆)이었을 것이고, 그 자리는 당시 육군 공병 병과에서는 최고로 높은 계급인

소장(☆☆)으로 진급하는 관문과도 같은 엘리트 코스 자리였는데⋯. 그래서 '설마⋯.' 하는 마음으로 되물었습니다.

"그렇다면 혹시⋯ 박○○ 장군님 아니신지요?"
"네~ 맞아요."

등줄기에서 땀이 쭉 났습니다. 그분은 공병 병과의 살아있는 전설이시지요. 왕년에는 제가 근무했던 제1보병사단의 공병대대장도 역임하였고, 또 제가 군에서 복무할 당시 주둔지 인근에 있던 경의선 도로 및 철도 복구를 위한 군 건설단의 단장님으로도 근무하셨습니다. 또한, 육군 공병학교장 이후에는 소장으로 진급하여 육군 공병감을 거치시고 퇴역하셨는데, 그 이후에 또 대기업 건설회사에서 마주친 것입니다.

제가 근무하던 대기업 건설회사의 토목사업본부 내에 군 시설 공사와 관련하여 최고위 자문역으로 입사하시어 또 저와 한 3년 정도를 한솥밥을 먹으며 지냈습니다. 다만 저는 현장에서만 근무했고 그분은 본사에만 계셨기에 얼굴을 직접 뵙지는 못했었지만, 그분의 소문은 익히 들어서 잘 알고 있었습니다. 그런 전설적인 분을 여기서 또 만날 줄이야?

과거 군대에 있을 적에도 몇 번 마주쳤었습니다. 그분이 성판(별 그려진 빨간색 장군 전용 군용차 번호판)을 부착한 군 고급 지휘관용 관용차를 타고 휙 지나갈 때, 저는 인근에서 병력을 이끌고 공사작업이나 훈련을 시키고 있다가 지나가는 성판 달린 관용차를 보고 우레와 같이 큰 목소리로 "전! 진!"이라는 경례 구호를 붙이고는 했었습니다. 그분은 아마도 저를 알아보시지 못하시는 것 같습니다. 모르는 게 당연할 것입니다. 군 또는 건설회사 현직에 있었을 때는 감히 범접할 수 없는 하늘과 땅과 같은 직급 차이가 있었기 때문입니다.

그래서 강의 중에 박○○ 장군님이 맞다는 그 대답을 듣자마자 바로 그 자리에서 정자세로 "전! 진!" 구호를 외치며 힘차게 경례를 때렸습니다. 당시 상황이 참 웃겼습니다. 주변의 다른 교육생분들도 매우 재미있어하셨고요. 경례 후 그분께 제1보병사단 공병대대에서 중사 소대장으로 복무했던 것과 경의선 건설단장으로 계실 때 여러 번 뵈었던 기억들, 그리고 그 당시 제가 모셨던 대대장님들 성함들을 말씀드리며 본의 아니게 근황신고(?)를 했습니다.

장군님께서는 이렇게 훌륭한 후배를 다시 만나게 되어 정말 반갑다며 휴식 시간에 저를 이끌고 부회장실로 초청해 주셨습니다. 그곳에서 이탈리아 피렌체에서 수입해온 고급 꿀차를 손수 끓여서 대접해 주셨습니다. 달콤한 꿀물을 마시며 잠시나마 과거 군 시절에 마주쳤던 일들을 웃으며 이야기 나눴는데, 정말 사람은 언제, 어디서 어떻게 다시 만나게 될지 모르는 것 같습니다.

그렇기에 항상 적을 만들지 않도록 조심하고 또 조심해야 할 것입니다. 정말 반가운 만남이었고 좋은 교훈을 새삼 다시 한번 느낄 수 있었던 경험이었습니다. 이렇게 프리랜서로 활동하며 여기저기 돌아다니다 보니 참으로 이렇게 잊고 지내던 인연들을 다시 만나는 재미난 경험들도 자주 생깁니다.

〈전 육군 공병감 소장(☆☆) 박○○ 장군님과의 재회〉

새벽 4시, 연봉 2억 프리랜서가 되는 시간

○ 성공한 프리랜서의 데일리루틴(일상)

저는 많은 책을 읽습니다. 여러 가지 분야를 가리지 않고 모두 읽는데, 그래도 그중에서 가장 많이 읽는 분야는 아무래도 투자 재테크 서적과 성공한 사람들이 저술한 자기계발 서적들입니다. 제가 읽은 자기계발 분야의 좋아하는 작가로는 구본형, 공병호, 한근태 선생님 등이 있습니다. 물론 한 번도 만나 본 적 없고 책을 통해서만 그분들의 생각을 읽었습니다.

그분들의 책들을 읽으면서 희한하게도 이 세 분의 공통점을 발견할 수 있습니다. 비단 이 분들뿐만 아니라 어떤 한 분야에서 정점을 찍고 성공한 사람들은 대부분 이와 유사한 공통점을 갖고 있었습니다. 바로 일상 속의 규칙, 즉 생활리듬이 깨지는 것을 매우 꺼려한다는 것입니다. 이른바 고수들의 데일리루틴(daily routine)입니다.

저 자신을 그분들과 견주기에는 한참 부족함이 많지만, 그래도 저 역시도 기술직 프리랜서로서 어느 정도 안정적인 틀을 잡고 보니 이런 데일리루틴의 중요성에 매우 크게 공감합니다. 데일리루틴이 깨져버리면 직접적으로는 시간 손실이 발생하고, 며칠 동안 일상생활이 흐트러지는 등의 마이너스적(-) 파급효과가 크게 발생합니다.

예를 들자면 몸이 못 견딜 정도의 과도한 음주 등이 이런 안정적인 데일리루틴을 저해하는 요소라 할 수 있겠습니다. 그래서 고수들은 본인의 평소 생활리듬, 즉 패턴이 아주 단순화되어 있습니다. 또한 그 일상의 패턴을 매우 유익하고 생산적인 일들로만 구성해 놓았다는 게 일반인들과의 차이점이지요.

앞서 언급했던 적이 있지만, 그 데일리루틴의 이해를 위해 저의 일상 패턴을 다시 한번 예를 들어서 설명해 드려 보겠습니다. 저는 항상 새벽 4시 이전에 침대에서 일어납니다. 알람은 4시로 설정해 놨지만, 습관적으로 3시 반 정도면 자연스럽게 눈을 뜨는 경우가 많습니다. 일어나면 가장 먼저 세수를 하고 간단한 스트레칭으로 뼈마디와 근육을 워밍업시켜 줍니다. 그리고 제 서재(공부방 겸 사무실) 책상 앞에 앉아서 어제 있었던 일들을 시간대별로 다시 떠올리며 일기를 씁니다.

큰 틀은 어제 처리한 주요업무들을 기록으로 남기는 것인데, 그때그때 느낀 점도 부연 기록하고, 마무리 부분에는 기분 좋고 감사했던 일들을 찾아내어서 일기장에 덧붙입니다. 억지로라도 감사함을 만들어 기록함으로써 하루의 시작을 밝고 기분 좋고 긍정적인 생각으로 시작하고자 스스로를 세뇌하려는 것이지요.

또한, 간혹 간밤에 꾼 꿈이 특출나게 기억에 남는다면 꿈 내용도 같이 기록하면서 나름대로 꿈의 의미와 그 꿈을 원인 등을 논리적으로 해명해 보고자 노력합니다. 제 경험에 의하면 뜬금없는 내용의 꿈보다는 평소 알게 모르게 고심하던 일들이 꿈으로 표현되는 경우가 종종 있었거든요. 이런 꿈들을 회상하고 기록하는 과정 중에 불현듯 고민에 대한 해답이 떠오르는 경험을 몇 번 했기 때문에 꿈을 결코 가벼이 넘기지 않습니다.

다음 순서로는 그날의 최신 경제 뉴스를 약 10~20분 정도에 걸쳐서 속독으로 훑어봅니다. 불과 몇 개월 전까지만 해도 새벽마다 배송된 종이 경제 신문을 읽었는데,『포노 사피엔스』라는 책을 읽고 스마트폰을 스마트하게 사용해야겠다는 다짐을 한 것도 있고, 또한 종이 신문으로 보게 되면 별로 중요하지 않은 광고나 스포츠 기사 등에도 눈이 가다 보니 새벽 시간의 활용도가 좀 떨어진다고 판단해서 인터넷 뉴스로 방법을 바꿨습니다. 인터넷 뉴스는 국내외 경제 흐름과 부동산 관련 부분만 꼼꼼히 읽고 나머지 사회, 정치 등의 부분은 소제목 위주로만 빠르게 훑어보다가 일부 관심 가는 기사만 읽어 봅니다.

그리고 탁상 달력(스케줄러)을 펼치고 스마트폰의 일정관리 앱과 대조해 가며 당일을 포함한 향후 1주일간의 일정계획을 다시 한번 점검하고 최적의 이동경로 및 스케줄 진행계획을 머리로 계산해 봅니다. 이렇게 몸에 이어 머리까지 살짝 예열이 되면 본격적으로 30분 정도 공부를 합니다. 어떨 때는 그냥 독서로 대체하는 경우도 있고, 어떨 때는 영어공부만 하는 경우도 있으며, 또 어떨 때는 제 전공인 토목공학 관련 기술 서적을 훑어보기도 합니다. 정해진 주제 없이 자기계발을 위해 매일 투자하는 시간인데, 이 글을 집필하는 요즘은 한 10분 정도는 네이버 영어 단어 및 회화를 청취하며 공부하고, 나머지 시간에는 최근 토지 투자를 준비하다 보니 부동산과 관련된 민법이나 부동산학개론 관련 책을 읽고 있습니다.

이쯤 되면 거의 새벽 5시 정도가 됩니다. 그러면 운동복으로 갈아입고 집 뒤에 바로 붙어있는 널찍한 공원으로 나가, 약 2㎞ 거리를 반은 산책, 반은 구보 형식으로 뜁니다. 이때 몸은 몸대로 빠른 걸음을 하며 운동을 하지만, 머리는 머리대로 분주하게 굴러갑니다. 산책을 시작하면 가장 먼저 앞서 설명해 드린 저의 인생목표(기도문)를 소리 내어 중얼거리며 스스로에게 목표의식을 다시 한번 각인시킵니다.

그다음으로 오늘의 일정에 대한 상세계획을 머릿속으로 가상 시뮬레이션해 봅니다. 몇 시에 출발하고, 몇 시에 어디를 가서, 어떤 업무를 처리하고, 식사는 어떻게 할 것이고, 일정 중간에 빈 시간이 발생하면 어디에서 대기하고 어떤 책을 읽을 것인지 등 하루의 일정을 아주 치밀하고 생생하게 머릿속으로 시뮬레이션해 보는 것입니다. 이른바 안전관리 분야에서 적용하는 위험예지훈련과 같은 것이지요.

이렇게 머릿속으로 리얼하게 시뮬레이션해 보는 본 것만으로도, 막상 그 상황이 닥쳤을 때 전혀 당황하거나 갈등 없이 즉시 대응 할 수 있습니다. 왜냐하면 이미 예측했던 상황이기 때문이지요. 그날의 일정뿐만 아니라 앞서 체크했던 향후 1주일간의 일정을 다시 한번 머릿속에 떠올리며 그 일정 중에서 특별히 챙겨야 할 사항 등을 빠르게 생각해 봅니다.

그렇게 머릿속으로 일정 정리가 끝나면 그때부터는 산책은 끝내고 뜀박질로 들어갑니다. 뛸 때도 그냥 생각 없이 뛰는 게 아니라 계속 긍정의 언어만을 중얼거립니다. 예를 들자면 "나는 건강하게 오래 산다.", "나는 부자가 되어서 경제적 자유를 이룰 것이다.", "세상의 중심은 나다.", "내가 하고자 하는 것은 모두 이뤄진다." 등입니다.

운동을 마치고 귀가하면 씻고 이 책을 만드는 것과 같이 저술을 하거나 네이버 블로그에 게시물을 올리는 등 글을 쓰는 시간을 가집니다. 그러다 오전부터 강의나 외부 일정이 있으면 통상 6시 반 정도에 집을 나서고, 외부 일정이 없다면 쭉 글을 쓰거나 기타 서류작업을 진행합니다.

아침 식사와 관련해서 제 생각을 한번 정리해 보겠습니다. 저는 작년까지만 해도 매일 아침을 꼬박꼬박 챙겨 먹었습니다. 바쁘다는 이유로 아침 식사를 거르시는 분들이 꽤 많으신데 저는 과거 기술사와 박사학위를 공부할 때의 경험으로 아침 식사를 거르면 머리 회전이 안 되는 유형이라고 생각했습니다. 그래서 아침 식사는 항상 양껏 챙겨 먹었습니다.

그런데 올해 연초에 『먹고 단식하고 먹어라』라는 간헐적 단식의 효과에 대해 연구한 책을 읽고 나서 생각이 바뀌었습니다. 그리고 그 책의 설명대로 매일 아침은 단식하여 1일 2식 또는 간혹 점심까지도 건너뛰는 1일 1식으로 식습관을 바꿔 봤는데, 지금은 이렇게 식습관을 바꾸니 좋은 점이 너무 많습니다. 적당히 체중관리도 되고 속에도 부담이 가지 않아서 좋습니다.

이렇게 돌이켜 생각해보면 아마도 이전에는 건설회사에 근무하며 매일같이 소주 2병 정도를 마시다 보니, 아침에 배가 고파서 밥을 챙겨 먹었다기보다는 속풀이 해장을 하고자 아침 식사를 챙겨 먹은 게 아니었나 싶습니다. 역시 사람은 책을 많이 읽어야 합니다. 책 속에 답이 있습니다.

오전부터 특별한 외부 일정이 없다면 이렇게 글을 쓰거나 강의 교안을 만드는 등 머리를 써야 하는 생산적인 업무를 주로 합니다. 아침의 1시간은 낮의 3시간과 맞먹는 업무효율을 가지고 있기 때문이지요. 이렇게 오전 시간대에 몰아서 많은 일을 처리해버리면 짧은 시간에 매우 큰 일을 효율적으로 처리 할 수 있습니다.

아마도 이런 극대화된 생산성 유지를 위해서 저도 그렇지만, 앞서 언급한 자기계발 분야의 고수분들도 일상의 패턴을 가급적이면 동일하게 유지하고 싶어 하시는 것 같습니다. 만약 전날 심야 늦게까지 잠을 자지 않고 술을 마시거나 TV를 봤더라면 이 소중한 새벽 시간을 얻을 수 없었을 것입니다.

사람마다 아침형 인간이 있고 저녁형 인간도 있겠지만 저는 우선순위와 중요도를 고려하여 이런 아침형 인간으로 시간을 활용하는 게 너무 효율적이라 생각하기에 가급적 저녁에는 약속도 잡지 않고 평온한 마음으로 집에서 가족들과 식사와 간단한 반주 후 10시 이전에는 잠자리에 들려고 노력합니다.

이러한 저의 경험을 바탕으로 의견을 드리는데, 진정한 본인의 시간을 가지고 싶으시다면, 즉 회사 경영진에게 지배당하는 삶이 아니라 내가 내 삶의 주인으로서 나를 지배하는 삶을 살고 싶으시다면 프리랜서가 정답입니다. 성공적인 프리랜서가 되기 위해서는 가장 기본적으로 본인 스스로가 본인의 시간을 지배할 줄 알아야 한다고 생각합니다. 그리고 그런 시간을 지배하는 가장 쉽고 빠른 방법은 바로 이러한 본인만의 일상, 즉 데일리루틴을 형성하고 항상 그대로 유지하고자 노력하는 것이라 생각합니다.

Epilogue

 건설회사에서 월급쟁이로 근무했을 당시를 돌이켜 생각해 보면 아무리 좋게 생각하려 해도 제 인생의 주인은 제가 아니었습니다. 가깝게는 현장소장님, 멀게는 사장님 또는 그룹 회장님. 이 사람들이 제 인생, 즉 저의 시간을 지배하는 사람들이었습니다.

그런데 그런 지배자들이 영원한 안전을 보장만 해 준다면 어찌 보면 지배당하는 삶도 그리 나쁘지는 않겠으나, 대부분의 직장에서는 연차가 올라가서 인건비는 비싸고 생산성은 떨어지면 명퇴나 권고사직이라는 이름으로 경제적인 죽음을 선고받게 됩니다.

계란 안에 있는 물질이 껍데기를 스스로 깨고 나오면 병아리가 되어서 생명을 얻을 수 있습니다. 하지만 계란 껍데기를 다른 사람이 대신 깨트려 준다면 그 계란 속의 물질은 계란 프라이가 되어 생명도 얻어 보지 못한 채로 남들에게 먹히고 말 것입니다.

그래서 저는 그 지배자들이 짜놓은 직장이라는 이름의 그 판을 깨고 뛰쳐나왔습니다. 그리고 혼자서 북 치고 장구 치고 동분서주하며 독자적으로 혼자만의 안정된 기술직 프리랜서 업역을 구축하는 데 성공했습니다. 이제는 제가 쌓아온 이 지식들을 저와 같이 프리랜서를 염원하는 기술직군 후배님들에게 공유해 드리고자 합니다.

지배자들의 손아귀에서 벗어나고 싶으신데, 어떤 방법으로 어떻게 준비해야 할지 몰라 헤매는 수많은 기술직분들께, 부디 이 책이 컴컴한 심야의 망망대해에서 항해 중에 보이는 한 줄기 등대 불빛과 같은 역할이 되기를 간절히 소망하며 이 책을 마치겠습니다. 읽어 주셔서 감사합니다.

박춘성

네이버 블로그: '미추홀 박사의 생계형 기술사 이야기'

E-mail: 2sakoo@naver.com